LE NOMBRE ET LA SIRÈNE

Après la finitude. Essai sur la nécessité de la contingence, Seuil, 2006.

Quentin Meillassoux

Le Nombre et la sirène

Un déchiffrage du *Coup de dés* de Mallarmé

ouvertures

Fayard

Ouvrage publié
sous la direction d'Alain Badiou
et Barbara Cassin

© Librairie Arthème Fayard, 2011.
ISBN : 978-2-213-66591-7

Couverture : création graphique © Atelier Didier Thimonier
Illustration : Gustave Moreau, *Le Poète et la Sirène* (détail)
© RMN / Christian Jean

À Gwenaëlle

Introduction

« J'aimerais qu'on ne lût pas cette Note ou que
parcourue, même on l'oubliât [...]. »
Observation relative au *Coup de dés* (*Cosmopolis*)

Tâchons d'aller au fait.

Ce livre se propose de mettre au jour un procédé
de *cryptage* logé à l'intérieur du *Coup de dés* de
Mallarmé. Un tel procédé, une fois déchiffré, permet
de déterminer avec précision l'« unique Nombre »
évoqué de façon énigmatique dans le poème.

Nous affirmons donc :

a) que le poème de Mallarmé est codé ;

b) que le déchiffrage de ce code est une condition
de la juste compréhension du *Coup de dés*, puisqu'il
éclaire l'une de ses composantes essentielles, soit la
nature du Nombre.

Cette déclaration suscitera sans doute la suspicion
ou l'ironie du lecteur averti. Passons sur le caractère
apparemment fantaisiste d'une telle annonce : chacun
jugera lui-même du sérieux, ou du manque de sérieux,
de notre investigation. Mais il y a une raison plus profonde à la réticence possible que peut provoquer ce

genre de thèse, et qui relève cette fois de la situation de la critique mallarméenne. Les connaisseurs de l'œuvre, en effet, ont en général intériorisé l'idée que seule une lecture naïve peut encore associer le *Coup de dés* à l'idée d'un « code secret ». Comme l'écrit Jacques Rancière, qui résume ainsi l'opinion de la plupart des commentateurs actuels, « Mallarmé n'est pas un auteur *hermétique*, c'est un auteur *difficile*[1] ». Il signifie par là qu'il faut renoncer à réduire la poésie mallarméenne à une « clef » qui en dévoilerait le sens ultime, que cette clef soit biographique ou empruntée à quelque tradition ésotérique déjà constituée. De fait, les lectures psychanalytiques de Charles Mauron[2] ou celles, à la fois érotiques et hermétisantes, de Charles Chassé[3], importantes en leur temps, apparaissent aujourd'hui périmées à la plupart des critiques – sinon dans telle ou telle de leurs analyses de détail, du moins dans leur prétention systématique. Il n'y a pas derrière les poèmes les plus opaques de Mallarmé, veut-on croire désormais, de secret caché qui, une fois révélé, en éclaircirait de manière ultime et définitive la signification profonde : ni « petit secret » personnel, voire obscène, ni « grand secret » tiré d'une sagesse ou d'une religion auxquelles Mallarmé aurait emprunté son « fonds de pensée ».

---

1. Jacques Rancière, *Mallarmé. La politique de la sirène*, Paris, Hachette, 1996, p. 10. Nous soulignons.
2. Charles Mauron, *Introduction à la psychanalyse de Mallarmé*, Neuchâtel, Les Éditions de la Baconnière, 1950.
3. Charles Chassé, *Les Clés de Mallarmé*, Paris, Aubier, 1954.

Le seul secret en la matière, se plaît-on à répéter, c'est qu'il n'y a pas de secret[1].

On accordera sans peine la récusation de ce genre de décryptage, psychanalytique, biographique ou ésotérique. Reste que tout codage n'est pas nécessairement de ce type et qu'il suffit de se tourner vers les écrits de Mallarmé pour en deviner qui soient d'une autre sorte. Car il y a bien de sérieuses raisons de supposer l'existence pour le *Coup de dés* d'un code *endogène* – décryptable par les seuls indices disséminés dans l'œuvre –, et non pas *exogène* – se rapportant à une clef extérieure aux écrits de Mallarmé, vie du poète ou doctrine ancestrale. Pourquoi, en effet, a-t-on déjà eu dans le passé – nous y reviendrons – la tentation de découvrir un « calcul secret » dans le *Coup de dés* ? Simplement parce que Mallarmé lui-même s'est acharné à de tels calculs dans ses Notes en vue du « Livre ». Ces Notes (sans doute rédigées entre 1888 et 1895) sont les seules esquisses qu'il nous ait laissées de ce qui était destiné à devenir son Grand Œuvre. Or ce qui reste de ce rêve d'une Lit-

_____

1. Voir les remarques de Pierre Macherey dans son article « Le Mallarmé d'Alain Badiou », remarques qui reproduisent presque à la lettre celles de Rancière : « Mallarmé n'est pas hermétique, au sens du secret bien caché qui devrait être percé, mais il est seulement difficile [...] le secret étant finalement qu'il n'y a pas de secret, puisque tout ce que le poème a à dire est étalé, [...] espacé noir sur blanc dans [...] son texte. » Pierre Macherey, « Le Mallarmé d'Alain Badiou », *in* Charles Ramond (dir.), *Alain Badiou. Penser le multiple*, Paris, L'Harmattan, 1998, p. 400-401.

térature absolue est essentiellement composé d'opérations arithmétiques élémentaires concernant tous les aspects possibles de l'édition et de la lecture publique du Livre. Tous ces calculs ont manifestement un sens symbolique, et non pas utilitaire : ainsi, pour prendre un seul exemple, les 24 « assistants » qui doivent être présents à la lecture publique du Livre symbolisent à l'évidence les 24 syllabes d'un couple d'alexandrins rimés. Le poète avait donc sérieusement envisagé de construire une œuvre en laquelle auraient été insérés des calculs dont la signification était à déchiffrer : calculs parfois immédiatement décryptables, comme celui que nous mentionnons, parfois aussi bien plus obscurs et dont le sens n'est toujours pas élucidé. Et ces calculs symboliques n'auraient pas été immédiatement visibles pour tels, dissimulés dans des aspects apparemment accidentels du Livre et de sa cérémonie – durée des lectures quotidiennes, taille de l'ouvrage publié, nombre de ses tomes, etc.

L'affirmation selon laquelle Mallarmé n'a pu se laisser aller à un calcul secret de l'« unique Nombre » évoqué dans le *Coup de dés* n'est donc en rien étayée par ce que l'on sait de ses écrits. Ce « Poème », en effet, a été publié, dans sa première version, en mai 1897, soit deux ans seulement après la fin probable des Notes en vue du « Livre », avant de trouver sa forme définitive en novembre 1897. Sachant l'évocation insistante, dans le *Coup de dés*, d'un Nombre à l'identité mystérieuse qui semble résumer à lui seul, comme un Mètre encore à venir, le destin de la poésie future, il serait peu sur-prenant que l'obsession calculatoire se soit propagée de l'un à l'autre texte. Il est vrai que Mitsou Ronat avait soutenu, en 1980, l'existence d'un calcul typographique qui s'est révélé inexact[1] ; mais en quoi la fausseté de son hypothèse vaut-elle démonstration de l'inexistence d'un code en général ? Lorsque Michel Murat, dans son étude – par ailleurs rigoureuse – du *Coup de dés*, s'empresse de déduire de l'erreur de Ronat, prouvée par des indications sur le manuscrit mallarméen, la thèse selon laquelle la « démarche du poète » dans le *Coup de dés* « n'est pas systématique et ne procède pas par calcul[2] », sa faute logique (de l'inexistence d'un code particulier s'ensuit l'inexistence de tout code) trahit une position de principe qui ne tire son évidence que du large consensus avec lequel on récuse désormais cette hypothèse.

Or ce refus *a priori* de l'existence d'un code nous paraît, à la vérité, suspect. Car, à bien y regarder, ce n'est pas tant une forme désuète de critique que l'on récuse ainsi que l'entreprise même du Livre, dont on prononce, implicitement ou non, l'échec essentiel. Dire de Mallarmé qu'il n'est pas un auteur hermétique, c'est en effet condamner Mallarmé lui-même tandis qu'il « s'égare » à produire ses calculs symboliques et secrets au lieu même où son Œuvre devait trouver sa culmination. Ce faisant, on ne prend pas la peine de se

---

1. Nous rappellerons les raisons de son échec dans la première partie de l'ouvrage.
2. Michel Murat, *Le Coup de dés de Mallarmé. Un recommencement de la poésie*, Paris, Belin, 2005, p. 93.

demander quel sens *poétique* de tels calculs pouvaient avoir dans l'esprit de leur auteur. L'interruption des Notes en vue du « Livre » est simplement considérée comme la conclusion d'une faillite inscrite dès l'origine dans le caractère aberrant de cette entreprise. Que l'on ne s'y trompe pas : la critique contemporaine, dans sa grande majorité, ne dit pas que le *Coup de dés* n'est pas codé – car de cela on n'a aucune preuve, tant il est difficile de prouver une absence. Cette critique affirme bien plutôt, entre les lignes, et sans se l'avouer toujours, que ce poème *ne doit pas* être codé. Et cela pour une raison simple : *le « non-codage » du* Coup de dés *est la garantie d'une récusation du Livre par Mallarmé lui-même.* S'il se révèle, en effet, que le poète a refusé tout cryptage dans son poème le plus novateur, et alors même que celui-ci conserve l'obsession du Nombre, on sera assuré que Mallarmé sera revenu – dès 1897 – de son étrange passion comptable, et que cette aimable folie n'aura pas diffusé en dehors de ses Notes non publiées. Le Nombre se sera libéré du Calcul pour redevenir pure métaphore poétique du résultat d'un lancer de dés hasardeux – celui précisément qu'engage l'écriture du vers après la mort de Dieu. Le *Coup de dés* serait ainsi l'épitaphe du projet même du Livre tel qu'il s'était enlisé dans la folle impasse d'une numération symbolique et byzantine de tous les aspects de l'écriture et de la lecture cérémonielle. On pourra alors, dans le sillage de Blanchot, faire de Mallarmé le héros d'une Littérature absolue se sachant vouée à l'échec, ou au contraire, à l'instar de Rancière, soutenir que Mallarmé s'est lui-même libéré des apories des grands textes inachevés – *Igitur* ou Notes en vue du « Livre » – dans ses textes effectivement publiés, au fond les seuls qui comptent. Dans les deux cas, on se voudra fidèle aux dernières volontés du poète, qui, près de la mort, avait demandé à ses proches de brûler le « monceau demi-séculaire » de ses notes non publiées – dont, par conséquent, celles du Livre. Faute de l'autodafé réel de l'Œuvre, qui fut refusé au moins pour partie par la famille du poète, un « autodafé intellectuel » des calculs secrets qui s'y trouvent déployés s'imposerait à qui veut aborder sainement les arcanes de son *Coup de dés*.

Mais l'autre terme de l'alternative devient alors tout aussi clair : *la découverte d'un code dans le* Coup de dés *impliquerait que Mallarmé n'a jamais récusé* – en tout cas en son principe – *le projet calculatoire du Livre*. Dire que le *Coup de dés* est codé, c'est dire que l'interruption du Livre ne fut pas le signe d'un échec nécessaire, mais d'une recherche sur les calculs symboliques ayant soudain pris une autre forme. C'est du même coup récuser l'image d'un Mallarmé pris dans les rêves impossibles et stériles d'un Œuvre destiné à échouer, pour lui préférer celle d'un poète fauché par la mort (en 1898) alors même qu'il venait de découvrir ce qu'il cherchait obstinément.

Telle est bien l'option que nous entendons défendre. Dès lors, notre tâche est double. Nous devons résoudre 1° une question de fait : le code existe-t-il réellement –

15

et, si oui, en quoi consiste-t-il ? comment fonctionne-t-il, et pourquoi sa structure nous permet-elle d'être aussi convaincu de sa réalité ? 2° une question de droit : quelle pouvait être la légitimité *poétique* d'un tel cryptage pour Mallarmé, et en quoi le poète pouvait-il lui accorder un rôle essentiel dans le projet littéraire qui était le sien, en 1897, moins d'un an avant sa mort ? Pourquoi ce poème – expressément testamentaire, on le verra – devait-il léguer, en plus de sa beauté, un principe de chiffrage ?

Le second problème – non pas le principe du code, mais sa justification – est le plus difficile. Car il est vrai qu'un code, par lui-même, est chose au fond puérile, quelle qu'en soit la complexité ; en tout cas, chose dénuée de valeur littéraire. S'il y a donc bien une énigme dans le *Coup de dés* – qu'il nous faudra décrypter comme on révèle le « truc » d'un prestidigitateur –, son élucidation ne va certes pas éclaircir le sens poétique du texte ainsi offert selon un nouveau jour. Elle va plutôt le compliquer d'une façon redoutable, en nous forçant à nous demander pourquoi Mallarmé s'est bel et bien résolu à commettre ce qui ne paraît pas digne, tout de même, d'un grand poète : introduire l'astuce enfantine d'un déchiffrage dans la splendeur de ses vers brisés. S'amuser à un décompte – on verra de quoi –, et même à une charade du Nombre énigmatique, là même où la poésie moderne devait connaître une révolution d'écriture sans pareille, d'une radicalité sans précédent et sans équivalent depuis. Introduire de tels jeux dans une telle beauté, une telle gravité d'enjeu : comment Mallarmé a-t-il pu nous faire cela ?

16

Ainsi, ce que va nous offrir la découverte du code ne consiste pas en une réponse qui dénouerait toutes les difficultés du poème, mais en une question inédite : *pourquoi* avoir crypté le *Coup de dés*, ou, plus exactement : pourquoi l'avoir *ainsi* crypté ? Le code ne donnera pas la clef ultime du poème, mais plutôt la forme de sa serrure insoupçonnée : non pas la révélation de son sens véritable, mais l'explicitation d'une difficulté jusque-là invisible. Le texte ne va pas s'illuminer tout entier une fois son chiffre élucidé, mais s'obscurcir autrement, se revêtir d'une ombre qu'on ne lui connaissait pas. L'élucidation du cryptage, au lieu d'être la fin d'un mystère, sera le dévoilement d'un problème neuf, qui ne pouvait se poser qu'au lecteur informé du cryptage : *comment un code secret d'une simplicité élémentaire a-t-il pu acquérir pour Mallarmé une portée poétique fondamentale ?* Seule la résolution d'une telle « énigme dans l'énigme » nous permettra de pénétrer le sens le plus intime de ce bien étrange Poème.

PREMIÈRE PARTIE

Crypter le Nombre

Quelques rappels pour commencer.

Le poème de Mallarmé a pour titre complet : *Un Coup de Dés jamais n'abolira le Hasard*. Il paraît une première fois le 4 mai 1897 dans la revue *Cosmopolis*, précédé d'une « Observation » de l'auteur et d'une « Note de la rédaction » (en vérité rédigée par Mallarmé), selon une mise en page non conforme aux vœux du poète, chaque double page étant réduite au format d'une seule page. Le Poème sera publié dans sa version finale après la mort de Mallarmé, en 1914, aux éditions de la *Nouvelle Revue française*, par les soins d'Edmond Bonniot. Celui-ci avait pu s'appuyer sur la version que le poète avait rédigée au lendemain de la publication dans *Cosmopolis* en vue d'une édition illustrée par Odilon Redon et publiée par Ambroise Vollard – édition qui n'a jamais vu le jour en raison de la mort de l'auteur en 1898. Il y a donc deux versions du poème (mai 1897 pour *Cosmopolis*; de juillet à novembre 1897 pour les épreuves corrigées de l'édition Vollard), dont seule la seconde est fidèle aux dernières intentions de l'auteur. C'est celle-ci que nous allons maintenant étudier[1].

---

1. Nous reproduisons dans l'Appendice 1 le *Coup de dés* dans la typographie de l'édition Bonniot. Nous expliquerons

Le Poème

Une fois tournée la page de présentation – qui contient le genre du texte (Poème)[1], le titre, et le nom de l'auteur –, le *Coup de dés* comprend onze doubles pages : chaque double page (et non chaque page) sera numérotée par nous en chiffres romains, de I à XI, et considérée comme une Page unique[2]. Mallarmé souligne en effet dans son « Observation » de 1897 que l'unité du Poème est la « Page » au sens de « double page », puisque le texte se lit, de haut en bas, selon des lignes qui parcourent toute la largeur du livre du bord gauche au bord droit. Le mot « Page » avec une majuscule désignera donc la double page, et le mot « page » avec une minuscule la page simple (la moitié droite ou gauche d'une Page). Cet espacement inédit du texte permet ainsi la visualisation saisissante du drame qui se joue dans le Poème.

---

dans la seconde partie du livre pourquoi nous préférons cette édition à d'autres plus récentes et en apparence plus conformes aux instructions de Mallarmé. Quoique la version finale connaisse sa dernière rédaction en novembre 1897, nous adopterons la convention de la dater de 1898. Non seulement pour la distinguer plus aisément de la version *Cosmopolis* (1897), mais parce que le procès éditorial court jusqu'en 1898, car le poème devait être illustré par des lithographies de Redon.

1. Le *Coup de dés* est l'unique représentant de ce genre littéraire qui se veut inédit, ce qui explique l'usage de le désigner non seulement comme « poème » au sens large, mais aussi comme « Poème » – exemple sans pareil de son « Idée ».

2. Nous empruntons ce principe de pagination à Michel Murat, *Le Coup de dés de Mallarmé*, *op. cit.*

Le *Coup de dés* tourne en effet autour de l'exposition, à peine suggérée, d'une scène de naufrage. Un navire invisible, que l'on suppose déjà englouti par des eaux furieuses et dont l'ombre semble hanter le lieu de sa disparition (Page III), ne laisse surnager qu'un « Maître », dont on ne sait rien. La seule action paradoxale du Héros se réduit à une hésitation, celle de lancer ou non les dés qu'il tient dans l'un de ses poings : poing fermé en signe de défi à la mer qui le noiera dans un instant (Pages IV et V). Les Pages suivantes décrivent ce qui succède à la disparition du Maître, dont la coiffe (la « toque ») et l'aigrette demeurent seules à la surface des eaux, emportées aux abords d'un tourbillon menaçant. De celui-ci émerge, un bref instant, une sirène effaçant d'un battement de sa queue le roc sur lequel semble s'être fracassé le navire du Maître (Pages VI à IX). On ignore si les dés ont été lancés, mais le Poème se clôt – alors que la plume est engloutie à son tour par la mer (Page IX) – sur l'apparition, hypothétique (ponctuée d'un « PEUT-ÊTRE »), d'une Constellation stellaire proche du Septentrion, ou identique à lui (les deux lectures sont possibles). Cette Constellation semble être mise en mouvement, comme par un Lancer céleste qui suppléerait à celui du Maître, jusqu'à produire un résultat identifié à un « sacre » – les étoiles s'identifiant aux points d'un Dé nocturne (Pages X et XI).

En plus de l'éclatement maîtrisé des lignes d'écriture sur la Page, de son absence de ponctuation et de sa variété typographique, le Poème se caractérise par une construction syntaxique reposant sur un complexe d'incises toutes greffées sur deux principales :

a) le titre, répété dans le corps du poème et qui court des Pages I à IX : « Un Coup de Dés /// jamais /// n'abolira /// le Hasard[1] » ;

b) un énoncé, Pages X et XI, qui expose l'apparition de la constellation : « Rien / de la mémorable crise // n'aura eu lieu / que le lieu // excepté / peut-être // une constellation » ;

c) enfin, tranchant avec le procédé de la principale ponctuée d'incises, nous découvrons une phrase simple, comme nettement séparée du poème, qui le conclut à la façon d'une « morale » : « Toute pensée émet un Coup de Dés ». De sorte que le poème commence et finit par les mêmes mots : « un Coup de Dés ».

L'unique Nombre

Le « Nombre » apparaît à deux reprises dans le poème, Pages IV et IX. Il désigne, semble-t-il, le total éventuel du lancer de dés. Sa première mention décrit en

---

1. Dans nos citations du *Coup de dés*, nous adoptons les conventions suivantes : une barre oblique représente une rupture de ligne au sein d'une même page ; deux barres obliques représentent une séparation par la pliure centrale de la Page ; trois barres obliques représentent une séparation entre deux Pages au moins. Nous ne reproduisons pas, sauf en de rares cas, les variations typographiques du poème. Nous n'insérons pas non plus, pour ne pas surcharger la phrase citée, les points de suspension indiquant que nous passons « par-dessus » des incises.

effet le Maître en ses pensées, face à l'océan déchaîné et tandis qu'il demeure dans l'incertitude du geste à accomplir :

LE MAÎTRE / inférant / de cette conflagration // à ses pieds / de l'horizon unanime // que se prépare // s'agite et mêle / au poing qui l'étreindrait // comme on menace // un destin et les vents // l'unique Nombre qui ne peut pas // être un autre // hésite /// à n'ouvrir pas la main / crispée / par delà l'inutile tête.

Le Maître infère de la conflagration des flots – où se mêlent, à l'horizon, la mer et le ciel – que se prépare un « unique Nombre qui ne peut pas être un autre ». Il hésite à ouvrir sa « main crispée » et à lancer les dés qui s'y trouvent contenus. Le Nombre semble être le résultat attendu du lancer de dés, mais aussi bien de la tempête et du naufrage : c'est en effet de la « conflagration » que le Maître « infère » son advenue. Nous avons vu que toute l'action du Poème se résume à l'hésitation du Héros à effectuer un lancer ; nous découvrons maintenant que cette hésitation est liée à l'attente d'un Nombre unique, potentiellement contenu dans la situation du naufrage. Celui qui comprend le sens d'un tel Nombre comprend donc le sens même du drame qui se joue dans le Poème. Mais ce sens ne cesse, aujourd'hui encore, de nous échapper.

De fait, que pourrait être un nombre dont l'unicité provient de ce qu'il « ne peut pas être un autre » ? D'un point de vue arithmétique, cette idée n'a évidemment aucun sens : on peut dire, certes, que *tout* nombre est

nécessairement identique à lui-même et non à un autre –
de même qu'on peut d'ailleurs dire aussi bien le
contraire, que *tout* nombre peut être augmenté d'une
unité et devenir autre par sommation. La propriété
paraît soit triviale, soit fausse. Mais, même en l'admettant, on ne peut pas *singulariser* ainsi un nombre
unique qui, *au contraire de tous les autres nombres*,
affirmerait sa parfaite nécessité en étant identique à
lui-même. L'impasse est la même si l'on réfléchit au
Nombre du point de vue du lancer de dés : tout résultat
d'un lancer de dés est nécessaire une fois qu'il s'est produit, en ce sens que l'irréversibilité du temps nous interdit à jamais de le modifier comme événement passé ;
et l'on dirait aussi bien que tout résultat aléatoire est
contingent en ce qu'il aurait pu être un autre. Mais,
de nouveau, et dans les deux cas, que l'on admette ou
rejette la propriété du Nombre mallarméen, on ne singularise pas un résultat unique qui, à la différence de
tous les autres, manifesterait une nécessité absolue.

Il semble donc raisonnable de supposer que nous
sommes en face du Nombre en son sens *métrique*.
Mitsou Ronat et Jacques Roubaud ont ainsi souligné à juste titre que la « mémorable crise » évoquée
dans la seconde principale du *Coup de dés* désignait
l'« exquise crise, fondamentale », occasionnée par
l'émergence du vers libre, crise au cours de laquelle
fut remise en cause la nécessité, pour la poésie, d'un
mètre fixe et d'une rime régulière. Le naufrage du
Maître narrerait ainsi celui du Mètre et la volonté du
poète de maintenir pourtant, contre vents et marées,

l'existence de ce Nombre poétique par excellence pour la poésie française qu'est le 12 de l'alexandrin[1]. Cette thèse a, encore aujourd'hui, un versant incontestable – mais un autre, aussi bien, démenti par les faits.

D'un côté, on sait que Mallarmé a adopté une position singulière au cours de la querelle entre vers-libristes et partisans du vers officiel. Les Parnassiens, tels Leconte de Lisle ou Heredia, niaient que le vers libre fût seulement un vers, n'y voyant au fond qu'un artifice typographique – un simple poème en prose auquel s'ajoutent des passages à la ligne arbitraires. À l'inverse, les vers-libristes les plus radicaux, tel Gustave Kahn, alors le principal théoricien de la nouvelle forme, refusaient toute légitimité au mètre traditionnel, n'y voyant qu'une contrainte, au fond politique – héritée du centralisme et de l'absolutisme royal, et servilement mise en œuvre par Boileau et ses continuateurs. Pour Kahn, l'essence du vers n'était en rien liée au compte puéril des syllabes ou à l'appariement tout aussi enfantin des rimes : elle tenait à une unité à la fois rythmique et sémantique qui devait tout entière se substituer au canon traditionnel.

Contre ces deux extrêmes, la position de Mallarmé consiste en un partage des rôles : à l'alexandrin doit être réservée la « solennité » des « occasions amples »,

---

1. Voir Mitsou Ronat (dir.), *Un coup de dés jamais n'abolira le hasard*, Paris, Change errant/d'atelier, 1980. Voir également la critique de Robert Greer Cohn dans *Critique*, n° 416, janvier 1982, p. 92-93, et les réponses de Ronat et Roubaud dans *Critique*, n° 418, mars 1982, p. 276-278.

tandis que le vers libre est le lieu de l'individuation, celui où le poète se forge un instrument, une voix qui n'appartiennent qu'à lui. Loin d'entrer en conflit, les deux formes poétiques se complètent. Le vers libre évite que l'on n'use jusqu'à la trame un alexandrin trop employé jusqu'à paraître insupportable à l'oreille. De ce point de vue, les vers-libristes prolongeaient l'effort de ceux qui, tels Verlaine ou Mallarmé lui-même, tout en conservant le vers officiel, en avaient déjà desserré le mécanisme trop rigide par un jeu hétérodoxe de coupes et de rejets. Mais, à l'inverse, le maintien de l'alexandrin devait permettre à la poésie de conserver sa puissance d'unification, et même son rôle religieux – sa capacité à unifier par son chant une « foule » que Mallarmé aurait désiré ouvrir à son propre mystère, en un culte civique où le poète d'un art nouveau aurait remplacé le prêtre d'une foi périmée[1].

Ce souci de maintenir le vers traditionnel sans désavouer le vers libre explique sans doute l'aspect le

---

1. Sur les positions de Mallarmé et des principaux protagonistes de l'époque concernant le vers libre, voir l'enquête de 1891 de Jules Huret, *Enquête sur l'évolution littéraire*, préface et notices de Daniel Grojnowski, Paris, José Corti, 1999, ainsi que Gustave Kahn, *Premiers poèmes. Avec une préface sur le vers libre. Les Palais nomades – Chansons d'amant – Domaine de fée*, 3ᵉ édition, Paris, Mercure de France, 1897. Sur la crise du vers et le rôle sacerdotal de la poésie, voir Mallarmé, « Crise de vers » et « Offices », in *Œuvres complètes*, t. II : *Divagations* (1897), éd. de Bertrand Marchal, Paris, Gallimard, coll. « Bibliothèque de la Pléiade », 1998 et 2003. Les deux volumes des *Œuvres complètes* seront désormais notés *OC* I et *OC* II.

plus étonnant des Notes posthumes de Mallarmé en vue de la rédaction du « Livre » : ce Grand Œuvre, d'une ambition universelle, dont la rédaction toujours reportée était demeurée son rêve depuis la crise de Tournon en 1866, et dont ne nous restent que quelques esquisses. Or ces Notes en vue du « Livre » ont sans doute été rédigées durant la période où la crise du vers libre le préoccupait le plus (entre 1888 et 1895), et elles paraissent constituer une réponse au développement de la nouvelle forme. Dans les ébauches qui nous sont parvenues de ce projet, nous découvrons surtout le souci d'organiser une cérémonie de lecture analogue à une messe sécularisée, dont la Bible serait un Livre fait de feuillets mobiles, sans nom d'auteur, et dont l'officiant est présenté comme un « opérateur » ajointant deux à deux les pages volantes selon une combinatoire complexe qui devait, semble-t-il, découvrir une multitude de sens variant avec les connexions.

Il importe pour la suite d'avoir à l'esprit cette ambition extraordinaire de Mallarmé -- refonder un culte civique suppléant à un christianisme déficient –, bien loin de l'image convenue du « poète aux bibelots » et aux intérieurs raffinés. L'auteur du *Coup de dés* se situe en vérité dans la lignée des premiers romantiques – Lamartine, Vigny et surtout Hugo –, partageant avec eux le désir hybristique, furieux même dans le cas de Lamartine ou de Hugo, de créer une religion conforme à la conscience moderne et post-révolutionnaire. Mais Mallarmé se distinguait par deux points essentiels de ses glorieux aînés. D'abord, il avait cessé de croire en une forme quelconque de transcendance : la religion nouvelle serait celle du divin en l'homme, et non celle d'un Dieu chrétien reconfiguré. Ensuite, le poète allait encore plus loin que ses maîtres dans l'élaboration de la piété future. Car les « mages romantiques[1] » s'en tenaient à la réinvention plus ou moins développée d'une théologie nouvelle – débarrassée notamment des peines éternelles de l'Enfer –, sans aller jusqu'à préciser la forme du culte qu'ils désiraient substituer à celui, à leurs yeux périmé, du catholicisme. Mallarmé, quant à lui, selon cet « esprit pratique » que lui avait reconnu Anatole France, envisageait dans le plus grand détail l'organisation d'une cérémonie nouvelle, tout entière recentrée sur un Livre qui devait lui-même être architecturé dans son plus fin détail.

Or ce qui nous reste de la description de ce cérémonial dans le Livre est émaillé jusqu'à l'obsession de calculs dans lesquels le 12 intervient très fréquemment, soit explicitement, soit sous la forme de ses diviseurs et de ses multiples. Par exemple, comme on l'a dit, le public de la lecture doit être composé de 24 « assistants » répartis tantôt en 8 groupes de 3 chaises, tantôt en 12 groupes de places doubles ; le rythme des lectures est envisagé selon le rythme tétralogique des saisons – 4 par an ; les prix envisagés pour le Livre et les gains escomptés de ses livraisons obéissent à la même logique (2f<rancs>, 240f, 480f, etc.), ainsi

---

1. Voir l'ouvrage éponyme de Pierre Bénichou, *Romantismes français*, t. II, Paris, Gallimard, 2004.

que le nombre de volumes édités et de pages écrites par volume (par exemple, « 960 vol<umes> de 96 p<ages> »). La taille même du Livre a été pensée selon des rapports qui font intervenir de nouveau les diviseurs de 12 ou les multiples de 6 (« chiffre » de l'hémistiche) : le 3, le 4, le 12 et le 18 déterminent ainsi le calcul de la hauteur de l'ouvrage ou du nombre de ses lignes en longueur et en largeur[1].

Tout se passe comme si Mallarmé tentait de construire au 12 une retraite, une « base arrière » : chassé de son règne sur le texte poétique par le vers libre, le mètre de l'alexandrin semble trouver refuge dans les *entours* du texte – matière du Livre et organisation du rituel de la lecture – et jouir ainsi d'un semblant de souveraineté retrouvée du sein de cet exil dans des marges dorées. Mais dans ces marges seulement. Car, de fait, le 12 ne paraît jouer aucun rôle dans le contenu proprement dit du Livre : les quelques esquisses dont nous disposons, les « tableaux » qu'il devait présenter, tout cela ne recèle aucun calcul attestant la présence du 12 à l'intérieur même du texte prémédité.

Selon Mitsou Ronat, le 12 domine pourtant le texte de cette autre réponse au vers libre qu'est le *Coup de dés*, et cela parce qu'il préside à la logique secrète de sa composition. De fait, et ce sont là deux remarques incontestables : 1° l'énoncé même où apparaît le Nombre est un alexandrin : « l'unique Nombre qui ne

---

1. Ce type de calcul parcourt l'ensemble des Notes, *OC* II, p. 549-622.

peut pas être un autre[1] » ; 2° le poème en sa totalité compose un livret de onze doubles pages, mais auxquelles il faut ajouter le recto de la première page – soit la page de titre – et le verso de la dernière, ce qui fait un total de douze doubles pages, ou encore l'équivalent de deux fois 12 pages, comme si un distique d'alexandrins dévorait tout l'espace du Poème. Seulement, Ronat ajoute – et c'est là le cœur de sa thèse – que le 12 a aussi déterminé toutes les dimensions engagées dans la composition de la Page : le corps des caractères typographiques (de corps 12 ou d'un multiple de 12) et le nombre des lignes de la Page (36 lignes par page, 36 étant un multiple de 12). Or cette dernière hypothèse ne résiste pas à l'examen du manuscrit du *Coup de dés* (que Ronat ne connaissait pas), car celui-ci comporte des indications de Mallarmé et de l'imprimeur qui démentent toute volonté de donner la prééminence au nombre 12 dans l'édition matérielle du poème[2].

---

1. Un alexandrin non classique, puisque la césure tombe sur le pronom relatif « qui », mais représentatif à ce titre des audaces de Mallarmé dans son traitement du vers, que ce soit dans la *Scène d'Hérodiade* ou dans *L'Après-midi d'un faune*.

2. Sur la fausseté matérielle de l'interprétation de Mitsou Ronat, voir Nikolaj D'Origny Lübecker, *Le Sacrifice de la sirène. « Un coup de dés » et la poétique de Stéphane Mallarmé*, Études romanes 53, Université de Copenhague, 2003, p. 24, ainsi que la note de Bertrand Marchal dans son édition du *Coup de dés*, in *OC* I, p. 1322. Mallarmé écrit en particulier, sur le manuscrit du Poème, l'indication suivante : « Chaque page/texte et blancs/est établie sur un chiffre de / 40 lignes. » Or 40 n'est ni un multiple de 12, ni même un multiple de 6 : il n'y aurait donc aucun sens,

La thèse d'un codage du Poème par le 12 a donc subi une réfutation par le fait sur laquelle il n'est pas question de revenir. Mais elle contient aussi une difficulté de droit qu'il nous faut faire ressortir pour éclairer notre propre perspective.

L'aporie d'Igitur

Si la thèse de Ronat avait été juste, elle aurait placé le *Coup de dés* dans la stricte continuité d'*Igitur*, ce conte inachevé rédigé en 1869 et publié bien après la mort du poète, en 1925. Dans ce texte fragmentaire, inspiré de *Hamlet* et de « L'Esprit pur » de Vigny, un châtelain – Igitur – descend dans le caveau de ses ancêtres pour y accomplir, à Minuit, un acte décisif : un lancer de dés dont la question est de savoir s'il permettra au 12 de s'accomplir. Le 12 : tant celui du Minuit, de l'instant critique, séparateur irréversible du Passé et de l'Avenir, que celui de l'alexandrin parfait. La question est de savoir si ce lancer qui vise au vers parfait doit encore être perpétué, et avec lui la lignée de ses ancêtres (poètes romantiques et parnassiens), cela alors que Dieu a cessé, pour le jeune Mallarmé, de gager la valeur des symboles littéraires, le néant et le « hazard » régnant seuls désormais sur les Lettres aussi bien que sur l'existence. Le drame est tout entier tendu par l'hésitation d'Igitur à lancer les dés – cette

---

dans l'hypothèse de Mitsou Ronat, à lui avoir attribué un rôle à ce point générique dans la composition.

hésitation même que nous retrouvons dans l'attitude du Maître face à la tempête du vers libre.

Il est donc incontestable que le *Coup de dés* s'inspire du conte de 1869 – ce que confirme encore le fait que, après la disparition du Maître, ne demeure à la surface que sa « toque de Minuit » (le Minuit igiturien), à laquelle se fixe un instant une plume blanche, une aigrette qui est à la fois le symbole de l'écriture poétique en perdition et l'attribut privilégié de Hamlet, ce « seigneur latent », selon Mallarmé, dominé par une hésitation suprême.

Mais il faut être plus précis. Toutes les données de ce que l'on peut nommer le « problème d'*Igitur* » sont bien présentes dans le *Coup de dés* : le Minuit, le non-sens du Néant, l'hésitation, le lancer de dés éventuel. Mais si le *Coup de dés* avait voulu faire du 12 le « Nombre qui ne peut pas être un autre », il aurait apporté la solution d'*Igitur* à son propre problème. Or cette « solution » était en vérité un échec – raison qui explique l'inachèvement du conte. Et cet échec procédait de ce que Mallarmé – alors influencé par Hegel, ou plus vraisemblablement par quelque recension française de celui-ci[1] – concevait en 1869 comme étant l'*infinité* du hasard. Voici comment il formulait alors la nature de cette infinité :

---

1. Voir Lloyd James Austin, « Mallarmé et le rêve du "Livre" », in *Essais sur Mallarmé*, Manchester/New York, Manchester University Press, 1995, p. 66-91.

Bref dans un acte où le hazard est en jeu, c'est toujours le hazard qui accomplit sa propre Idée en s'affirmant ou se niant. Devant son existence la négation et l'affirmation viennent échouer. Il contient l'Absurde – l'implique mais à l'état latent et l'empêche d'exister : ce qui permet à l'Infini d'être[1].

Le « hazard » est ici pourvu d'une puissance de contradiction (il « contient l'Absurde ») qui lui permet d'être ce qu'il est aussi bien que ce qu'il n'est pas – donc d'être « infini » en un sens dialectique (plutôt que mathématique) : de contenir toujours-déjà ce qui est en dehors de sa limite, et d'absorber ce qui tendrait à s'opposer à lui. Le propos semble d'abord obscur, mais l'idée sous-jacente est simple : lorsque je lance des dés, le résultat est généralement erratique – « inférieur clapotis quelconque », dira le *Coup de dés*. En ce cas, le hasard comme non-sens est visible dans l'insignifiance même de son résultat. Mais il peut arriver à l'inverse, lorsqu'une coïncidence improbable et favorable se produit – telle l'émergence d'un 12 me faisant gagner une partie décisive –, que le cours des choses paraisse orienté par une fin intentionnelle et supérieure. De même, les faiseurs de vers composent le plus souvent des alexandrins sans saveur où éclate la contingence de leur labeur ; mais, parfois, un sonnet stupéfiant de beauté semble être frappé d'une nécessité destinale, comme produit par une finalité supérieure. C'est pour-

---

1. *OC* I, p. 476.

tant là encore, pour celui qui ne croit pas en la Providence, un effet du hasard : le 12 victorieux n'est pas moins aléatoire que le 5 ou le 8 incapables de remporter la partie ; et que le hasard soit clairement affirmé dans le morne cours des choses ou nié dans l'apparente nécessité de l'œuvre resplendissante, c'est toujours lui qui domine et préside à la naissance des génies et de leurs productions. Contingence ou coïncidence, le hasard est donc bien infini en ce sens précis qu'il contient au même titre ce qui le montre en sa triste évidence et ce qui le dénie par l'apparence lumineuse d'un Sens. On voit comment Mallarmé a transformé une idée banale – tout est hasard – en lui donnant l'aspect d'une sorte d'inversion de l'infini hégélien, qui n'est plus le procès de l'Esprit contenant en lui-même y compris ce qui paraît le nier, mais le procès du Néant (entendu comme absence de Sens) qui détermine y compris ce qui paraît s'en excepter.

Comment lutter contre un hasard infini par un lancer de dés si tous les résultats reviennent au même – c'est-à-dire à son infinité, à son égale absence de sens dans le vers parfait et le vers médiocre ? En 1869, le jeune Mallarmé ne trouve pas la solution à cette aporie. Il envisage en effet deux dénouements pour *Igitur* : a) Igitur « secoue simplement les dés » sans les lancer, puis « se couche sur les cendres de ses ancêtres » – sorte d'abandon de la littérature, ou plutôt sorte de littérature ne parvenant plus à se perpétuer qu'en évoquant son propre abandon ; b) Igitur lance les dés, obtient un 12, et, face à la fureur sifflante du vent, voix de ses ancêtres, soutient bravement son acte – sorte de défi « existentialiste » avant l'heure où le projet de l'écriture se maintient dans la conscience aiguë de son absence de fondement. De la sorte, le héros perpétue bien l'activité de sa lignée, mais rend celle-ci furieuse, ou moqueuse, en lui apportant une justification opposée aux croyances ancestrales : ce n'est plus Dieu, mais le Néant qui régit la vocation du poète[1].

Ce serait donc à peine forcer les choses que de dire que Mallarmé touche déjà ici à une alternative dont Blanchot et Sartre seront, au XXe siècle, les deux représentants majeurs : face au non-sens reconnu comme ultime, la littérature de l'épuisement de la littérature, ou la littérature volontariste de l'absurde endossé. Mais le point fascinant est justement que le jeune Mallarmé – il a vingt-sept ans en 1869 – ne s'est manifestement satisfait d'aucune de ces deux options qui domineront le siècle suivant ; et c'est bien là, sans doute, la raison profonde de l'inachèvement du conte. On comprend aisément le motif de cette insatisfaction : qu'il y ait deux fins possibles suffit à dévoiler la contingence de chacune et le fait que l'on peut indifféremment choisir l'une ou l'autre. Si le hasard égalise toutes les options, écrire sur l'épuisement de l'écriture, voire abandonner toute écriture, comme le fera Rimbaud, ne vaut ni plus ni moins qu'affirmer résolument les droits de la poésie à l'ère du nihilisme. Dès lors, il devient vain de choisir et ainsi d'achever le conte.

---

1. *Igitur*, in *OC* I, p. 477-478 et p. 481-482.

37

Or, si Mallarmé avait, dans le *Coup de dés*, identifié le Nombre au 12, il aurait simplement reconduit l'aporie d'*Igitur* en choisissant sans nécessité l'une de ses options alors rejetées. Car affirmer résolument la valeur du 12, c'est encore rêver de l'alexandrin parfait ; mais cet alexandrin ne saurait être que le résultat du hasard, et non sa négation. Hasard d'abord de la langue française, qui, comme toute langue déterminée, est selon Mallarmé « imparfaite[1] » – sans lien nécessaire entre ses sonorités et ses significations. Que le français soit une langue parmi les autres trahit donc sa contingence, sa malédiction babélienne, et démontre que le nombre privilégié de sa poésie n'a pas de valeur universelle, son alexandrin n'étant pas toujours transposable dans les poésies étrangères. Hasard ensuite du génie, qui parvient parfois à forger le vers sublime, mais qui n'est lui-même, comme y insiste un poème satyrique posthume, que le fruit d'une rencontre sexuelle fortuite, et donc aussi bien vulgaire :

Parce que la viande était à point rôtie,
Parce que le journal détaillait un viol [...]

Un niais met sous lui sa femme froide et sèche [...]

Et de ce qu'une nuit, sans rage et sans tempête,
Ces deux êtres se sont accouplés en dormant,
Ô Shakspeare et toi, Dante, il peut naître un poëte[2] !

---

1. « Crise de vers », in *OC* II, p. 208.
2. *OC* I, p. 65.

Mallarmé n'aurait eu aucune raison, au terme de sa vie, d'accorder au 12 des qualités – unicité, nécessité – qu'il avait lucidement rejetées dès sa jeunesse, et ce alors même que sa conscience du hasard avait conservé, dans son œuvre, toute son acuité. Et ce que l'hypothèse de Ronat ne peut davantage expliquer, c'est que le titre du *Coup de dés* semble justement souligner la vérité maintenue du « hazard » infini igiturien, à savoir la soumission nécessaire de tout résultat du lancer – fût-il un 12 parfait – au hasard éternel : un coup de dés *jamais* n'abolira le hasard. Un vers sublime jamais n'effacera la marque de sa contingence.

Nous touchons ici à une difficulté de fond qui paraît disqualifier en droit *toute* tentative – et pas seulement celle de Ronat – de coder le Poème, c'est-à-dire d'en dégager un nombre *déterminé* susceptible de correspondre à la définition qu'en donne le Maître. Si quelque chose dans le *Coup de dés* paraît être en continuité avec *Igitur*, c'est bien cette suprématie infinie du hasard, affirmée d'emblée dans le poème de 1898 et qui semble condamner par avance l'anticipation par le Maître d'un Nombre à la nécessité supérieure et unique. C'est pourquoi l'échec du décryptage de Ronat n'a pu que renforcer la tendance de fond du commentaire contemporain : celle qui consiste à lire dans le *Coup de dés* l'assomption de l'échec à produire une poésie, un vers, un mètre réellement nécessaires – à produire quoi que ce soit qui démente l'implacable contingence d'un monde sans Dieu. Cette ligne de commentaire – que l'on trouve notamment chez Gardner Davies ou Michel Murat – est aujourd'hui largement dominante. Elle implique une conséquence précise : *l'inférence du Maître*, celle par laquelle il conclut de la conflagration à la préparation du Nombre qui ne peut pas être un autre, *est fausse*. L'« unique Nombre » est l'autre nom de la chimère que l'on peut bien vivre comme Rêve, Éden ou Fiction, mais dont on ne peut espérer la réalisation sous quelque forme que ce soit.

Cette thèse paraît confirmée par un énoncé qui court de la Page VIII à la Page IX, et où le Maître semble rire lui-même de ce qui fut un instant son illusion : « soucieux / expiatoire et pubère / muet // rire / que / si /// c'était / le Nombre // ce serait / le Hasard ». On peut en effet comprendre que le Maître, ici, rit silencieusement (« muet rire ») de son erreur : rire à la fois expiatoire et juvénile (« pubère ») devant ce qui paraît une évidence. De fait – et selon le sévère enseignement d'*Igitur* qui aurait donc été fidèlement maintenu –, même si le Nombre parfait était produit par le lancer (« même si c'était le Nombre »), « ce serait <encore> le Hasard », c'est-à-dire : *ce serait encore l'effet du Hasard*. Et, comme pour rendre les choses plus claires, l'affirmation du titre qui traverse l'ensemble du poème – « Un Coup de Dés jamais n'abolira le Hasard » – se conclut par la même occurrence du mot « Hasard » qui clôt cette « auto-critique » du Maître. Les deux phrases convergent ainsi en un même mot pour dire la même chose, et désigner le vainqueur inévitable de la folle entreprise poétique lorsqu'elle se croit missionnée par l'Absolu. Il y aurait là un éclatant aveu d'échec, au regard de l'ambition première d'un Mètre ultime et nécessaire : ce qui permet aux tenants de cette interprétation d'écarter l'idée qu'un Nombre spécifique serait poursuivi et surtout engendré par le poème.

Pourtant, cette lecture ironiste et déceptive ne va pas à son tour sans de sérieuses difficultés. On comprend mal, en effet, ce qui aurait pu dessiller le Maître et le faire renoncer à son premier raisonnement. Car c'est du spectacle déchaîné de l'horizon, de la conflagration du vers – et non du spectacle illusoire de quelque harmonie – que le Maître a inféré la prochaine arrivée du Nombre unique. Comment pourrait-il ensuite conclure à rebours, si les circonstances dont il a déduit le Nombre sont restées les mêmes – c'est-à-dire cataclysmiques ? Le brusque changement d'avis ne serait ici motivé par aucune raison plausible. On aurait compris que le Maître puisse perdre rapidement ses illusions s'il était parti de la vision d'un paysage serein et de la croyance subséquente en un Dieu garant de l'ordre universel comme de la beauté nécessaire de son vers – avant d'assister à un subit désastre du lieu. Mais, en l'occurrence, c'est à l'inverse de la vision de la catastrophe qu'il a tiré sa conclusion : *c'est le naufrage même du vers classique qui vaut pour lui promesse du Nombre.* On ne peut donc dire que c'est ce même naufrage qui lui ouvre les yeux sur l'illusion de son attente première. Mais comment peut-on conclure d'un désastre radical à une nécessité métrique supérieure? La vérité, c'est que cette inférence du Maître est un paradoxe dont, aujourd'hui encore, nous ne comprenons pas la logique, et non une naïveté dont il serait simple de se déprendre. Et aussi longtemps que nous ne la comprendrons pas, il nous sera impossible de décider si le Maître – et à travers lui le Poème – y a renoncé ou non.

L'insuffisance de ces deux interprétations (cryptage ou ironisme) fait saillir le cœur de la difficulté : *le titre du poème* (et, semble-t-il, le rire « expiatoire et pubère ») *dément l'inférence du Maître*, mais rien ne nous permet d'affirmer que l'une des deux propositions devrait être fausse plutôt que l'autre. Y a-t-il une façon de dénouer l'aporie?

En vérité, il ne reste qu'une voie : elle consiste à nous demander *à quelle condition les deux énoncés pourraient être vrais en même temps*. Après tout, c'est la solution que nous indique le poème, dès lors qu'il ne dément jamais explicitement l'une ou l'autre des deux assertions. Si nous trouvions comment les concilier, nous obtiendrions peut-être un indice décisif pour interpréter le sens du Nombre que pressent le Maître. Or il suffit de poser la question pour que l'évidence s'impose, que nous n'avions pas vue faute de comprendre *littéralement* ce que Mallarmé a écrit lorsqu'il paraît renier dans le rire la première espérance du Maître :

muet rire que si c'était le nombre ce serait le hasard

Nous avons vu que l'ironiste interprète cet énoncé comme s'il signifiait : « même si c'était le nombre, ce serait encore *un effet* du hasard ». Mais ce n'est pas ce qui est écrit, car, à la lettre, il est dit tout au contraire : si c'était le nombre, alors celui-ci *serait* le hasard, c'est-à-dire : il serait *le hasard lui-même, et non l'un de ses effets*. Et, dès lors, les choses commencent à s'éclaircir. En effet, plaçons cet énoncé, compris en son sens littéral, à la suite du titre : nous obtenons alors un syllogisme dont la conclusion est impeccable, et qui nous découvre le sens de l'inférence du Maître :

	Un coup de dés jamais n'abolira le Hasard
(Or)	Le Nombre (s'il avait lieu) *serait* le Hasard
(Donc)	Un coup de dés jamais n'abolira le Nombre

Autrement dit, si un Nombre se produisait qui s'identifiât au Hasard, *il posséderait l'éternité inaltérable de la contingence même*, indifférente aux aléas individuels qui en procèdent. Le Hasard seul étant nécessaire et infini, un Nombre qui parviendrait à fusionner avec lui serait nimbé de la même fatalité. *Le Maître pressent ainsi, au moment du naufrage, que se prépare l'unique Nombre du Hasard comme tel.* Mais comment un Nombre pourrait-il être le Hasard proprement dit plutôt que l'un de ses produits ? Et puisque le Nombre est lui-même le produit d'un coup de dés, comment un lancer pourrait-il avoir pour résultat l'essence même du Hasard, plutôt que l'un de ses effets contingents ? Pour l'instant, nous l'ignorons. Partons néanmoins de cette hypothèse et voyons où elle nous conduit.

Le Mètre sans pareil

L'échec de l'hypothèse de Mitsou Ronat a sans doute suscité, chez bien des commentateurs de Mallarmé, un secret soulagement. Ainsi, l'étrange lubie calculatoire du Livre ne s'était pas propagée au *Coup de dés*, innocenté de ce genre de manie. Pourtant, répétons-le : si le poète avait mis tant d'insistance à introduire des calculs de tout ordre dans le Livre – l'Œuvre de sa vie, selon son propre aveu à Verlaine[1] –, il n'y aurait rien eu d'étonnant à ce qu'il en restât quelque chose dans son poème le plus ambitieux. Et de fait, le 12 continue, on l'a vu, de gouverner les contours matériels du *Coup de dés*, c'est-à-dire le nombre de ses P/pages. Mais si l'on se souvient de l'absence du 12 dans les *contenus* esquissés du Livre, on ne s'étonnera pas qu'il soit tout autant absent du contenu du *Coup de dés* – hormis en quelques segments isolés, tel l'énoncé du « Nombre unique ». Il se pourrait donc

---

1. Lettre publique à Verlaine du 16 novembre 1885, in *OC* I, p. 787-790.

bien qu'un *autre* nombre régisse l'« intérieur » de ce dernier poème.

Supposons l'existence d'un tel Nombre, et demandons pour commencer en quoi il pourrait être unique. En affirmant que le Nombre était l'alexandrin, Ronat partait d'une conception *générique*, et non pas *individuelle*, de l'unicité : car il y a bien sûr de très nombreux alexandrins individuels dans la poésie française, même si leur mètre commun est unique. Mais supposons maintenant un Mètre qui n'interviendrait *qu'une seule fois dans toute l'histoire de la poésie* : un Mètre, autrement dit, qui soit le Nombre de ce poème, lui-même unique, sans prédécesseur ni successeur : le *Coup de dés*[1] ? Nous aurions alors un Nombre unique au sens individuel, et non plus générique, produit par un décompte intrinsèque au seul poème de 1898. Le Nombre serait le seul représentant de son ordre, tant parce qu'il appartiendrait à un poème singulier qu'en raison d'un mode de calcul qui ne serait propre qu'à lui. Et ainsi nous comprendrions pourquoi le Maître, voyant la conflagration des mots sur la Page IV, peut en inférer que se *prépare* le Nombre unique : parce que

---

1. Même si Mallarmé envisageait d'écrire d'autres poèmes de cette forme, et ainsi de fonder un « genre » nouveau – on le sait par l'« Observation » de 1897 et par un propos rapporté par Gustave Kahn –, le premier de cette série aurait encore eu l'unicité d'un prototype originaire. Voir Gustave Kahn, « Les origines du symbolisme », in *Symbolistes et décadents* (1902), Genève, Slatkine, 1977, p. 24.

c'est l'ensemble du Poème qui serait *en train de* produire « un compte total en formation » dont la somme
ne serait achevée qu'au terme de son déroulement –
c'est-à-dire Page XI –, de même qu'un alexandrin ne
somme ses douze syllabes que parvenu à sa fin.

Mais, dira-t-on, pourquoi engendrer un tel Nombre ?
Contentons-nous pour l'instant de remarquer ceci :
si Mallarmé avait codé un Nombre unique, il aurait
produit une conciliation *poétique* entre le vers régulier et le vers libre – et non plus seulement une conciliation théorique comme il l'avait déjà fait dans son
entretien avec Jules Huret ou dans « Crise de vers ».
Au lieu de proposer, en critique, un partage des rôles
entre les deux formes, il aurait produit, en poète, un
Vers capable d'en opérer la synthèse effective. En
effet, d'un côté, tout le Poème serait à lire comme un
unique vers, ou plutôt comme un unique distique : un
« double alexandrin de pages » (2 x 12) dont l'intérieur serait codé par un mètre original (différent du 12).
Le Vers serait donc régulier, et la règle, d'une certaine
façon, plus présente que jamais, puisque dévorant tout
l'espace du distique, qui lui-même dévorerait tout
l'espace du Poème et tout l'espace du Livre. Mais,
d'un autre côté, le Vers du *Coup de dés* aurait l'individualité du vers libre, puisque son Mètre n'appartiendrait qu'à lui. Et d'une certaine façon l'individualité
du Vers serait plus forte que jamais, puisque sa règle
serait absolument unique, alors que tous les vers
libres ont du moins en commun leur égale absence de

règle. Au lieu d'opposer mètre et singularité, on produit un mètre qui singularise mieux et davantage que l'absence de mètre.

Dès lors, s'il y a un Mètre intrinsèque et spécifique au *Coup de dés*, que nombre-t-il? Et que devons-nous compter au juste pour l'obtenir? Laissons-nous guider par le texte. Si le Mètre s'accomplit au terme du *Coup de dés*, alors on peut s'attendre à ce que la fin du Poème nous donne un indice quant à sa nature : et tel est bien le cas, puisque le seul mot se référant à un nombre est le « Septentrion » de la dernière Page, celui qui précisément paraît contenir les sept points stellaires du Lancer céleste. La deuxième principale du *Coup de dés* se développe en effet ainsi :

> Rien / de la mémorable crise / n'aura eu lieu que le lieu // excepté / à l'altitude / PEUT-ÊTRE // hors l'intérêt / quant à lui signalé / de feux / vers / ce doit être / le Septentrion aussi Nord / UNE CONSTELLATION.

Rien n'aura donc procédé de la crise du vers libre, excepté « peut-être » une Constellation portant en elle-même un nombre inédit – le sept – ayant vocation à devenir le nouveau Nord de la poésie moderne. Les « feux vers » sont évidemment les alexandrins, donnés pour morts par la montée du vers libre et que doit relayer dans le *Coup de dés*, sans pour autant les supprimer étant donné leur « intérêt » inlassablement « signalé » par Mallarmé, le nouveau Mètre constellatoire. Vient alors le final grandiose :

UNE CONSTELLATION

froide d'oubli et de désuétude
pas tant
qu'elle n'énumère
sur quelque surface vacante et supérieure
le heurt successif
sidéralement
d'un compte total en formation

veillant
doutant
roulant
brillant et méditant

avant de s'arrêter
à quelque point dernier qui le sacre

Toute Pensée émet un Coup de Dés

À lire cette apothéose, nous comprenons que
le poème est tout simplement *en train de faire ce
qu'il décrit.* Le *Coup de dés* possède une dimension
« performative » en ce qu'il opère une sommation,
un « compte total en formation » d'une unité de
compte = x (encore inconnue) qui est en train d'être
sommée sous nos yeux, « roulant » sur la surface de
la Page « avant de s'arrêter » à un « point dernier qui
le sacre ». Et nous avons maintenant des raisons de
croire que le Nombre qui vient de se produire, par le
déploiement du poème jusqu'à son terme, a un rapport étroit avec le 7.

Pourquoi donner un rôle si essentiel au 7 ? La raison
n'est pas – ou pas principalement – le caractère sacré

de ce chiffre dans de multiples traditions. C'est plutôt que le 7 représente chez Mallarmé un moyen terme entre la métrique classique et le hasard pur. D'une part, le 7 est le nombre des rimes dans un sonnet, forme poétique sans doute la plus parfaite aux yeux de Mallarmé, puisque la plus continûment pratiquée par lui. Le sonnet en -x, ce sonnet « nul se réfléchissant de toutes les façons », fait ainsi apparaître à Minuit (= 12), dans la glace d'un salon vide, le Septuor astral : son mètre (l'alexandrin) et le nombre de ses rimes sont ainsi tous deux symbolisés à l'intérieur du poème.

Mais par ailleurs le 7 désigne aussi le nombre des étoiles de la Petite Ourse où se tient l'étoile polaire, Nord de tous les navigateurs. Or nous savons – notamment par une confidence faite à François Coppée[1] – que l'auteur du *Coup de dés* tenait les étoiles en leur dissémination pure comme un symbole céleste du Hasard. Découper par le regard une constellation dans cette splendeur dépourvue de sens, c'est accomplir un acte tout à fait analogue à l'acte poétique selon Mallarmé. Car ce poète s'attache à faire scintiller les mots, forgés et disséminés par le hasard de la langue, par l'usage d'une syntaxe déroutante en laquelle chaque vocable semble isolé par une « lacune » de tous les autres, comme décontextualisé : ce qui lui permet de rayonner d'une lumière qu'on ne lui avait jamais connue[2].

---

1. Voir Hubert Fabureau, *Stéphane Mallarmé, son œuvre*, Paris, Éditions de la *Nouvelle Revue critique*, 1933, p. 25.

2. Voir, sur ce point, nos remarques p. 113-114.

La constellation du Septentrion est donc le symbole parfait du Beau détaché en son resplendissement sur le fond d'un Hasard éternel. Elle est aussi le rappel que l'absence de Dieu, son Néant avéré, est la condition du Beau, tout comme la Nuit et l'anéantissement de la lumière solaire sont la condition de la splendeur stellaire – désormais notre boussole[1].

Mais ce que l'on ne semble pas avoir encore remarqué, c'est que l'obsession mallarméenne du 7 se manifeste aussi dans les Notes en vue du « Livre ». On a vu qu'une première série de nombres était produite par les diviseurs et les multiples de 12, ajoutés aux multiples de 6, le chiffre de l'hémistiche. Il y a pourtant, dans ces Notes, une seconde série de nombres non moins importante, et qui se révèle cette fois entièrement constituée des *multiples de 5*. Il y a certes 24 assistants dans le public, mais, en ajoutant l'opérateur, souligne Mallarmé, cela fait 25 personnes par lecture ; chaque « livre » du Livre, c'est-à-dire chacun de ses volumes, aura 5 « motifs » différents ; les exemplaires sont généralement publiés selon un nombre qui est un multiple de 10, donc de 5. Et surtout : le Livre sera

---

1. Il existe une dernière raison possible, plus anecdotique, à la dilection du poète pour le 7. La mention du « Sept(entrion) » est peut-être une façon discrète de signer le poème (d'y apposer son « chiffre »), puisque les quatre lettres du sept sont identiques aux quatre premières lettres du prénom du poète (*Sept*hane). Le 7 aurait alors valeur de monogramme et serait à Mallarmé ce que le Chrisme est au Christ.

entièrement parcouru selon un cycle de 5 années de lectures – 5 ans, période que l'on nomme du terme de « lustre », rappelle Mallarmé[1], raison pour laquelle un autre lustre éclairera la salle où se tiendront les séances.

Les nombres déclinés dans le Livre procèdent de ces deux séries – multiples et diviseurs de 12 et 6, multiples de 5 – et, à notre connaissance, de ces deux séries *uniquement*. Or, autant la première série est symboliquement évidente – l'alexandrin, l'hémistiche –, autant la seconde est sans lien évident avec un nombre spécifique de la poésie. Aucun élément du sonnet ou de l'alexandrin ne semble en effet avoir de rapport privilégié au 5. Alors pourquoi cette fascination pour un chiffre qui va jusqu'à déterminer le cycle des lectures ? La réponse nous paraît être la suivante : le 12, a-t-on dit, domine seulement les *entours* du texte lu. Mais quel sera alors le chiffre régissant le *contenu* du Livre ? Mallarmé, dans ces Notes, répond en creux à cette question : *le Nombre interne au Livre sera le complémentaire du 5 pour obtenir le 12*. Autrement dit, il suffit d'ôter au 12 le 5 pour obtenir le résultat : $12 - 5 = 7$. Le Septentrion est ainsi codé dans les Notes sans avoir jamais à y apparaître, précisément parce que les Notes déterminent le code du cérémonial et, par différence seulement, celui du Livre. C'est donc en accord avec les réflexions numérologiques du

---

1. *OC* I, p. 562.

Livre que nous pouvons nous attendre à des calculs aussi pointilleux dans le *Coup de dés*, cette fois en relation au 7 – le Poème de 1898 semblant prendre en charge le code intratextuel que les Notes n'avaient pu développer.

Dès lors, les conditions d'élucidation du Nombre se resserrent : nous devons chercher s'il existe une unité de compte qui fasse ressortir le 7 au sein du Poème. Mais, pour ce faire, intéressons-nous à l'ultime phrase du *Coup de dés*, la seule principale dépourvue d'incises et dont la simplicité tranche si nettement avec le reste du texte : « Toute Pensée émet un Coup de Dés. » Nous avons dit qu'elle devait être lue comme un *fabula docet*, une « morale » du Poème : un énoncé qui en dégage le sens avec concision. Or il y a une façon triviale, mais par là même précise, de comprendre cette phrase. Au lieu de dire qu'il s'agit dans cet énoncé d'affirmer, de façon assez vague et plutôt banale, que toute pensée est un pari, nous pouvons l'interpréter ainsi : toute pensée, dans la mesure où elle est formulée dans un langage, produit une série de nombres aléatoires liés aux composantes de langage nécessaires pour la formuler. Notre phrase conclusive contient en effet, comme toute phrase, un certain nombre de lettres, de syllabes, de mots, de substantifs, etc. Ces nombres sont « engendrés » par la pensée qui s'y trouve formulée, mais ils n'ont par eux-mêmes aucun sens – et en particulier aucun sens lié à la pensée en jeu. Du moins est-ce le cas en temps ordinaire. Sauf à kabbaliser, on ne voit pas de lien significatif entre la déclaration « Je vous aime » et le nombre 10, qui est le nombre de lettres nécessaires pour la formuler. Il s'agit là d'un lien hasardeux entre le sens et le nombre – c'est-à-dire d'un non-lien. Mais le poète traditionnel – praticien du vers régulier – est précisément celui qui soumet le langage au compte, et plus spécialement au compte des syllabes pour garantir son mètre. Pourquoi, alors, n'y aurait-il pas dans cette phrase finale une indication sur le type de compte à opérer pour trouver le Mètre du Poème ? Posons donc la question : notre énoncé final contient-il un 7, et, si c'est le cas, selon quelle unité de compte ? La réponse est : oui, il en contient un, et celui-ci est le plus simple qui soit. *C'est en 7 mots qu'est formulé notre énoncé ultime* :

Toute Pensée émet un Coup de Dés
1   2   3   4   5   6   7

Dès lors, nous pouvons faire un pas de plus et formuler notre hypothèse générale : *le Nombre du* Coup de dés *serait la somme des mots du poème, dont le dernier terme serait le mot « sacre » par lequel s'achève précisément le jet stellaire.* Le « point dernier qui sacre » ne serait autre que le mot « sacre », et nous retrouverions bien la dimension performative du Poème : l'écriture de « sacre » vaut sacre. Autrement dit, nous supposons que la phrase finale de 7 mots *ne*

53

fait *pas* partie du Nombre : elle en est le « chiffre »
ou la « clef » en un sens tant cryptologique que musical (le poème est écrit « en 7 », comme une sonate est
écrite en si mineur ou majeur). Mallarmé aurait voulu
ainsi faire ressortir le 7 *comme tel*, de façon séparée ;
et, comme il ne pouvait pas écrire un poème de 7 mots,
il aurait isolé un énoncé final dévoilant le chiffre dont
procède le Nombre. Mais si notre intuition est juste,
alors *le Nombre* – celui qui somme les mots du poème
du premier mot jusqu'au mot « sacre » – contiendra le
7 de façon significative[1].

Le tourbillon du code

Le compte tacite du *Coup de dés* se composerait
donc, d'une part, d'un chiffre, le 7, incrusté dans
la phrase finale, et, d'autre part, d'un Nombre sommant le reste des mots et en lequel le 7 serait contenu
de façon remarquable. Que voulons-nous dire en
parlant d'une présence « significative » du 7 dans
le Nombre ? Il y a, en première approximation, plusieurs centaines de mots dans le *Coup de dés*. Le
Nombre s'écrira donc à l'aide de trois chiffres. Si,
par exemple, « sacre » était le 777ᵉ mot du Poème,

---

1. On notera que le dernier segment linéaire du poème avant
la phrase conclusive contient 7 mots lui aussi : « à quelque point
dernier qui le sacre ». Si notre hypothèse est juste, le *Coup de
dés* se conclut donc sur une égalité métrique.

le 7 en serait évidemment une composante significative. Y a-t-il *a priori* d'autres possibilités? Le seul
autre chiffre immédiatement signifiant dans la poétique de Mallarmé paraît être le 0 : associé au 7, il
serait un symbole évident du Néant ou de la Nuit sur
fond desquels apparaît le Septentrion. Cela nous fait
trois autres possibilités quant à la position du mot
« sacre » : 700e, 707e, 770e.

Mais même si nous trouvions l'un de ces quatre
nombres (777, 700, 707, 770), le rapport symbolique
de la somme au poème serait encore trop lâche pour
permettre de conclure à davantage qu'une coïncidence. Pour démontrer que Mallarmé a réellement
compté ses mots, il faudrait découvrir dans le texte du
Coup de dés une allusion cryptée à l'un de ces quatre
nombres : l'équivalent d'une « charade » du Nombre,
cachée dans un passage du poème. C'est alors que
nous pourrions faire valoir une *double* vérification du
Nombre, et donc du code : une fois par le compte, une
fois par le texte. Si nous obtenions un tel résultat, le
cryptage trouverait une confirmation grâce à sa valeur
heuristique : sa capacité à expliquer précisément certains passages du poème.

*
* *

Or un tel passage existe bien. Il s'agit de la Page
centrale du *Coup de dés*, la Page VI :

55

COMME SI

> *Une insinuation*
>
> *au silence*
>
>
> *dans quelque proche*
>
> *voltige*

La Page décrit le tourbillon dans lequel le Maître paraît s'être noyé à la suite du naufrage. Demeure pourtant un « vierge indice » du « mystère » (celui de l'acte du Maître, dont on ignore s'il a lancé les dés). Nous apprendrons à la Page suivante – Page VII – que ce vierge indice est une plume (une aigrette), symbole obvie de l'écrivain éperdu, et l'une des rares traces du Maître (de son couvre-chef) qui n'ait pas encore été engloutie. Dans cette même Page VII, on assistera à un couronnement éphémère et *post mortem* – l'aigrette « effleur<ant> » un instant la coiffe, la « toque » de celui qui n'est plus. Un discret triomphe est suggéré

simple

enroulée avec ironie
            ou
                le mystère
                        précipité
                                hurlé

tourbillon d'hilarité et d'horreur

autour du gouffre
                    sans le joncher
                            ni fuir

            et en berce le vierge indice

COMME SI

dont nous ignorons le sens. Pour élucider celui-ci, il faut comprendre ce qui s'est produit juste auparavant, et que décrit la Page VI.

Ce qui se joue dans cette Page, en vérité, est déterminé par le rôle symbolique de la décapitation chez Mallarmé. Le thème de la décollation revient en effet de façon récurrente dans son œuvre, la séparation entre la tête et le corps symbolisant celle entre l'esprit et la nature. Dans un poème en prose de 1864, « Pauvre enfant pâle[1] » (initialement intitulé « La Tête »),

_____

1. *OC* II, p. 88-89.

Mallarmé imagine qu'un enfant pauvre, qu'il voit chanter de tout son souffle dans les rues pour obtenir quelques pièces, risque un jour de verser dans le crime et de finir décapité. Il s'agit en fait d'une rêverie sur l'expression « chanter à tue-tête », développée dans son sens littéral. Telle est la version mallarméenne du chant du cygne : le chant poétique exige un rehaussement de l'esprit qui tend vers un ciel inaccessible, dans le désir d'obtenir une pureté qui est en même temps séparation mortifère d'avec le monde terrestre (figuré par le corps). Nous retrouvons ce thème de la pureté guillotineuse dans *Igitur*, où est évoqué un « buste à la fraise arachnéenne », symbole du devenir Esprit d'Igitur. Mais c'est surtout le labeur toujours recommencé d'*Hérodiade* qui manifeste cette obsession, et en particulier *Les Noces d'Hérodiade*, dont le prélude montre la tête de saint Jean-Baptiste entonnant un chant de gloire à l'instant même où le bourreau la sépare de son corps. Or Jean le Baptiste est, pourrait-on dire, le seul « prophète » du Nouveau Testament – le seul prophète proprement chrétien : celui qui annonce la prochaine venue du Sauveur, à la différence des apôtres et martyrs qui témoignent de son existence présente ou passée. C'est à ce titre que la décapitation de saint Jean devient, chez Mallarmé, le symbole de l'acte poétique en sa plus haute pureté et sa plus grande puissance d'espérance : le symbole d'un salut cette fois purement terrestre, que prépare et annonce une ascèse tout aussi extrême du travail d'écriture.

C'est précisément ce procès spirituel que met ici en œuvre le *Coup de dés*. Du Maître qui vient d'inférer la prochaine advenue du Nombre unique et tient ses dés en main, il est en effet écrit, Page IV : « Esprit / pour le jeter / dans la tempête / en reployer la division et passer fier ». Le Maître est donc sur le point de se transformer en « Esprit pur », capable du lancer, de sa sommation (puisque le résultat est divisé par les dés que l'on suppose être deux comme dans *Igitur*) et de la mort acceptée bravement (« passer fier »). Or ce processus s'amorce à partir d'une *décapitation symbolique*. En effet, la mer paraît avoir noyé le corps du Maître en son entier, à l'exception de la tête. Celle-ci, cependant, est à son tour éclaboussée d'écume : un flot « envahit le chef / coule en barbe soumise », barbe blanche qui suggère un vieillissement instantané du Héros et métaphorise sa mort imminente. Et, à la Page suivante, Page V, la tête est encore dite « inutile » parce qu'elle paraît s'être détachée du corps qui, lui, est sous les eaux, la « main crispée » qui tient les dés étant seule à s'élever encore au-dessus du visage. Bientôt le Maître disparaîtra entièrement. Mais le procès de décollation va se prolonger sous une forme spirituelle encore supérieure, symbolisée par le maintien à la surface, pour un temps, de la toque du Héros et de son aigrette.

Revenons à la Page VI. Celle-ci, tout d'abord, joue un rôle à la lettre central dans le Poème : elle le sépare, on l'a vu, en deux moitiés égales, dont le compte des pages – 12 de chaque côté – nous incite à lire l'ensemble du Poème comme s'il se composait d'un distique d'alexandrins *rimés* ensemble selon une structure en chiasme : le premier Vers se déploierait entre « Un Coup de Dés » et le premier « comme si » de la Page VI, le second Vers entre le second « comme si » de la Page VI et de nouveau « un Coup de Dés ». Le vers moderne, particulièrement le vers français, a en effet, aux yeux de Mallarmé, cette supériorité sur le vers antique d'être double – stance ou distique – en raison de la rime qui le constitue[1]. La métrique régulière impose ainsi, c'est là sa modernité, que le Beau contienne en son centre un vide, un blanc : celui même qui sépare les deux vers tout en leur permettant de résonner ensemble. Or, dans cette Page VI, la pliure centrale du livre, qu'occupe précisément le texte où est décrit le tourbillon du naufrage, joue ce rôle de gouffre séparant les deux locutions en miroir : « comme si »-« comme si ». Rime phoniquement parfaite en même temps qu'incorrecte, puisque deux mots ou expressions identiques ne peuvent, selon la règle ordinaire, être ajointés en bout de vers.

Cette défense ironique de la rime – face au mépris où la tiennent certains vers-libristes – va de pair avec la défense du mètre poétique. Car cette même Page contient la « charade » du Nombre unique recherché, preuve que les dés ont bien été lancés avant la noyade du Maître et que le procès spirituel – la décapitation du vieillard dont ne demeure que le « chef » symbolique (toque et plume) – est bien allé à son terme. Pour éta-

---

1. « Solennité », in *OC* II, p. 200-201.

blir cette thèse, et élucider l'énigme, il nous faut toutefois faire un bref détour par le Prélude des *Noces d'Hérodiade*. Mallarmé travaillait encore à ce poème inachevé, commencé sans doute en 1896, lorsque la mort l'a brusquement emporté, en 1898 : il est donc contemporain de la dernière rédaction du *Coup de dés*. Or on lit, au tout début de ce Prélude, une phrase elle aussi encadrée par la conjonction « si », selon une diagonale similaire à celle des « comme si » de la Page VI :

Si..[1]
   Génuflexion comme à l'éblouissant
   Nimbe là-bas très glorieux arrondissant
   En le manque du saint à la langue roidie
   [...]
   On ne sait quel masque âpre et farouche éclairci
   Triomphalement et péremptoirement **si**[2]

Les vers se présentent comme une longue parenthèse interrompant une subordonnée hypothétique (annoncée par le premier « si.. ») qui reprend avec le second « si ». Les points de suspension qui ponctuent le premier « si » renforcent l'analogie avec la Page

---

1. Il n'y a que deux points de suspension, selon le vœu exprès de Mallarmé : « Le maître trouve les trois points canailles. Il en fait toujours supprimer un au typographe. » Propos rapporté par Edmond Bonniot (31 janvier 1893), cité par Gordon Millan, *Les « Mardis » de Stéphane Mallarmé*, Paris, A.-G. Nizet, 2008, p. 82.
2. *OC* I, p.147.

du tourbillon, puisque les deux « comme si » y sug-
gèrent cette même ponctuation d'une phrase à la fois
cohérente syntaxiquement et inachevée quant au sens
(« comme si.. »). Nous avons coupé le passage encadré par les « si » parce qu'il n'est pas nécessaire de les
commenter pour saisir le point qui est ici crucial.

Commençons par citer le commentaire que fait
Bertrand Marchal de ces vers :

> Ce « si » initial, qui place les *Noces d'Hérodiade* sous
> le signe de la fiction, reste suspendu jusqu'au vers 14,
> où il introduit enfin une subordonnée hypothétique dont
> le verbe principal apparaît au vers 25… Entre les deux
> « si », les quatorze premiers vers installent le décor sym-
> bolique des *Noces d'Hérodiade*. Mais ce « si » qui donne
> la tonalité du texte *évoque aussi la note, dont on sait l'éty-
> mologie : Sancte Ioannes, « saint Jean »*[1].

Nous voici à un tournant décisif de l'enquête. La
remarque de Marchal nous permet en effet de mettre
le doigt sur la triple signification du mot « si » : une
conjonction hypothétique, mais aussi une note de
musique, et les initiales de saint Jean-Baptiste. Nous
avons vu qu'une allusion au prophète était déjà conte-
nue dans le procès de la décapitation symbolique du
Maître, dont ne surnagent que le « chef » et son aigrette.
Nous comprenons alors que « comme si » n'est pas
simplement une locution introduisant une proposition
hypothétique incomplète (« comme si.. »), mais aussi,

---

1. *OC* I, p. 1225-1226. Nous soulignons.

et surtout, *une comparative complète* : comme si = comme *le* si de *Sancte Ioannes*. L'absence de ponctuation du poème permet cette ambiguïté : le lecteur introduit spontanément des points de suspension, croyant qu'il s'agit d'une insinuation rêveuse et vague. Tout se passe *comme si* la locution signifiait seulement « comme si.. », alors qu'elle signifie surtout que *la toque et la plume du Maître flottant sur les eaux sont comparées à la tête décapitée de saint Jean*. L'aigrette, en particulier, est « comme » la tête décollée de l'ascète : signe d'un sacrifice et d'une pureté annonciateurs d'un événement inouï. Car de même que saint Jean annonce le Christ, de même cette décapitation symbolique annonce l'advenue d'un Nombre unique entre tous. À la lumière de ce fait, le sens du naufrage se transforme ainsi radicalement : au lieu d'être le signe d'un échec radical, la noyade se révèle être une « expiation » par laquelle le Maître se fait le prophète annonçant l'avènement d'une forme supérieure de salut.

Avant d'aller plus loin, il vaut la peine de détailler les trois sens du mot « si » que nous venons d'indiquer. L'importance du « si », pour Mallarmé, se laisse déjà deviner dans le fait qu'il est à la fois le tout premier mot du dernier poème entrepris – *Les Noces d'Hérodiade* – et le mot central du *Coup de dés*. Ce terme, par son équivocité, résume en effet à lui seul trois aspects essentiels de la poétique mallarméenne et aussi bien du *Coup de dés* :

1° Le rôle de la *fiction* : dans l'« Observation » de l'édition *Cosmopolis*, Mallarmé écrit à propos de son Poème : « Tout se passe, par raccourci, en hypo-thèse ; on évite le récit[1]. » Le « Si » de la Page centrale peut alors être lu comme la conjonction qui introduit par excellence ce régime de l'hypothèse : comme le symbole de la présentation axiomatique, et non pas narrative, du *Coup de dés*. Le « soit que » de la Page III explicite en effet sur le mode de la supposi-tion mathématique les « circonstances éternelles » – annoncées à la Page précédente – dans lesquelles le coup de dés va être effectué, c'est-à-dire la mer idéelle et tempétueuse en laquelle se produit le nau-frage : « soit que l'Abîme blanchi étale furieux ». Le « comme si » est alors entendu comme une insinuation indéterminée : tout se passe comme si le lancer avait été effectué, ou aussi bien ineffectué. En ce cas, nous en restons au stade des hypothèses incertaines ;

2° Pourtant, le « si » hypothétique est dépassé au profit d'un deuxième sens : celui de l'annonce prophé-tique d'un Mètre inédit. Le « si » doit maintenant se comprendre comme les initiales – le « chiffre » – de saint Jean-Baptiste. Le « comme si » renvoie à une décollation, un processus de mort et de rédemption pré-figurant un événement exceptionnel dont le sens nous demeure encore énigmatique. Or c'est en nous tour-nant vers le troisième sens du « si » que nous commen-cerons à lever le voile de ce mystère ;

3° Il faut en effet nous attarder maintenant sur la troisième signification du « si » : la *note de musique*.

---

1. *OC* I, p. 391.

Soulignons d'abord que ce dernier sens fait lui aussi référence, de façon indirecte, à un aspect essentiel de la poétique mallarméenne, à savoir le rapport de rivalité entre la poésie et la musique. On sait en effet que Mallarmé a contesté à la musique le privilège du *chant*. Le poète considérait que la forme instrumentale du chant était une expression déficiente de celui-ci : car la musique instrumentale ne peut produire par elle-même, dans l'esprit de l'auditeur, qu'un sens vague – une ligne d'émotion dont la signification exacte ne cesse d'échapper. Lorsqu'elle est associée à des paroles, l'effusion incertaine de la musique ne parvient donc jamais, selon le poète, à épouser réellement la précision des mots. L'opéra, en particulier, échoue pour cette raison à fondre parole et chant : cet art ne produit qu'une totalité de juxtaposition, dans laquelle les parties ne s'engendrent pas réciproquement, mais se déploient selon les lignes parallèles et séparées du livret et de la partition. C'est cette insuffisance qui éclate chez Wagner, dont l'art prétendument total n'est pour l'essentiel, selon Mallarmé, que l'association extérieure de sa musique et d'un vieux fonds de légende nordique artificiellement ressuscité dans sa « Tétralogie ». Seule la poésie – parce qu'elle engendre un chant à l'aide de la seule parole – est à même de produire une unité profonde entre pensée et musique. Il s'agit donc d'arracher la Musique aux « cordes, cuivres et bois » pour la restituer au Vers. Et il n'est même nul besoin que la poésie soit lue à haute voix pour que sa mélodie, toute mentale, produise pleinement son effet : la poésie est « musicienne du silence[1] ».

Or le *Coup de dés* est explicitement comparé, dans l'« Observation » de 1897, à une « partition[2] ». Le Poème doit donc être considéré dans le contexte de cette rivalité des deux arts. La poésie peut-elle reprendre son bien – le chant – à la musique, et en particulier à Wagner, qui a fait de son art le fondement d'une nouvelle religion ? Dans le *Coup de dés*, il semble bien que cet enjeu se concentre symboliquement sur le « si » entendu comme note musicale : quel art en est le dépositaire privilégié ? Y a-t-il possibilité de ramener cette note – métaphore du Chant essentiel – dans le giron de la poésie et de l'enrouler « au *si*lence », comme il est écrit, pour en faire une mélodie mentale et non plus instrumentale ? L'enjeu est bel et bien de déterminer la source légitime du nouveau culte : soit l'opéra devenu « art total », soit le poème reconfiguré en partition de mots. Nous sommes près d'un événement imminent : le sacre de la Poésie annoncée par le Maître entre-temps décapité.

Mais pour établir que le *si* renvoie bien à ce troisième sens musical, par l'entremise de la comparaison avec saint Jean, il nous faut maintenant dégager

---

1. « Sainte », in *OC* I, p. 25. Sur la rivalité entre poésie et musique, voir « La Musique et les Lettres », in *OC* II, p. 68 *sq.*, ainsi que « Richard Wagner. Rêverie d'un poëte français », in *OC* II, p. 153-159.

2. *OC* I, p. 391.

la signification que peut avoir le « comme si » dans une telle hypothèse : que peut-on comparer, dans cette Page VI, à une note de musique ?

Il semble bien, cette fois, que nous soyons tombé sur l'énigme à résoudre.

Dans la phrase centrale, entre les deux « comme si », Mallarmé insiste en effet sur la syllabe [si], et sur le fait que le mot devrait nous suggérer quelque chose d'encore mystérieux. Il est question d'« une insinuation simple au silence enroulée », du « mystère précipité », ou encore du « vierge indice ». Toutes ces expressions sont des appels à découvrir ce que le si peut « insinuer » par-delà son « silence ». Ce même si qui est précipité vers le gouffre central, et projeté au-delà de lui au bas de la Page, comme un « mystère » toujours entier. N'y aurait-il pas alors, dans ce mot, non seulement l'indice du devenir-prophétique du Maître décapité, mais aussi l'indice « encore vierge » (non défloré) de ce que ce prophète doit annoncer après lui : l'« unique Nombre » ?

Si, bien sûr – il suffit, une fois encore, de décrypter un code enfantin (une insinuation « simple ») –, celui de la gamme de do majeur :

do	ré	mi	fa	sol	la	si	do
1	2	3	4	5	6	7	8

Si est la septième note de la gamme élémentaire. 7 est donc le chiffre qui, dans l'ordre arithmétique, est « comme <le> si » dans l'ordre de la gamme connue de tous. La charade du Nombre est ainsi construite autour d'une insinuation en effet « simple » du Sept par le Si.

Mais nous comprenons alors que notre Nombre commence et finit par 7, puisqu'il est codé par une séquence qui commence et finit par ce qui est « comme » si : « Comme si – Comme si » = « 7 – 7 ». Il ne nous reste qu'à découvrir ce que « code » le texte encadré par les deux « comme si », et nous obtiendrons le chiffre central du Nombre, et par conséquent celui-ci en son complet. Or ici la comparaison est de nouveau évidente : car ce dont parle le texte central, c'est le « tourbillon », le « gouffre » qui emporte toute chose, en se situant dans la pliure abyssale du Poème en son milieu. Mais comment figure-t-on au mieux un tourbillon, de forme circulaire, et un gouffre vide autour duquel est « enroulée » l'insinuation (du 7 par le si), sinon par le chiffre 0 ? Dès lors, la charade du Nombre donne un résultat parfaitement déterminé : *le Nombre du* Coup de dés *n'est autre que 707.*

Hypothèse, Prophétie, Nombre : le Si, à lui seul, a supporté tout le procès de cette transfiguration.

*

* *

Quand nous disions, à propos de l'énoncé final en 7 mots, que le poème était écrit « en sept » comme une sonate est écrite « en si mineur », l'image était plus ajustée qu'il n'y paraissait. L'analogie du *Coup de dés* avec une écriture musicale est suffisamment serrée pour que l'on puisse désormais parler du « déchiffrage » de son code, et non pas seulement de son « déchiffrement » : car le premier terme désigne plus spécialement l'activité par laquelle un musicien « déchiffre » une partition, réunissant ainsi pour notre poème l'idée du cryptage avec celle du Si qui en est la clef.

707

Avant de vérifier si le compte des mots confirme ce premier décryptage (et confirme que notre Nombre a brillé dans le ciel du *Coup de dés* avant d'envahir les ciels des années 1960 sur le fuselage des premiers Boeing long-courriers), montrons ce qui, dans la suite du Poème, renforce l'hypothèse du 707 comme détermination du Nombre.

La première confirmation nous est donnée par la phrase, déjà commentée, qui court en haut des Pages VIII et IX : « soucieux / expiatoire et pubère / muet rire que SI /// C'ÉTAIT LE NOMBRE // CE SERAIT // LE HASARD ». À ce point, nous proposons au lecteur de se livrer à une expérience : qu'il ouvre le Poème à la Page VIII et fixe le bout de phrase « muet rire que SI », puis qu'il tourne brusquement la Page et lise le haut de la Page IX : il découvrira alors, inscrite en son cœur même, une phrase toute différente de la précédente :

muet rire que Si : c'était le Nombre !

Ainsi, le rire ne signifie pas, comme on a pris l'habitude de le soutenir, la conscience amère que tout nombre serait un effet insignifiant du hasard et que le lancer n'aurait aucune raison d'être effectué plutôt que pas. Il signifie exactement le contraire : que le Nombre vient d'être produit, que Si était ce Nombre (c'est-à-dire le 7-7 dont s'engendre le 707) et que le poète – partant d'un rire que nul n'entend – est secrètement ravi du tour qu'il vient de jouer au lecteur[1].

Un second indice du 707 nous est donné à la Page V, Page qui précède le tourbillon et décrit l'ultime hésitation du Maître alors que sa main et sa tête surnagent encore. Intervient ici un « ultérieur démon immémorial », c'est-à-dire le démon ancestral de la poésie, mais ultérieur à la catastrophe qui a brisé le vers. Ce démon va guider le geste décisif du Maître, puisque celui-ci, décapité, arraché à sa condition corporelle, est prêt à suivre sa part supérieure, celle que Mallarmé nomme ailleurs « la Divinité, qui

---

1. Ajoutons que Mallarmé suggère par cette même phrase qu'il reprend à la musique ce qu'elle croyait être son bien propre : le segment « *mu*et rire *que si* » contient en effet les trois syllabes du mot « musique », l'ironie étant que le mot « *mu*et » contient la première. Le *si* quitte le royaume de la mu*si*que pour accéder à celui de la poé*si*e, ce [si] qui est la syllabe en partage entre le nom des deux arts et symbolise ainsi leur prétention commune. La poésie mérite alors son titre de « musicienne du silence », du si devenu « muet », c'est-à-dire mental plutôt qu'instrumental. Le *Coup de dés* vérifie donc à la perfection, par son être à la fois crypté et silencieux, la définition que Mallarmé, dans « La Musique et les Lettres », donnait de la poésie : « Chiffration mélodique tue » (*OC* II, p. 68).

jamais n'est que Soi[1] ». On devine que le vieillard, proche de sombrer, va faire le juste choix. Or que lui souffle ce démon ? Voici le texte : « l'ultérieur démon immémorial / ayant / de contrées nulles / induit / le vieillard vers cette conjonction suprême avec la probabilité ». Ces lignes deviennent très claires à la lumière de notre décryptage : elles signifient que le démon a enjoint au Maître, *à partir du 0 central* du 707 (« de contrées nulles »), de s'élever vers le 7 stellaire, qui est en effet le résultat le plus probable lorsqu'on lance deux dés et mérite donc d'être nommé par la périphrase de « conjonction suprême avec la probabilité »[2].

La même Page V détaille aussi l'« ombre » du démon en ces termes : « son ombre puérile / caressée et polie [...] / soustraite / aux durs os perdus entre les ais / né[3] / d'un ébat / la mer par l'aïeul tentant ou l'aïeul contre la mer / une chance oiseuse ». On saisit que « son ombre » s'entend, par l'effet de la liaison,

---

1. « Catholicisme », in *OC* II, p. 238.

2. Il est vrai – c'est une objection que l'on pourrait nous faire – que cette interprétation suppose chez Mallarmé une connaissance des probabilités plus assurée que celle mise en œuvre dans *Igitur*. Dans ce conte, le poète évaluait en effet la probabilité que le coup de dés donne un 12 à « *une chance unique contre 11* » (*OC* I, p. 476), alors que la probabilité véritable est d'une chance sur 36 (ou d'une chance contre 35). On répondra qu'entre 1869 et 1897-1898 Mallarmé aura eu tout de même près de trente années pour parfaire sa maîtrise des calculs aléatoires élémentaires...

3. Il s'agit du démon.

« son nombre ». Le Nombre du démon – le 707 – est donc en passe d'être soustrait aux planches du naufrage (les ais), mais également aux dés en « os » que tient le Maître, et aussi bien à ce « sac d'os » mortel qu'est le vieillard : le Nombre est sur le point d'accéder à un état indifférent à la contingence des lancers ordinaires, en s'identifiant, selon un processus encore inconnu, à l'éternité du Hasard même. Le passage confirme le syllogisme du Maître et sa conclusion : « un coup de dés jamais n'abolira le Nombre ». Ce Nombre est bien né, comme il est précisé, de l'« ébat » entre le poète et la « mer » déferlante des mots patiemment additionnés par le Maître. Celui-ci, est-il écrit Page IV, a tenté une « chance oiseuse » en jouant « la partie en maniaque chenu », obsédé en effet, nous le comprenons maintenant, par son compte minutieux jusqu'à la manie.

*
* *

Mais les confirmations les plus nettes de notre hypothèse se trouvent Page IX, où le lecteur découvre la seconde et dernière mention du Nombre, qui est aussi la plus détaillée. Celui-ci est présenté glorieusement, en capitales et en haut de Page, et défini comme « issu stellaire ». Puis une liste de ses caractéristiques est comme « déroulée » vers le bas, chaque propriété étant annoncée par un ou plusieurs verbes au subjonctif qui en attestent la substance hypothétique :

C'ÉTAIT
issu stellaire

LE NOMBRE

EXISTÂT-IL
autrement qu'hallucination éparse d'agonie

COMMENÇÂT-IL ET CESSÂT-IL
sourdant que nié et clos quand apparu
enfin
par quelque profusion répandue en rareté
SE CHIFFRÂT-IL

évidence de la somme pour peu qu'une
ILLUMINÂT-IL

Toutes ces caractéristiques deviennent limpides une fois découverts le Nombre auquel elles s'appliquent et le code qui le crypte. L'expression « issu stellaire » signifie que les constellations éclatées de mots engendrent progressivement le Nombre qui se confond avec leur somme. L'énoncé « Existât-il / autrement qu'hallucination éparse d'agonie » indique que la première condition pour comprendre le Nombre est de saisir qu'il existe, tout bonnement : qu'il est un Nombre réel, et non un fantasme que ne pourrait produire l'éclatement hallucinatoire et agonistique des mots sur les Pages.

« Commençât-il et cessât-il » : ici débute la description structurelle du Nombre, et la relation véritable qui existe entre le 7 et le 707. Le 7, en effet, est le Nombre primordial (même s'il est, en termes arithmétiques, un « chiffre »), en ceci qu'il détermine la logique du Nombre secondaire : le 707. Le 707, donc, *commence* et *cesse* par le 7 : celui-ci encercle l'abîme central du 0. Le caractère cyclique du Nombre reproduit de la sorte le cycle du Poème qui commence et finit par la même expression, et il en résume la structure générale : « Un coup de dés » (comme un premier lancer, avec le premier 7 pour résultat), puis l'abîme central du Poème = 0 (c'est-à-dire le pli du milieu du livret, à la Page VI, où s'inscrit la description du gouffre marin), et enfin la phrase finale qui se termine derechef par « un coup de dés » (comme un second lancer, avec production du second 7). Mais le 707 est aussi un rappel de la structure de la rime : il est le Mètre par lequel le 7 rime avec lui-même par-dessus le gouffre qui le sépare de soi. Le 707 est non seulement la défense du mètre au sens strict, du principe de compte introduit dans le vers ; non seulement le résumé de la structure cyclique du Poème ; mais il est aussi une défense de la rime en ce qu'il rappelle que la vérité du Beau ne tient qu'à sa répétition – à sa mise en résonance avec lui-même au sein des paires de vers rimés, aux syllabes ultimes similaires et connectées par-delà le vide qui occupe leur centre.

D'où une « dialectique » – non hégélienne, sans doute, mais réelle – que résume l'énoncé qui suit : « sourdant que nié et clos quand apparu / enfin / par quelque profusion répandue en rareté ». C'est la description exacte de ce qui s'est produit Page VI : le 7, codé par le Si, a été *nié* par le tourbillon = 0 du centre de la Page, avant de réémerger pour *clore* le Nombre et produire le 707. Le procès est bien dialectique en ce

74

que la négation de la négation du 7 ne revient pas au
7 (comme en logique classique, où la double négation
de A = A), mais produit un résultat nouveau = 707.
Résultat qui contient en lui-même la richesse du devenir qui l'a engendré. Le 707 résume en effet *et* la négation du 7 par le 0, *et* la négation de cette négation = 0
de nouveau par le 7, dans une totalité qui contient le
néant comme un moment essentiel, mais dominé, du
Septuor. Le 0 est « cerné » par le 7 : à la fois admis
et contrôlé. Le vide entre deux rimes, cet anéantissement de l'écrit par le blanc, est pareillement tenu en
lisières : il est dompté comme un animal dangereux
capable seul, pourtant, de mener à bon port. Le Néant
n'est pas rejeté en dehors de l'écriture poétique, ni ne
devient dominant au point d'en détruire la possibilité :
il est « inséré » dans le vers pour en faire un distique,
en sorte d'interdire l'immédiate identité à soi, l'unité
refermée sur elle-même du vers unique. Contre le vers
antique, qui vaut de façon séparée, selon le régime de
l'Un, le vers moderne, parce que rimé, se fend en lui-
même et crée une cavité où s'engendre, d'une paroi
l'autre, un système d'échos réciproques. Le Nombre
cyclique est aussi un Nombre cyclope dont l'œil central, telle une orbite vide, est source de toute beauté.

Cette assomption maîtrisée du vide dans le Nombre
fait donc signe vers la Constellation finale et son type
de splendeur : il n'y a pas de beauté stellaire sans nuit
assumée (pas de constellation sans fin du jour) et maîtrisée dans certaines limites (il faut éviter la nuit noire,
la nuit « hybristique »). La condition de la poésie nou-

velle est ainsi posée comme l'absence de l'ancienne transcendance divine, non plus vécue sur le mode d'un deuil infini, mais sur le mode d'un néant fécond, créateur. Le vide, le 0, la nuit, sont les centres muets autour desquels gravite une poésie tourbillonnante et sans Dieu. Il n'est pas jusqu'au terme « sourdre » (« *sourdant* que nié et clos ») qui ne fasse allusion au tourbillon où a été englouti le 7 avant de surgir de nouveau, tout en suggérant, par jeu de mots, que le « si » est demeuré trop « sourd » pour que nous l'entendions (à moins que ce ne soit nous qui soyons restés sourds à son sens véritable).

Mais la « négation » du Nombre signifie aussi bien sa dénégation par le poète, c'est-à-dire son cèlement dans le code inavoué du Poème. Et sa « clôture » peut aussi signifier son achèvement secret par l'addition de cette « profusion répandue en rareté » que sont les mots raréfiés sur une Page où le blanc domine en effet. De la sorte, notre énoncé décrit à la fois la structure du Nombre dans son rapport au Poème (dont il est comme un « modèle réduit ») et le mode d'engendrement et d'enfouissement du Nombre par le code. Le Nombre figure la noyade et le resurgissement du 7 ; mais il est lui-même noyé dans les eaux profondes du code, dans l'attente qu'un décryptage le fasse remonter à la surface. Ainsi, le Nombre apparaît deux fois (par le second 7 qui le clôt durant son écriture, puis par son décryptage par un lecteur futur), mais deux fois sous condition de son annulation préalable (par le 0 après le premier 7, par le code avant qu'il soit déchiffré). Le Néant suit le Nombre comme son ombre portée et lui confère sa gémellité originaire. Hasard heureux, ou préméditation de Mallarmé : cette dialectisation du Nombre *via* son autonégation se laisse entendre dans le nom même du Nombre : « Sept *cent* Sept » comme « Sept *sans* Sept ».

La suite se comprend d'elle-même. « Se chiffrât-il / évidence de la somme pour peu qu'une / Illuminât-il » : le Nombre serait chiffré (*id est* : décodé et rapporté au chiffre 7 qui en est la clef), pour peu que le lecteur ait simplement l'idée de faire exister cette « somme » en effet évidente qu'est l'addition des mots.

C'est alors qu'il illumine.

*

* *

Enfin, une dernière allusion évidente à la structure du Nombre se trouve au bas de la même page IX, qui relate l'engloutissement de la plume avant l'émergence de la Constellation finale :

Choit
    la plume
        rythmique suspens du sinistre
                  s'ensevelir
            aux écumes originelles
    naguères d'où sursauta son délire jusqu'à une cime
                flétrie
        par la neutralité identique du gouffre

Le « délire » est celui du poète qui s'est originelle-
ment projeté vers un Idéal qu'il découvre maintenant
grevé de Néant : une « cime flétrie par la neutralité identique du gouffre ». Cet Idéal est « la pièce principale, ou
rien » de la Littérature évoquée dans « La Musique et
les Lettres[1] » : la nullité qui est au centre des distiques,
symbole de la transcendance disparue en laquelle la poésie doit pourtant trouver son fondement et aussi bien son
sommet. Ce Néant, on le sait maintenant, est symbolisé
par la neutralité en forme de gouffre du 0 : celui-ci est
neutre en ce que sans effet dans la sommation des mots
du poème (0 est neutre pour l'addition), mais surtout au
sens étymologique : neutre, *ne uter* – ni l'un ni l'autre,
c'est-à-dire aucun des deux 7/cimes qui l'encerclent et
qui sont flétris par sa présence centrale. Le Septentrion
qui guide désormais le poète est une cime « flétrie »
non seulement par le gouffre de la nuit, mais surtout
par le fait que cette nuit l'a dédoublé, rimé, mis en cor-
respondance avec lui-même, en sorte que sa beauté ne
procède que du vide qui le sépare de soi.

Sommes

Tout concourt ainsi à suggérer l'identité du Nombre
avec le 707. Reste à valider cette thèse par le compte
effectif des vocables qui, rappelons-le, doit aller du premier mot du Poème (titre exclu) au mot « sacre ». Il est

---

1. *OC* II, p. 67.

rare, et pour une fois satisfaisant, que l'interprétation générale d'un poème puisse être établie ou rejetée par un moyen aussi peu sujet à contestation qu'un dénombrement élémentaire. Nous renvoyons donc le lecteur à l'énumération des mots placée en fin du livre (Appendice 2). Il pourra alors vérifier par lui-même que : « *sacre* » *est en effet le 707ᵉ mot du* Coup de dés.

Il n'est plus raisonnable de soupçonner là une coïncidence, tant la convergence est parfaite entre la somme objective du Nombre et la précision des allusions cryptées dans le Poème. Pour nous, le fait est établi : Mallarmé a compté les mots de son Poème pour engendrer le Nombre. Le mot « sacre » est bien performatif : il sacre réellement le Nombre par le seul fait d'être écrit, en lui apportant la dernière unité de compte nécessaire à son accomplissement.

*

* *

Doit-on pourtant en rester là quant au procédé mis au jour ?

Si Mallarmé a bien conçu une métrique originale dans le *Coup de dés*, il est tentant de se demander s'il ne l'avait pas déjà mise en œuvre ou « testée » dans des poèmes antérieurs. Mais cette vérification ne peut se faire que pour les poèmes dont le thème est proche du *Coup de dés*, et appartenant à une période où ce genre de calcul pouvait avoir du sens – c'est-à-dire à partir de 1887 et de la « crise » du vers libre.

Or il semble que nous trouvions précisément *le même principe de compte* à l'œuvre dans les deux sonnets octosyllabiques habituellement associés au *Coup de dés*, et qui appartiennent bien à la période considérée, à savoir « Salut » et « À la nue accablante… ». Ces deux poèmes développent dès 1893-1894 les thèmes que l'on retrouvera dans le *Coup de dés* : le naufrage, la sirène, l'hypothèse indécidable. Comme on va le voir, ils ont été manifestement le « laboratoire » de la métrique de 1897.

« Salut » ouvre le recueil des *Poésies*, qui est le recueil final et posthume de Mallarmé, publié en 1899[1]. Comparant un banquet de poètes à un départ en voilier sur des mers frémissantes de « sirènes mainte à l'envers », ce sonnet est, des deux poèmes qui nous intéressent, le plus chargé d'espérance. On y trouve résumé, en un vers, le procès entier du *Coup de dés* : « *Solitude, récif, étoile* ». La concision extrême de cette progression fait de la victoire du poète – l'étoile – un dépassement comme immédiat du naufrage causé par le récif. Il n'y a donc rien d'étonnant à ce que ce soit ce sonnet qui contienne, dans le nombre de ses mots, la constellation sous la forme de sa plénitude : *« Salut » contient 77 mots*[2].

À ce poème inaugural et visant à la perfection accomplie du salut répond, en position pénultième du

---

1. Voir la reproduction du poème dans l'Appendice 1, accompagnée d'une paraphrase explicative.
2. Le titre n'étant pas compté, tout comme dans le *Coup de dés*.

même recueil des *Poésies*, le sonnet sans titre « À la nue accablante[1]... », qui, lui, est chargé au contraire d'une négativité extrême : une nuée, noire et orageuse, couvre une mer tempétueuse où semble avoir sombré un navire. Mais rien n'est sûr : peut-être n'y eut-il pas même de naufrage et que rien n'a eu lieu que le lieu – rien que la chimère d'une « sirène » dont le « flanc » se confond avec une traînée écumeuse. Autrement dit : l'époque est si sombre qu'on ne peut même plus présenter l'échec de l'absolu poétique sous la forme grandiose d'une catastrophe inouïe, d'un désastre à l'échelle de la mort de Dieu. Même ce « sublime négatif » semble interdit à la génération post-romantique, en butte depuis trop longtemps au prosaïsme triomphant et sans limite de la bourgeoisie industrielle. Ce naufrage du voyage poétique – qui est aussi bien un naufrage du naufrage « sublime » – permet pourtant encore une forme discrète de salut. Celui-ci prend l'aspect d'une sirène qui échappe à l'« Abîme vain éployé » de l'époque : car, n'existant pas, qualité éminente de la fiction quand la réalité déçoit, elle ne peut être noyée par la mer contemporaine de la médiocrité.

Étant donné, néanmoins, la progression de la négativité d'un sonnet à l'autre, on ne s'étonnera pas que « À la nue accablante... » ne soit pas, comme « Salut », dominé par le seul 7, mais qu'il fasse voisiner

---

1. Voir également ce poème et son explication dans l'Appendice 1.

cette fois la Constellation et le Néant, c'est-à-dire le 7 et le 0 : « *À la nue accablante…* » *contient 70 mots*.

La progression du recueil de 1899 est ainsi illustrée par l'insertion du 0 dans son poème quasi final, par rapport à un départ excessivement optimiste. Le salut ne viendra pas, comme il était espéré dans « Salut », sous la forme de la plénitude d'une Constellation pure. C'était là l'espoir inconsistant du 77, qui rêvait en quelque sorte d'un Septuor de plein jour, d'étoiles brillant dans le seul contexte de leur propre lumière, afin de récompenser l'odyssée du poète rescapé. Le salut sera bien plutôt le fait d'une poésie acceptant sa part de néant et de nuit, et sachant endurer le vide de l'époque en le retournant en fiction subversive. Faire travailler le rien des alentours, le vide de la médiocrité environnante, le transformer en fond opaque pour une scintillation dont la fragilité est partie prenante de la beauté : c'est là ce que symbolise déjà le 70. Mais la complétude de cette progression numérologique ne sera atteinte que lorsque le Mètre excédera la seule fiction de la sirène enfant et retrouvera, sous une forme non immédiate, non naïve, la gloire céleste chantée par « Salut » : 77, 70, 707. Annonce du salut (77); Naufrage du naufrage (70); Avènement du Nombre (707). La structure de la rime est rejointe au moment où le mètre se clôt. Et le Nombre nous offre ainsi les étapes de sa constitution selon une logique trine – comme il se doit en dialectique.

Les dates de première publication des deux sonnets sont par ailleurs significatives : « Salut » paraît le 15 février 1893, « À la nue accablante… » le 15 mai

1894 : c'est-à-dire l'un comme l'autre, on l'a dit, durant la période probable de rédaction des Notes en vue du « Livre ». Ces mêmes Notes où se manifeste la frénésie comptable des entours de la lecture, et où le 7 apparaît « dessiné en creux » (par le 12 et le 5) comme règle numérique du contenu poétique. Il est donc clair que Mallarmé, inspiré par ses recherches entamées dans les brouillons du Livre, a commencé à tester, dès 1893, l'idée d'un compte clandestin intégré au corps de ses poèmes : il a systématisé le procédé en 1897, après l'avoir mis en œuvre, de façon plus limitée, dans les deux sonnets apparentés au *Coup de dés*.

Selon notre hypothèse, « Salut » – publié un an avant « À la nue accablante… » – aurait ainsi le premier mis en place les contraintes arithmétiques qui allaient gouverner le *Coup de dés*. On comprend ainsi la place singulière que Mallarmé lui accorde, en le plaçant à la tête de son ultime recueil. Et il se trouve aussi, chose frappante, que le poème a été prononcé pour la première fois, une semaine avant sa publication, à l'occasion du *septième* banquet de *La Plume*, le 9 février 1893. En plus de la sirène et de l'étoile contenues dans le poème, le sept et la plume étaient donc, eux aussi, symboliquement présents, au titre de circonstances d'élocution, le jour même où le poète entamait publiquement, mais à l'insu de tous, son étrange entreprise numérologique. Et le titre finalement préféré – « Salut », en remplacement de « Toast » – signifiait à la fois son adieu aux critères poétiques de l'époque, et son espoir d'être un jour « sauvé », c'est-à-dire reconnu pour ce qu'il avait réellement fait, et aussi, peut-être, pardonné pour son « acte de démence[1] ».

*
* *

Une objection pourrait pourtant nous être faite concernant le point particulier de ces deux derniers dénombrements. Nous avons dit que le *Coup de dés* ne pouvait par simple coïncidence comporter 707 mots, en raison de la convergence du compte avec les allusions qui cryptent ce même Nombre dans le Poème. Mais comme les deux sonnets que nous venons de commenter ne comportent aucune allusion au 77 ou au 70, on pourrait imaginer qu'il s'agit cette fois d'un simple hasard.

Il est bien délicat d'évaluer la « probabilité » qu'un sonnet octosyllabique – et plus précisément un sonnet mallarméen – soit composé par simple hasard de 70 ou 77 mots. Si nous nous en tenons aux *Poésies* de 1899, nous trouvons, parmi les neuf autres sonnets octosyllabiques du recueil, un seul poème qui comporte un tel total, cette fois-ci sans doute de façon fortuite[2]. Mais

---

1. « Ne trouvez-vous pas que c'est là un acte de démence ? » : c'est ce que dit Mallarmé à Valéry lorsqu'il lui remit les épreuves corrigées de l'édition *Cosmopolis*; cf. Paul Valéry, « Le coup de dés », in *Variété II*.
2. « Tout orgueil fume-t-il du soir... », qui comporte 77 mots. Deux raisons nous font penser cette fois à une simple coïncidence : a) le poème est publié en 1887, au tout début

on ne peut, sur un échantillon aussi restreint, établir un semblant de probabilité (du type : « Il y a une chance sur neuf pour qu'un sonnet mallarméen possède par simple hasard 77 ou 70 mots »).

Deux éléments plaident pourtant contre la possibilité qu'il s'agisse là d'un pur hasard.

a) D'abord, il faut dire que le point essentiel ne relève pas de la statistique. S'il n'est pas plausible que les deux sonnets associés au *Coup de dés* contiennent par simple chance leurs nombres de mots, ce n'est pas en raison d'une probabilité trop faible que deux sonnets octosyllabiques aboutissent en général à de telles sommes. C'est en raison du code avéré du *Coup de dés*, code qui rend la conjonction des trois poèmes trop cohérente, tant par leur thème que par leur compte, pour relever de la simple coïncidence. La convergence poétique, et non pas statistique, démontre selon nous la préméditation numérologique.

b) Si, de surcroît, nous portons attention aux divers manuscrits des deux sonnets tels qu'ils ont été répertoriés par Bertrand Marchal, nous découvrons qu'ils contiennent peu de variantes, et, point remarquable, qu'aucune de ces variantes n'aboutit à un compte de mots différent. Ainsi, pour les trois manuscrits recensés, « Salut » ne présente que deux variantes, qui ne consistent à chaque fois qu'en la substitution d'un mot

---

du vers libre, et donc avant que Mallarmé ait eu le temps de prendre conscience de la gravité de la crise ainsi ouverte (voir plus loin nos remarques sur le sonnet en -x); b) le poème ne comprend aucun des principaux thèmes du *Coup de dés*.

à un autre[1]. « À la nue accablante... » présente, sur l'un de ses manuscrits, davantage de différences, mais qui s'annulent réciproquement, pour aboutir finalement à la même somme de mots[2]. Tout cela conforte l'idée que le nombre des vocables constituait une contrainte secrète de la composition.

*

* *

---

1. La première variante porte sur le titre, de toute façon non compté : « Toast » (ms. 1) a précédé « Salut », préféré sur les épreuves des *Poésies*. On trouve aussi, à la place du titre, la mention « Pl », pour *La Plume* (ms. 2, ms. 3). La seconde variante, vers 10, porte sur un article défini : « sans craindre *le* tangage » (ms. 2, ms. 3), remplacé dans la version finale par un possessif : « sans craindre *son* tangage ». Nous suivons les indications de Bertrand Marchal, in *OC* I, p. 1145-1146 : ms. 1, Doucet, MNR Ms. 1187 ; ms. 2, collection particulière ; ms. 3, collection L. Clayeux.

2. On dénombre trois variantes dans le manuscrit 1 (ms. 1) :

a) tandis qu'on trouve dans le vers 5 de la version finale : « Quel sépulcral naufrage... », le ms. 1 contient : « Quel néant ô naufrage », donc un mot de plus ;

b) vers 7 de la version finale : « Suprême une entre... » ; même vers du ms. 1 : « La suprême entre... », donc même nombre de mots ;

c) version finale (vers 11) : « Tout l'abîme vain éployé » ; ms. 1 : « Le courroux vain éployé », donc un mot de moins dans le ms. 1.

Un mot de plus (a), trois mots remplacés par trois mots (b), un mot de moins (c) : le manuscrit 1 compte bien le même total que la version définitive. Voir Bertrand Marchal, *OC* I, p. 1205-1206 (ms. 1, Doucet Ms. 1207).

Que peut-on dire maintenant du sonnet en -x ? Il s'agit du troisième sonnet habituellement associé au *Coup de dés*, en raison du « peut-être » de la dernière strophe, et du septuor final qui éclaire, à Minuit, le salon vide d'un « Maître » parti « puiser des pleurs au Styx »[1]. La première version du poème date de 1868, bien avant la crise du vers libre. Mais Mallarmé en a donné une seconde version, seule publiée, en octobre 1887, dans une édition photolithographiée des *Poésies*. À cette date, le poète avait déjà découvert les premiers poèmes en vers libres : d'abord dans la revue *La Vogue*, au cours de l'année 1886 ; puis dans *Les Cygnes*, de Vielé-Griffin, dont il fait brièvement l'éloge dans une lettre du 23 février 1887 ; et surtout dans *Les Palais nomades*, de Gustave Kahn, chronologiquement le premier recueil comportant des vers libres, dont il accuse réception le 7 ou le 8 juin de la même année. Il aurait donc été possible, en droit, que le sonnet en -x ait proposé lui aussi un compte secret de ses mots en vue de répondre à la nouvelle forme poétique : auquel cas c'est ce poème, et non « Salut », qui aurait initié ce nouveau régime métrique.

Mais en vérité ce ne pouvait être le cas, et cela pour deux raisons. D'abord, Mallarmé ne semble avoir pris conscience que progressivement de la gravité de la crise occasionnée par le vers libre. Le 22 janvier 1888, il parle des « farces du moment » à propos de ce qui ne lui

---

1. Voir l'Appendice 1, où le poème est reproduit et paraphrasé.

paraît encore qu'un simple effet de mode parmi la jeune génération. L'expression même de « crise du vers » n'apparaît sous sa plume qu'en 1889, dans une lettre du 4 mai à André Fontainas. Et les premières interventions publiques où il démontre sa conscience de l'importance de l'événement ne précèdent pas l'année 1891 : l'entretien avec Jules Huret paraît le 14 mars 1891 dans *L'Écho de Paris*, et « Vers et Musique en France » dans le *National Observer* du 26 mars 1892[1]. On imagine donc mal le poète réagir de façon radicale dès 1887 en inventant une métrique supposée faire pièce au surgissement de la nouvelle forme.

La deuxième raison n'est pas historique, mais structurelle. Il y avait en effet un obstacle de toute façon infranchissable dans le cas d'un tel poème. Les deux précédents sonnets (« Salut », « À la nue... ») étaient, on vient de le voir, composés d'octosyllabes. Un sonnet octosyllabique comporte 14 vers de 8 syllabes, soit 112 syllabes. En revanche, le sonnet en -x est écrit en alexandrins : il contient donc 168 syllabes, soit 56 syllabes de plus qu'un sonnet octosyllabique. Sur la longueur d'un sonnet, la différence est considérable : avec un tel surcroît de syllabes, il est à peu près impossible d'obtenir un total de mots de l'ordre de 70 ou 77 – à moins de procéder à une accumulation artificielle de mots de 3, 4 ou 5 syllabes. Un sonnet en alexandrins compte toujours une centaine de mots : son « nombre » commence

---

1. Sur cette chronologie de la crise, voir Michel Murat, *Le Coup de dés de Mallarmé*, *op. cit.*, p. 13 *sq.*

donc généralement par un 9 (pour 90 et quelques) ou par un 1 (pour 100 et quelques) : chiffres qui n'ont aucune signification particulière dans la symbolique adoptée par Mallarmé. Et, de fait, la version de 1868 contient 111 mots. Si le poète avait voulu « insérer » de force son poème dans la nouvelle numération, il lui aurait fallu « saccager » absurdement son ancien sonnet pour le réduire d'une trentaine de mots et le faire ainsi artificiellement répondre à une conception métrique élaborée bien plus tard. C'est la raison pour laquelle le poème, dans sa version finale de 1887, ne pouvait pas crypter le nombre de ses mots, qui n'a en effet aucun lien au 7, puisque le total est cette fois de 104 mots.

Cosmopolis

Qu'en est-il maintenant de la première version du *Coup de dés* : l'édition *Cosmopolis* de 1897 ? On note un peu moins de vingt-cinq variantes, toujours légères, voire minimes, entre le Poème de 1897 et celui de 1898. Les différences se réduisent : à la substitution ou à l'inversion d'un ou deux mots dans une séquence de phrase ; à la correction d'une coquille ; à la présence ou non de majuscules pour un même mot ; à quatre parenthèses et un tiret dans le texte de 1897, qui disparaîtront dans la version finale, dépourvue de ponctuation. Mais toutes les allusions codées au 707 que nous avons repérées dans le Poème de 1898 (charade du tourbillon de la Page VI, liste des caractéristiques de la Page IX, etc.)

sont déjà présentes dans l'édition *Cosmopolis*. Mallarmé avait donc en tête son procédé de cryptage dès 1897. Pourtant, comme on va le voir, il y a de fortes chances qu'il n'ait pas encore eu, dans cette première version, la pleine maîtrise de sa technique de compte.

Nous ne disposons plus du manuscrit de l'édition *Cosmopolis*, mais seulement des épreuves corrigées. Or, si nous faisons le compte des mots sur les épreuves non corrigées et sur les épreuves corrigées, nous constatons que le texte final *a perdu 12* mots par rapport à celui des épreuves. Par ailleurs, nous découvrons des bizarreries syntaxiques qui pourraient résulter de la contrainte de compte que le poète s'est imposée. En 1897, Mallarmé écrit : « naufrage cela direct l'homme / sans nef[1] », au lieu de « naufrage cela // direct *de* l'homme / sans nef » en 1898. En 1897, de nouveau, il écrit, dans ce qui deviendra la Page du tourbillon : « Une simple insinuation / d'ironie / enroulée à tout le silence / *ou* / *précipité* / *hurlé* dans quelque proche tourbillon[2] ». Comme il manque le mot « mystère » de la version finale (« ou *le mystère* /

---

1. *OC* I, p. 395.
2. *OC* I, p. 397. Le texte des épreuves non corrigées est ici très intéressant. Mallarmé avait d'abord écrit la phrase suivante, avant de la biffer : « Une simple insinuation / légère voulant rester / d'ironie enroulée à tant le silence / *de ce que ne convient pas de dire* / ou / précipité », *OC* I, p. 1321 (nous soulignons). Que l'« insinuation » et le « silence » soient associés à ce qu'il « ne convient pas de dire » évoquait nettement l'idée d'énigme, ou de secret – trop nettement, même, raison pour laquelle sans doute Mallarmé a supprimé cette indication.

précipité / hurlé ») et que, dans la version *Cosmopolis*, ce sujet n'est pas remplacé par un autre substantif, on comprend mal à quoi peuvent s'accorder les deux participes au masculin – « précipité » et « hurlé » – sinon au « silence ». Mais, outre que la construction devient bancale (« silence » devrait être rappelé dans la proposition suivante par un pronom démonstratif), on a du mal à saisir le sens d'un « silence hurlé ». Tout ne paraît donc pas réglé dans cette première version : le compte exact n'est pas assuré dès les épreuves, et l'harmonisation des contraintes du compte avec les exigences de la syntaxe semble encore fragile.

Quel est alors le résultat du compte pour la version imprimée de 1897 ? À première vue, le résultat dément notre attente : *la version* Cosmopolis *ne contient que 703 mots*. Mais une différence essentielle avec la version de 1898 tient au fait que le Poème de 1897 comporte *4 signes de ponctuation* avant le mot « sacre » : 4 parenthèses qui, comptées comme des mots, permettent de retrouver le Nombre 707. Il devient dans ces conditions difficile de trancher de façon définitive entre deux possibilités susceptibles l'une et l'autre d'expliquer le nombre de mots de l'édition *Cosmopolis*. Nous allons néanmoins tenter de montrer en quoi l'une des deux solutions envisageables nous paraît plus satisfaisante que l'autre.

a) On peut d'abord supposer que Mallarmé a adopté en 1897 une autre unité de compte que celle des deux sonnets de 1893 et 1894. Le poète aurait choisi une règle incorporant au dénombrement les rares signes de ponctuation de l'édition *Cosmopolis*. Puis, changeant d'avis, il aurait supprimé toute ponctuation de la version finale de 1898, afin notamment d'éviter tout flottement inutile dans la règle de sommation et d'opérer un compte de nouveau des seuls mots. Il y aurait donc eu un épisode de « flottement » dans la règle : entre les sonnets octosyllabiques de 1893-1894 et la version de 1898 du *Coup de dés* – qui dans les trois cas ne somment que leurs mots – Mallarmé aurait tenté, en 1897, un dénombrement des mots *et* des quatre signes de ponctuation de la version *Cosmopolis*. Il faudrait alors dire que le poète, dans sa correction des épreuves de 1897, aurait diminué le nombre de mots de la quantité juste nécessaire pour obtenir le total qu'il jugeait exact selon la règle alors suivie[1].

---

1. L'édition *Cosmopolis* contient, nous l'avons dit, un *cinquième* signe de ponctuation en plus des quatre parenthèses. Mais ce signe est situé *après* le mot « sacre ». Le Poème de 1897 se conclut en effet ainsi :

avant de s'arrêter
à quelque point dernier qui le sacre –

Toute Pensée émet un Coup de Dés

Entre « sacre » et la proposition finale se tient donc un *tiret* qui avait manifestement pour fonction, dans l'esprit de Mallarmé, d'indiquer que le compte du Nombre devait s'arrêter à « sacre » et reprendre à zéro à partir du mot suivant. Le compte du 707 était ainsi séparé nettement de celui du 7 – le compte du Nombre de celui du Chiffre. Mais ce tiret a lui aussi disparu dans la version de 1898, toujours dans le souci, sans doute, d'éviter toute ambiguïté *superflue* dans la règle du

La fragilité de cette solution tient pourtant à ce que nous ne voyons pas de raison claire qui aurait pu inciter Mallarmé à changer de règle entre ses sonnets de 1893-1894 et la version *Cosmopolis*. Le contraste avec « À la nue accablante… », en particulier, devient choquant, car dans ce poème Mallarmé a également supprimé toute ponctuation à l'exception de deux parenthèses (et de deux virgules à l'intérieur de ces parenthèses) : signes qui ne doivent pas être comptés pour obtenir le juste total. Nous privilégions pour cette raison la seconde solution, moins élégante en apparence, mais nettement plus crédible.

b) Le poète avait en 1897 la même règle de compte qu'en 1898, et il aurait tout simplement commis une erreur matérielle – non seulement dans les épreuves, mais dans le texte imprimé de *Cosmopolis*. Cette possibilité ne serait pas surprenante, en vérité, étant donné la singularité de l'entreprise. Mallarmé n'avait jamais mis en œuvre une telle sommation des mots à une échelle aussi vaste, et il devait la mener à bien tout en inventant les procédés eux aussi inédits de la disposition « éclatée » des caractères et de leurs variations typographiques (qu'il évoque pour la première fois à l'été 1895 dans « Le Livre, instrument spirituel », mais de façon toute théorique). Les étrangetés syntaxiques (rencontrées précédemment) de la version de 1897, corrigées en 1898, montrent que Mallarmé était

---

compte. On comprendra dans la seconde partie toute l'importance de cette suppression.

93

encore embarrassé par le faisceau de contraintes nouvelles qu'il s'était imposées, toutes ensemble, pour la
première fois – du moins avec une telle ampleur dans
le cas du chiffrage. Il lui fallait de plus tenir les stricts
délais requis par une publication pour une revue.
Sachant que la commande d'un texte par *Cosmopolis*
s'est faite en octobre 1896 et que Mallarmé a envoyé
son Poème en mars 1897, sachant aussi que nous
ignorons s'il avait commencé son Poème *avant* son
accord avec cette revue, le poète n'aura peut-être eu
que quelques mois pour réaliser ce qui s'apparente,
encore aujourd'hui, à un tour de force. Qu'il y ait eu
faute dans le compte à ce stade, faute corrigée dans
l'ultime version, n'aurait donc rien de très étonnant.
Il suffit, comme nous l'avons fait nous-même, d'avoir
eu à additionner effectivement, sans passer par un logi-
ciel, les mots du *Coup de dés*, pour imaginer sans difficulté combien l'erreur est aisée en la matière.

Un dernier fait remarquable doit par ailleurs être souligné, qui plaiderait lui aussi en faveur de l'erreur : il
concerne les épreuves de la version finale de 1898. Il
n'y a eu pas moins de *cinq* tirages d'épreuves de cette
dernière version du *Coup de dés*, de juillet à novembre
1897 : or, sur tous ces tirages successifs, Mallarmé
n'a apporté que deux modifications sur le texte, ce qui
paraît très peu pour un auteur que l'on sait aussi perfec-
tionniste[1]. De juillet à octobre 1897, le texte est comme

---

1. Voir la remarque de Bertrand Marchal (*OC* I, p. 1324).
Les deux variantes se trouvent en *OC* I, p. 1325-1326.

« gravé dans le marbre ». Ce n'est qu'aux quatrièmes épreuves que le poète introduit, en plus de deux majuscules (Abîme, Fiançailles), deux différences textuelles, dont une seule change le nombre de mots, et seulement d'une unité : Mallarmé remplace le pronom « lui » par « l'aïeul » dans le segment « l'aïeul contre la mer » de la Page V. Ce n'est donc que tardivement que le poète saisit que son compte est défaillant d'*un* mot, après avoir sans doute cru réglée la question : d'où la parfaite invariance du texte – et du compte – dans les trois premiers jeux d'épreuves. Mais si une erreur de la somme, fût-elle minime, a pu se glisser aussi tard dans la version de 1898, une autre, plus importante, aurait aussi bien pu entacher l'édition *Cosmopolis*.

Conclusion provisoire

Nous pouvons, pour conclure cette première étape du déchiffrage, résumer les acquis de l'analyse.

a) Le fait du code, dans l'ultime version du Poème, se fonde sur des évidences difficilement contestables, tant textuelles qu'arithmétiques. La conjonction du décompte et de la charade de la Page VI, renforcée notamment par les considérations sur le Nombre de la Page IX, vaut preuve manifeste d'un cryptage du 707 identifiable au Nombre anticipé par l'inférence du Maître.

b) Cette conclusion est confirmée par le décompte des deux sonnets octosyllabiques apparentés au *Coup de dés*, qui appartiennent eux aussi à la période de crise ouverte par le vers libre : « Salut » (77 mots) et « À la nue accablante... » (70 mots). Il en résulte que Mallarmé avait ce procédé à l'esprit depuis 1893, soit quatre années avant la première version publiée du *Coup de dés*.

Un tel faisceau de preuves n'est pas entamé par le compte de la version *Cosmopolis* (703 mots), dont le résultat peut être attribué soit à une hésitation sur le principe du compte (mots et parenthèses étant alors dénombrés), soit, de façon plus plausible, à une maîtrise encore insuffisante de la sommation des mots pour un poème de cette ampleur.

*
*   *

Le fait du cryptage étant établi, reste pourtant à résoudre le problème le plus ardu, et qui devrait engager jusqu'à l'essence même de la poésie selon Mallarmé : pourquoi le poète pensait-il répondre par un tel cryptage à la crise du vers libre, et en quoi le 707 pouvait-il à ses yeux prétendre au statut d'« unique Nombre qui ne peut pas être un autre » ? Comme nous le verrons, cette enquête va nous conduire à jeter un autre regard non seulement sur le *Coup de dés*, mais aussi sur les résultats que nous venons de récapituler à propos de son code.

SECONDE PARTIE

Fixer l'infini

Si le code est maintenant décrypté, le problème posé par le Nombre est loin d'être résolu. Car, à la vérité, on ne voit toujours pas en quoi le 707 serait un nombre sans pareil, seul, au contraire de tous les autres nombres, à ne pouvoir être un autre. Sa nature symbolique est loin de suffire à établir sa prétention à l'unicité et à fonder la capacité que nous lui avons supposée : celle de s'identifier au Hasard comme tel. Ce Mètre n'échappe pas au soupçon d'être un jeu de compte dérisoire, et qui n'a même plus, comme dans le cas de la métrique ordinaire, l'alibi du rythme pour se justifier : car, à titre de somme totale, le 707 ne régit pas la construction rythmique des segments verbaux pris individuellement. Sa fonction, décidément, ne paraît être que métaphorique : 7, symbole de la Constellation, du Hasard et du Mètre ; 0, symbole du Néant, du gouffre et du tourbillon ; double 7, symbole de la rime lancée par-dessus l'Abîme. Qu'est-ce que Mallarmé a donc cherché à faire par ce procédé de compte inédit, et pourquoi semblait-il persuadé d'accéder ainsi à une vérité essentielle ?

Une chance oiseuse ?

Tout d'abord, il faut noter que le *Coup de dés* signale lui-même le caractère apparemment extravagant de l'entreprise. En fait, le doute ne cesse de dominer le Maître, et son hésitation prend un aspect beaucoup plus concret une fois qu'on a compris qu'elle reflète celle du poète face à la somme qu'il s'apprête à produire. Mallarmé décrit en effet ses propres affres *tandis* qu'il *écrit* son poème : va-t-il conduire jusqu'au bout son entreprise de décompte pointilleux ? ou bien va-t-il abandonner ce projet fou avant la fin, et refuser de lancer les dés en renonçant à obtenir la somme de mots préméditée ?

Ce sont ces inquiétudes que décrit la Page IV : le Maître, « hors d'anciens calculs » (celui des syllabes dans la métrique classique), « hésite / cadavre par le bras // écarté du secret qu'il détient / plutôt / que de jouer / en maniaque chenu / la partie / au nom des flots ». Le bras du Héros se fige, tel celui d'un cadavre, au moment décisif du lancer, et cette hésitation sépare encore Mallarmé de la réalisation de son « secret » – c'est-à-dire de la mise en œuvre du code. En effet, ce secret est en apparence une simple devinette – une charade jointe à un dénombrement –, et il risque, s'il est découvert un jour, de valoir au poète d'être la risée universelle pour s'être livré à de tels jeux. Cette crainte ne cesse pas, même lorsqu'il est suggéré (Page V) que l'« aïeul » a peut-être enfin lancé les dés : car la

« chance » qu'il tente « contre la mer » est encore déni-
grée, et traitée de « oiseuse » :

la mer par l'aïeul tentant ou l'aïeul contre la mer
une chance oiseuse

Fiançailles

dont

le voile d'illusion rejailli leur hantise
ainsi que le fantôme d'un geste

chancellera
s'affalera

folie

Le Maître et son Poème entrelacent ici leurs destinées. L'aïeul tente une chance « contre » la mer, en
ce sens qu'il oppose au flot furieux des mots éclatés
sur l'écume de la Page le réordonnancement systématique d'un compte prémédité. À l'inverse, la mer
– c'est-à-dire le Poème lui-même – tente sa chance
« par » l'aïeul : c'est de l'initiative du Maître et de son
codage implicite que dépend le destin du *Coup de dés*,
sa reconnaissance ou sa non-reconnaissance future.
Les postérités du poète et de son Poème sont désormais mêlées, liées par des « Fiançailles » éternelles
qu'a scellées le « fantôme d'un geste » : ce geste de
compte que nul ne connaît encore, et qui, traité sans
doute de « folie » s'il venait à être dévoilé, est pour
l'instant recouvert par « ce voile d'illusion rejailli »,
c'est-à-dire par la page – espace de toutes les fictions –
qui se tourne jusqu'à clore le livret. Si cette œuvre

testamentaire constitue bien une « chance oiseuse », c'est parce qu'on ne saurait mieux qualifier le pari improbable de Mallarmé : qu'un jour peut-être – mais aussi bien jamais – son « legs à quelqu'un ambigu » (Page V) soit enfin décodé, sans qu'il soit possible de savoir si cette découverte éventuelle suscitera admiration ou consternation.

Puis vient la Page des « Comme si » : les dés ont été lancés, impossible de revenir en arrière, puisque ça y est, le Nombre a été mis en « charade ». Les choses sont irréversibles, il faut aller jusqu'au bout et faire correspondre à l'énigme ainsi produite le compte qui la confirme. Mais le tourbillon du 0 central est encore dit « d'hilarité et d'horreur » (Page VI) : le poète paraît effrayé de ce qu'il vient de faire ; il éclate d'un rire trop fort, comme pour couvrir sa propre crainte.

Et les doutes ne cessent pas : le Maître demeure « amer de l'écueil » (Page VII), comme s'il pressentait que l'ensemble de son entreprise allait échouer sur la banalité du nombre ainsi produit. Mallarmé semble aller jusqu'à se ridiculiser lui-même *via* la figure du Maître, faisant de celui-ci un « prince » comparable à une sorte de matamore de la raison la plus étroite : un « héroïque / irrésistible / mais contenu par sa petite raison virile / en foudre » (Page VII). Petite raison, en effet, tout à son arithmétique élémentaire, sa numération des mots éclatés comme par la foudre. Enfin, la plume se noie à son tour, son projet d'écriture est qualifié de « délire » (Page IX) et son acte décrit comme un « mensonge » et un « acte vide » (Page X).

La description insistante de ces angoisses n'a pas pour seule fonction de dire l'inquiétude du poète face à son audace esthétique, en effet sans précédent, quant à la composition des vers éclatés sur la Page. Elle vaut aussi, et, croyons-nous, surtout, avertissement aux lecteurs qui auront découvert le code : nous ne devons pas condamner trop tôt le poète, car il avait une conscience manifestement aiguë du risque encouru, et s'y est pourtant exposé. Mallarmé nous engage donc à élucider les raisons profondes de son choix. Nous voici au seuil de l'énigme véritable du *Coup de dés* : que voulait produire Mallarmé par ce mètre inédit, et en quoi son procédé pouvait-il à ses yeux relancer la poésie moderne ?

Présentation, représentation, diffusion

On ne peut comprendre le sens du Nombre si l'on n'en revient pas aux motifs qui ont pu déterminer Mallarmé à abandonner – fût-ce provisoirement – ses Notes en vue du « Livre ». Que signifiait au juste, pour le poète, le cérémonial de lecture esquissé dans ces ébauches, et que pouvait-il y manquer d'essentiel pour que son projet le plus cher ait été délaissé – au profit, notamment, de la rédaction du *Coup de dés* ?

Tout part d'une considération *politique* : l'hostilité de Mallarmé non à la République française, mais à son esprit de laïcité. Pour le poète, « l'État [...] doit un apparat[1] »,

---

1. « De même », in *OC* II, p. 242.

car il n'y a pas de société possible sans un lien symbolique fort, susceptible de fonder une religion civique et de susciter une adhésion profonde des individus aux fins de la communauté. Une religion, soutient-il, doit être chose publique, et non affaire privée – catholique d'esprit plutôt que protestante. Sans être antirépublicain, Mallarmé considère donc comme impossible une stricte neutralité de l'espace public qui réserverait tout élan spirituel à la seule sphère intime. Il faut une élévation commune. Mais quel peut en être désormais le principe, en particulier pour la France ? Les deux grandes symbolisations collectives de ce pays sont entrées en péremption, et il est vain d'espérer les ressusciter : la « royauté environnée de prestige militaire » appartient à une ère politique révolue, et le « cérémonial de nos exaltations psychiques » confié au vieux clergé « souffre d'étiolement[1] ». Ni la monarchie ni l'Église ne peuvent répondre au défi d'une religion collective, à la fois postrévolutionnaire et libérée de la vieille croyance chrétienne en un au-delà. Le poète est donc convaincu, ce qui est une idée commune à son époque, que l'art doit suppléer au défaut des religions anciennes en offrant un culte capable de satisfaire l'esprit moderne. Mais, plus cohérent que la plupart des artistes-prophètes qui pullulent au XIXe siècle, Mallarmé n'hésite pas à tirer toutes les conséquences de cette prétention nouvelle – ce qu'aucun autre n'a fait selon lui, pas même Wagner.

---

1. « Solennité », in *OC* II, p. 303.

Le pèlerinage de Bayreuth est certes la tentative la plus imposante du XIXe siècle pour ériger l'art en religion nouvelle. Mais la faiblesse de l'« art total » wagnérien réside dans sa volonté de renouer avec l'articulation grecque du théâtre et de la politique. Figurer sur une scène le rapport des humains et des dieux, rendre visible à la foule le principe de sa communion à l'aide d'une narration agrémentée de chants – bref, *représenter* à un peuple son propre mystère, tel est pour Mallarmé l'héritage grec dont l'art, y compris wagnérien, continue de se nourrir. Mais, selon le poète, *c'est précisément avec la représentation que l'art doit rompre* s'il prétend aller au-delà du christianisme. On ne peut vouloir être grec : non parce que les Grecs seraient une origine perdue, une unité parfaite de l'art, de la science et de la politique impossible à retrouver, mais au contraire parce que nous, modernes, savons qu'ils ne sont pas notre réelle origine. Notre véritable origine perdue, celle qu'il faut faire revivre, quoique sous une forme neuve, ce n'est pas l'Antiquité grecque, mais le Moyen Âge latin – ce Moyen Âge « incubatoire » que le poète n'hésite pas à nommer notre « Mère »[1].

Notre religion est en effet irréductiblement romaine. Les modernes ne sauraient se satisfaire de la scène tragique autour de laquelle communiait le peuple athénien lors des Grandes Dionysies. Pour quelle raison ? Parce que le christianisme nous a transmis un rituel d'une

---

1. « Catholicisme », in *OC* II, p. 239.

puissance supérieure à ceux du paganisme, à savoir *la convocation réelle d'un drame réel*. Le drame est bien sûr celui de la Passion, tenu pour historique par les chrétiens, que la Messe, « prototype de cérémonials[1] », ne représente pas à la façon d'une pièce de théâtre, mais dont elle prétend produire la Présence vraie, effective, jusque dans l'hostie absorbée par les fidèles. Or c'est là ce que Bayreuth ne saurait offrir, qui n'exhibe, en vue de forger une nouvelle unité politique, que le composé « grec » de la légende (nordique) et de l'invention scénique. C'est pourquoi l'office de la Messe ne pourra jamais être remplacé par les communions de l'art total, car une telle substitution créerait un manque profond dû à la perte d'une communion collective autour d'un Événement effectif et présent au point de pouvoir être incorporé – absorbé en pain de Cène. C'est parce que le rituel catholique possédait cette force de vérité – redéployer la présence réelle d'une Passion historique – qu'il fut le vecteur spirituel, lui et non la représentation tragique, de l'Europe médiévale :

> L'amateur que l'on est, maintenant, de quelque chose qui soit au fond, ne saurait plus assister, comme passant, à la tragédie, comprît-elle un retour, allégorique, sur lui ; et, tout de près, exige un fait – du moins la crédulité à ce fait à cause de résultats. « Présence réelle » : ou, que le dieu soit là, diffus, total, mimé de loin par l'acteur effacé […][2].

---

1. *Ibid.*, p. 241.
2. « Catholicisme », in *OC* II, p. 241.

Dans la Messe, le drame de l'« Homme » – le Christ dans le lexique de Mallarmé – n'est pas médié par des décors et des comédiens attirant à eux la lumière, mais il est invoqué par un officiant anonyme, effacé devant la transcendance, et dont le seul mouvement de recul, dos à la foule, atteste la présence de la divinité. C'est donc vers les mystères de l'office que l'art doit se tourner s'il prétend au magistère spirituel. Car si le catholicisme refuse de mourir tout à fait, si la « noire agonie du monstre » chrétien, comme le dit Mallarmé avec une agressivité inhabituelle, se prolonge jusqu'à une parodie de renaissance (la fin du XIXe siècle connaît une mode des conversions chez les écrivains français), c'est que les peuples en voie d'émancipation n'ont pas encore su « s'approprier le trésor » caché dans le dispositif inégalé de l'eucharistie : « C'était impossible que dans une religion, encore qu'à l'abandon depuis, la race n'eût pas mis son secret intime ignoré[1]. » La foule désire aujourd'hui, fût-ce inconsciemment, que l'art s'empare enfin de ce qui la fascinait dans une telle cérémonie, et qu'elle prenait pour le Dieu de la Passion alors qu'il ne s'agissait que d'elle-même : de cette « Divinité, qui jamais n'est que Soi[2] », écrit Mallarmé. Ce soi « occulte[3] » et supérieur, dont nous

---

1. « De même », in *OC* II, p. 244.
2. « Catholicisme », in *OC* II, p. 238.
3. « Il doit y avoir quelque chose d'occulte au fond de tous, je crois décidément à quelque chose d'abscons, signifiant caché et fermé, qui habite le commun [...]. » « Le Mystère dans les lettres », in *OC* II, p. 229-230.

ressentons l'élévation sans en comprendre la nature, doit être restitué selon une cérémonie nouvelle, devenue étrangère à toute transcendance.

Il faut, pour comprendre de plus près la nature de cette « Présence » que Mallarmé donne à la poésie la charge de restituer, faire une distinction entre l'eucharistie et la parousie. La parousie est proprement la *présentation* de Dieu : la manifestation absolue du Christ en gloire à la fin des Temps. L'eucharistie, en revanche, quoique Présence réelle du Fils de l'Homme au cours de la Messe, n'est pas sa présentation pleine : celle-ci demeure espérée, donc attendue, par les fidèles. L'eucharistie est donc un mode paradoxal de « présence dans l'absence » : le divin est là, auprès des élus, à même l'hostie, mais il n'est pas encore de retour. Il se donne selon un mode de réalité suffisamment retiré pour laisser place à la fois au souvenir (de la Passion) et à l'attente (du Salut). C'est une présence qui n'est pas au présent, mais au passé et au futur. Si nous reprenons le vocabulaire de Mallarmé – et son évocation du « dieu […] là, diffus » –, nous parlerons, pour signifier un mode de présence eucharistique, qu'il soit ou non transcendant, de *diffusion* du divin – par opposition à sa *représentation* (scène grecque) ou à sa *présentation* (parousie chrétienne). La singularité ultime de la poétique mallarméenne – l'idée qui a orienté ses derniers écrits – a ainsi consisté en la recherche d'une « diffusion de l'absolu » émancipée de la seule représentation (même si celle-ci n'est évidemment pas annulée dans le travail de l'œuvre) et congédiant toute parousie eschatologique. Le mode de présence eucharistique devient le régime suprême, et non plus en attente, de l'être-là divin.

L'enjeu central de la poésie mallarméenne – au moins à partir de 1895, année de la première publication de « Catholicisme »[1] – devient ainsi celui de sa capacité à produire ou non une diffusion du divin, par le biais de la convocation d'un Drame humain à la fois réel et de portée universelle.

Reste que, ainsi posé, le problème paraît insoluble : comment la poésie pourrait-elle, au lieu de fictions représentées ou signifiées, produire la présence d'un événement réel, et de surcroît nimbé, comme la Passion, d'une signification infinie dépassant le particularisme de toute existence simplement terrestre ? Il semble que la conscience aiguë de cette difficulté – en 1895 – soit contemporaine de l'abandon des Notes en vue du « Livre ».

De fait, on constate que les quelques esquisses des contenus du Livre, ou de la mise en scène qui devait en accompagner la lecture, ne dépassent jamais le stade de la représentation, textuelle ou scénique. On voit ainsi défiler, représentés par des comédiens sur la scène ou dans le texte du Livre lu par l'opérateur (la différence n'étant pas toujours aisée à établir à partir des notes) : une troupe féminine, le palais d'une ville morte, un spectacle de domptage, le couple d'un vieillard prêtre et d'un enfant ouvrier, des histoires

---

1. *La Revue blanche*, 1ᵉʳ avril 1895, in *OC* II, p. 326-327.

cocasses et inquiétantes d'invitation à une fête, d'une gloire transformée en crime, d'une dame que l'on « mange »... Mais jamais il ne semble que soit exhibé par l'opérateur du Livre un événement *réel*, et cela par le biais d'une diffusion qui en démontrerait la présence, *à nouveau réelle*, auprès des « assistants ».

C'est cette aporie du Livre – sans doute la plus aiguë du Grand Œuvre rêvé – que le *Coup de dés*, à notre sens, a eu pour charge de surmonter. Et c'est le codage du « Nombre unique » qui a précisément permis au Poème de réussir là où le Livre avait échoué.

Voyons comment.

La Bouteille à la mer

Si *Igitur* s'est inspiré de « L'Esprit pur », on sait, au moins depuis Thibaudet, que le *Coup de dés* est parti d'un autre poème de Vigny – le dernier à être paru de son vivant, en 1854 : *La Bouteille à la mer*, sous-titré : *Conseil à un jeune homme inconnu*. L'auteur des *Destinées* y décrit un naufrage au cours duquel un « jeune Capitaine » lance à la mer, avant de sombrer dans les flots, une bouteille contenant ses « calculs solitaires », une carte de l'écueil sur lequel s'est brisé son navire et une étude des constellations « des hautes latitudes », qui sera peut-être recueillie un jour par un voyageur inconnu :

> Quand un grave marin voit que le vent l'emporte
> Et que les mâts brisés pendent tous sur le pont,

Que dans son grand duel la mer est la plus forte
Et que par des calculs l'esprit en vain répond ;
Qu'il est sans gouvernail, et, partant, sans ressource,
Il se croise les bras dans un calme profond.
[...]
Dans les heures du soir, le jeune Capitaine
A fait ce qu'il a pu pour le salut des siens.
[...]
Son sacrifice est fait ; mais il faut que la terre
Recueille du travail le pieux monument.
C'est le journal savant, le calcul solitaire,
Plus rare que la perle et que le diamant ;
C'est la carte des flots faite dans la tempête,
La carte de l'écueil qui va briser sa tête :
Aux voyageurs futurs sublime testament.

Il écrit : « Aujourd'hui, le courant nous entraîne,
Désemparés, perdus, sur la Terre-de-Feu. [...]
– Ci-joint est mon journal, portant quelques études
Des constellations des hautes latitudes.
Qu'il aborde, si c'est la volonté de Dieu ! »

Mallarmé a donc repris à Vigny l'idée d'un texte testamentaire destiné à un lecteur inconnu – le « legs à quelqu'un ambigu ». Comme le Capitaine de Vigny, le Maître de Mallarmé a lancé, avant de sombrer, le calcul, inconnu de tous, de sa destination. Mais l'auteur du *Coup de dés* ne s'est pas, quant à lui, contenté de représenter l'idée ou le thème de la bouteille à la mer : il a *effectivement lancé*, par l'écriture et la publication de son Poème, une telle bouteille où étaient contenues ses dernières volontés sous la forme de « calculs solitaires » et constellatoires. En effet, le codage du Nombre *transforme* la nature du *Coup de dés* en en faisant un *acte* et non seulement un texte. Le Poème n'est plus seulement représentatif du drame qu'il relate : il acquiert, on l'a dit, une dimension performative en devenant l'acte même qu'il décrit. Et la nature de cet acte est précise : il s'agit d'un *pari*. Le Nombre est lancé, par-delà la mort de Mallarmé, dans la mer chaotique de la réception historique, et livré à la fortune de son déchiffrement possible. Pourtant, contrairement au Capitaine de Vigny, le Maître/Poète ne confie pas au Dieu tout-puissant l'espoir que son testament soit un jour découvert, mais à sa propre divinité : le Hasard infini.

C'est là ce qu'il nous faut expliquer avec plus de précision. Comprenons bien que Mallarmé a pris soin d'introduire dans le cryptage du Nombre une qualité d'*imprévisibilité* qui implique que l'on ne peut en découvrir l'existence *que* par hasard. En effet, aucune connaissance de l'œuvre du poète, si poussée soit-elle, ne suffit pour découvrir que le *Coup de dés* est organisé autour d'un compte, et en particulier du compte de ses mots – plutôt, par exemple, que de ses lettres, syllabes, adjectifs, etc. On peut lire de Mallarmé tout ce qu'il est possible de lire, tâcher de le connaître de façon détaillée et approfondie : on ne découvre nulle part, dans les textes, l'indication qui permettrait de partir sur la bonne piste. L'œuvre ne conduit jamais, en aucun de ses recoins, vers la clef décisive. De l'œuvre

112

au Nombre, la solution est de continuité : nulle pré-
misse n'est donnée au lecteur qui pourrait le mener à
l'inférence du Maître.

La découverte du procédé ne peut donc être qu'accidentelle. Certes, on peut concevoir, à la limite, une certaine relation entre cette découverte et l'expérience de
lecture permise par la poésie mallarméenne. Mais il
s'agit d'une relation si ténue qu'elle devrait être dévoilée par un caprice plutôt que par une pensée. Imaginons en effet un lecteur envoûté par le sonnet « À la
nue accablante... », éprouvant soudain le désir, pour
compléter son plaisir, d'énumérer des mots qui lui
paraissent brillants comme des joyaux : à la façon dont
un enfant compte et recompte ses billes, une coquette
ses bijoux ou un bibliophile ses éditions rares. Ce désir
ne serait pas tout à fait gratuit parce qu'il serait suscité
par l'art avec lequel Mallarmé décontextualise chacun
des mots du poème, les séparant les uns des autres par
ce que *Prose (pour des Esseintes)* nomme un « lucide
contour », ou encore une « lacune ». Le poète obtient
cet effet en particulier grâce à un art, pourrait-on dire,
de la « syntaxe déstructurante ». Mallarmé a en effet
développé, au détour des années 1870, une technique
d'écriture consistant à perdre d'emblée le lecteur par
un début dont la construction échappe d'abord tout à
fait, la première phrase ne pouvant être reconstituée
que par des vers placés parfois loin dans l'intérieur du
poème. La lecture commence donc par une expérience
« dystaxique » plutôt que syntaxique : on a l'impression
de mots simplement juxtaposés, mais qui, pour cette rai-

son même, étincellent, comme s'ils apparaissaient pour la première fois dans leur étrangeté originaire. Ainsi du petit mot « tu » – non pas pronom personnel, comme on le croit d'abord, mais participe passé du verbe « taire » –, dans le premier vers de notre sonnet :

À la nue accablante tu
Basse de basalte et de laves
À même les échos esclaves
Par une trompe sans vertu

Quel sépulcral naufrage (tu
Le sais, écume, mais y baves)
Suprême une entre les épaves
Abolit le mât dévêtu

Le lecteur ne découvre qu'au huitième vers le verbe principal de la phrase, qui lui permet d'en reconstruire la syntaxe : « Quel sépulcral naufrage, tu par une trompe (marine) sans vertu (sans force), abolit le mât dévêtu ? » Jusque-là, il n'aura eu affaire qu'à une suite de mots écrits sans ponctuation, et qui paraissent autant de débris délicats flottant au hasard sur un blanc écumeux. Cette impression sera renforcée par le faible nombre de mots du sonnet (70 plutôt que 77 dans « Salut »), qui en fait ressortir la rareté, et par l'accumulation des termes monosyllabiques dans le premier vers qui souligne leur isolement sur la page. Chaque mot devient ainsi une pierre précieuse dont on conçoit à la limite que le désir de se l'approprier comme un trésor puisse en passer par le réflexe enfantin du compte.

Notre lecteur dénombreur, d'abord mû par la « rêverie », amusé de la coïncidence qui lui a fait trouver un nombre contenant précisément le 7 du Septentrion et le 0 du gouffre, pourra alors se mettre à compter les mots des poèmes apparentés. D'abord sans y croire, pour mettre fin à une étrange hypothèse qui agace un coin de son esprit, puis de façon systématique à mesure qu'une structure cohérente se découvre, aux vertus heuristiques efficaces. Mais si une « rationalisation » de la découverte peut ainsi se produire au fur et à mesure de sa mise au jour, le moment initial ne peut ressortir qu'à un simple hasard, au mieux à la velléité « improbable » qu'on vient de décrire. C'est qu'il fallait, pour que le *Coup de dés* accomplisse *effectivement* un lancer *aléatoire*, que le Hasard seul régisse le dévoilement du Nombre. Il était impératif, par conséquent, que celui-ci soit inaccessible à toute déduction rationnelle née de la fréquentation assidue de l'œuvre du poète.

Nous devons donc revenir sur le statut des raisonnements par lesquels, dans la première partie, nous avons conduit le lecteur jusqu'au décryptage du 707. Il pouvait sembler, à la lumière de nos analyses, que nous étions nous-même parti de l'étude attentive de divers textes de Mallarmé – *Igitur*, les Notes en vue du « Livre » – ou de divers passages du *Coup de dés*, pour nous acheminer progressivement vers l'idée d'un code régissant le Poème. Mais nos raisonnements étaient en vérité *rétrospectifs* – produits une fois la découverte faite –, et non pas *prospectifs* – antérieurs au déchiffrement et ayant permis celui-ci. Nos connaissances du poète ne nous ont été d'aucune aide pour décrypter le code : c'est au contraire la connaissance du code qui nous a permis d'explorer, dans l'œuvre, la logique de sa genèse. Une fois le pas effectué jusqu'à la solution, toutes les raisons s'enchaînent ; mais la raison manque qui déclencherait le pas.

Pourtant, si l'on suppose que Mallarmé a bien livré au Hasard le soin de déchiffrer son Poème, on peut s'interroger sur les motifs qu'il a eus d'agir ainsi : quelle est la raison de ce Hasard semé sur la route qui mène au Nombre ? Revenons à la notion de « diffusion ». Nous avons vu qu'il s'agissait de déterminer une poésie capable de s'émanciper du seul régime de la représentation, une poésie susceptible de rivaliser avec l'eucharistie et la « présence réelle » de la Passion dans l'hostie. Or nous voyons maintenant que Mallarmé a bien fait en sorte qu'un drame *réel* – à savoir *le sien* – soit révélé un jour au travers du *Coup de dés*. Car c'est bien une Passion qui se joue ici : une logique de « sacrifice » visant au « sacre » final du Poème.

Réfléchissons en effet à ce que signifie exactement ceci : un écrivain introduit secrètement dans l'un de ses poèmes – peut-être son chef-d'œuvre – une clef dont il s'est assuré que la découverte ne pouvait résulter que du hasard. Mallarmé a donc pris le risque que sa décision poétique ultime ne soit jamais dévoilée. Et nous saisissons pourquoi : il fallait qu'un sacrifice soit effectivement accompli au cœur de l'Œuvre pour que cette poésie puisse acquérir la profondeur d'une Pas-

116

sion. Ce sacrifice n'est pas celui du *corps* individuel – comme dans le cas de la Passion christique –, mais celui du *sens* de l'œuvre. Sacrifice de la vie spirituelle, et non de la vie charnelle. Ce n'est donc qu'une fois le Nombre déchiffré que nous découvrons ceci : que Mallarmé a accepté l'éventuelle destruction du sens de son labeur sur l'autel d'un Hasard qui représentait pour lui l'équivalent du Destin.

Et ce risque, il faut même dire qu'il l'a pris deux fois. Une première fois en faisant en sorte que le Nombre ne soit *peut-être* jamais déchiffré. Tel est le premier message du code : si vous avez découvert le Nombre, vous avez découvert rétrospectivement que j'ai accepté la possibilité que la signification de mon œuvre n'apparaisse jamais. De la sorte, Mallarmé a démontré qu'il était prêt à sacrifier jusqu'à son sacrifice, c'est-à-dire à sacrifier le sens de son œuvre sans que nul sache jamais qu'il avait commis ce sacrifice. Sacrifice « au carré », prêt à s'annuler lui-même devant la postérité, à se cacher face au jugement universel, et qui permet au poète de rivaliser avec le dévouement absolu de l'ancien Christ. Le Nazaréen a livré son corps à la crucifixion. Mallarmé a accepté quant à lui, en un acte qui supposait une solitude inouïe, de sacrifier et le sens de son œuvre, et le sacrifice de ce sens. Et de même que Dieu seul peut attester, dans les Évangiles, la divinité de son Fils, de même il revenait au Hasard infini, et non à un homme fini, de dévoiler la vérité de l'acte mallarméen. Il fallait donc, pour cette raison, que le décryptage du Poème ne puisse être déduit par la lecture savante de l'œuvre exotérique, mais soit le seul résultat d'un accident heureux.

Le poète a pourtant pris un second risque, en cas cette fois de découverte du code. Il a en effet, dans cette seconde éventualité, accepté d'être l'objet du possible dédain des découvreurs du code. La dénonciation par de futurs lecteurs d'un faux mystère (« ce n'était donc que cela... ») était une possibilité intrinsèque du cryptage qui, en lui-même, demeure en effet chose puérile.

Par l'acte du *Coup de dés*, le poète a donc accepté de mourir charnellement sans savoir si son œuvre serait un jour déchiffrée ; mais il a aussi accepté la possibilité de mourir spirituellement, en insérant au cœur de son Poème une Constellation codée qui, en cas de non-déchiffrage, enterrerait éternellement la beauté de son geste, et, en cas de déchiffrage malveillant ou superficiel, pouvait discréditer à jamais son « corps spirituel » – le Mallarmé de la postérité, celui qui occupe désormais notre mémoire.

En parlant d'un « legs à quelqu'un ambigu », l'auteur du *Coup de dés* ne signifiait pas seulement que l'héritier futur du code devait lui rester inconnu, voire demeurer inexistant : il suggérait aussi le caractère nécessairement ambivalent – hostile ou, au contraire, compréhensif – des décrypteurs éventuels. Car il n'était pas question pour le poète – on l'a vu par l'expression de ses doutes – de nier la pauvreté effective de son « secret » : en réduisant celui-ci à un compte de mots joint à une simple charade, Mallarmé proposait, lui le premier, une vision ironique de sa réputation ésotérique. Il savait donc que le lecteur devrait nécessairement être heurté par le procédé, et que celui-ci ne commencerait à modifier son opinion qu'une fois accordée à l'auteur du Poème une distance amusée envers sa propre entreprise[1].

Une première façon de légitimer le geste consisterait donc à considérer que le Poème de 1898 nous offre une version nihiliste de la Passion christique. Cette Passion aurait incorporé en elle le moment moderne de l'autodérision, mais pour mieux faire ressortir la souffrance réelle du poète, souffrance d'autant plus pathétique qu'elle se sait dévouée à un enjeu dérisoire. Le *Coup de dés* révélerait alors, avec un retard calculé, le drame discret d'un homme prêt à se sacrifier pour la nullité qu'il savait au fondement de son art. Et le lecteur pourrait être ébranlé par cette preuve d'amour extrême – un amour qui serre le cœur – pour une Littérature dont la vanité centrale aurait été symbolisée par le prosaïsme d'un code inutile.

En nous arrêtant provisoirement à cette interprétation, nous pouvons déjà comprendre en quoi l'« hermétisme » de Mallarmé est très éloigné de sa forme

---

1. Dans « Crise de vers » (in *OC* II, p. 208-209), Mallarmé soutenait que l'invention des vers-libristes ne pouvait aller jusqu'à produire une nouvelle métrique comparable à l'ancienne : celle-ci, née aux « temps incubatoires », constituerait un « legs prosodique » aussi inaccessible à la recréation individuelle que peut l'être une orthographe. On voit que le « legs à quelqu'un ambigu » franchit cet interdit. Le Maître périt donc aussi de son propre forfait : avoir donné en héritage une métrique tout entière née de lui.

historique traditionnelle : a) le contenu du secret se veut non pas sublime, mais indigent, et rappelle ainsi aux modernes qu'ils ne trouveront pas dans la Littérature un savoir occulte suppléant aux croyances anciennes. Mallarmé n'est pas le Sâr Péladan, et son geste ne participe pas de cet ésotérisme kitsch si répandu en cette fin de XIXᵉ siècle. Par la « déflation » propre à la révélation future de son Poème, l'auteur du *Coup de dés* relayait au contraire la critique qu'il avait faite ailleurs de ces spiritualités de pacotille qui avaient envahi la littérature de son temps[1] ; b) le code n'est pas non plus hermétique au sens habituel en ceci que sa transmission n'est pas assurée par une lignée continue d'initiés, mais implique au contraire une discontinuité, éventuellement définitive, entre son auteur et ses héritiers. Le crypteur n'organise pas une tradition, cachée au plus grand nombre mais qui, par le choix de disciples dévoués, assurerait la transmission durable de son message ; le crypteur déploie au contraire une mer en laquelle il s'assure de pouvoir perdre à jamais ce qu'il avait à dire. Le Maître est sans disciple, et prétend, par ce fait même, nous enseigner quelque chose : son dévouement sacrificiel au rien hasardeux dont se tisse la fiction.

Peut-on néanmoins en rester à une telle interprétation du code ? Il nous semble que non : car si Mallarmé

---

1. Voir l'article « Magie » du *National Observer* (28 juillet 1893), et sa reprise, abrégée et remaniée, in *Divagations*, in *OC* II, p. 307-309 et p. 250-251.

en était resté à ce caractère désespéré, voire auto-
dérisoire, du pari fait « pour rien », il aurait échoué
dans son ambition d'engendrer une forme moderne
de la Passion. Pour surmonter la Messe et l'art total
wagnérien par un cérémonial nouveau, il faut en effet
davantage que la triste ironie de la modernité dés-
abusée. Il faut une dimension divine de la souffrance
qui lui donne sa portée universelle. Or cette dimension supérieure ne manque pas à la Révélation que
le *Coup de dés* nous offre, car c'est bien le Hasard,
donc l'Infini, le Dieu des modernes, qui a dévoilé le
geste de Mallarmé. Mais la divinité manque encore
au protagoniste lui-même du Drame, c'est-à-dire à
Mallarmé : celui-ci n'a pas démontré qu'il était quant
à lui non seulement homme, mais aussi dieu, donc
Hasard. Si le poète entendait faire de son épreuve un
trajet à la fois christique et destructeur des transcen-
dances anciennes, il lui fallait participer effectivement
de la seule éternité véritable. Autrement dit, si étrange
que cela paraisse, il faudrait que l'on puisse dire du
poète, pour que sa Passion soit effective et son pari
réussi, ce qui est dit du Nombre : si c'était le Poète (de
la Passion), ce *serait* le Hasard – ou plutôt : *il* serait
le Hasard. Pour que le pari soit remporté, il faut que
Mallarmé nous prouve qu'il a atteint enfin, au terme
de son existence, l'exploit que, jeune homme écrivant
Igitur, il avait échoué à accomplir : *être* le Hasard, se
faire Infini, diviniser son geste silencieux.

Être le Hasard

Le double sacrifice que nous avons décrit – du sens de l'œuvre, du sacrifice lui-même –, tout cela n'est donc pas encore suffisant. Car, ainsi décrit, il n'est que le risque pris par un homme singulier et fini. Or, si Mallarmé voulait par son acte égaler, voire surpasser, le Drame christique, il lui fallait conférer une dimension d'infinité au risque effectivement pris. Mais l'Infini, pour les modernes, ce n'est plus le Dieu du monothéisme, incarné en Jésus : l'Infini est désormais le Hasard, ce qui domine éternellement et absolument tant les réalités manifestement insignifiantes que celles qui sont en apparence les plus chargées de sens et de perfection. Acquérir une dimension éternelle, ce serait donc pour Mallarmé être devenu lui-même, par son sacrifice, le Hasard – c'est-à-dire *participer* à cette structure infinie qui permet au Hasard d'être en même temps toutes les options possibles d'un lancer de dés, ses échecs autant que ses réussites. C'est ce que nous avions vu avec *Igitur* : Igitur échouait parce qu'il devait choisir, *donc se finitiser*. Quoi qu'il fasse – ne pas lancer les dés, les lancer et obtenir un douze, *a fortiori* les lancer et rater son lancer –, de toutes les façons, le non-sens de la contingence était gagnant. Le geste d'Igitur n'était qu'une option qui égalait en vanité toutes les autres puisqu'elle échouait à être plus nécessaire que ses alternatives. La seule façon d'échapper à la contingence aurait été de devenir aussi éternel et infini que celle-ci. Mais comment ? Comment être soi-même toutes les options d'un lancer ? Comment s'incorporer la structure dialectique du Hasard qui, tel l'Infini spéculatif, contient en lui-même la totalité contradictoire des possibles alternatifs ? Comment être aussi bien ce que l'on n'est pas, s'interdire de la sorte la possibilité du changement (puisque l'on ne peut devenir autre, l'étant déjà) et accéder ainsi à l'éternité ?

Un indice de la solution nous est donné par la première fin d'*Igitur* :

> Salle du tombeau
>
> Igitur secoue simplement les dés – mouvement, avant d'aller rejoindre les cendres, atomes de ses ancêtres : le mouvement qui est en lui est absous. On comprend ce que signifie son ambiguïté[1].

L'infinité semble ici avoir été « frôlée » – avant que d'être manquée. En effet, avant de s'allonger auprès de ses ancêtres – donc de finitiser son acte en refusant le lancer –, Igitur a « simplement » secoué les dés dans sa main. Il a ainsi produit un « mouvement » chargé d'« ambiguïté », puisqu'il s'agit d'un « jet retenu », d'un « lancer » qui serait comme contenu dans le poing resté fermé. Autrement dit, Igitur a bien tenté un acte qui soit, à l'exemple du Hasard, toutes les options à la fois : il a amorcé un « bougé », un « tremblé » des dés dont l'ambiguïté contient les contraires – le lancer et le non-lancer – de façon au moins virtuelle. C'est

---

1. *OC* I, p. 477.

ce que veut dire la phrase « le mouvement qui est *en* lui est *absous* » : absous, c'est-à-dire absolu, toutes choses virtuellement. Quelque chose est bien contenu en Igitur qui aurait pu résoudre l'aporie. Mais, à la fin, sa décision ultime de rejoindre les « cendres » de ses ancêtres est trop univoque – un clair renoncement à tenter sa chance – pour être satisfaisante. Il y a bien eu finitisation et retour mortifère vers les ancêtres périmés, vers la tradition littéraire à laquelle on tentait d'échapper.

On comprend alors la fascination de Mallarmé pour *Hamlet*, et qu'il n'y a, selon lui, « point d'autre sujet » que ce « *seigneur latent qui ne peut devenir*[1] ». Le prince d'Elseneur est en effet le héros d'un drame de l'hésitation, celle-ci étant précisément cette ambiguïté qui est *au bord* d'infinitiser celui qui la soutient. Être ce héros « latent », virtuellement capable d'actions contraires – croire ou ne pas croire les paroles du spectre, venger ou ne pas venger le père –, c'est bien accéder, ou presque, à cette infinité du Hasard qui échappe, elle, et elle seule, à tout « devenir » – seul gage d'éternité pour le héros.

Mais Hamlet échoue lui aussi, comme Igitur, à contenir les contraires : il finit par choisir, tue le meurtrier du roi, et meurt de s'être ainsi finitisé. Comment le *Coup de dés* pourrait-il échapper à cette aporie et infinitiser le geste du Maître : égaler ce Héros au Hasard originaire, comme Jésus égale le Père en Divinité ?

---

1. « Hamlet », in *OC* II, p. 167.

La lecture dominante du *Coup de dés* semblerait offrir, à première vue, une solution à notre impasse. Puisque le Poème ne nous indique pas explicitement la décision du Maître, les commentateurs admettent généralement que son acte – lancer ou non-lancer – demeure indécidable. Il est alors tentant de soutenir que Mallarmé a ainsi évité l'aporie d'*Igitur* : au lieu d'indiquer, comme dans ce conte, deux fins possibles et opposées sans parvenir à choisir l'une d'entre elles, le poète aurait construit dans le *Coup de dés* une situation ambiguë contenant virtuellement l'une et l'autre possibilités.

Pourrait-on dire, si l'on suivait cette interprétation, que le Maître « serait » alors toutes les options à la fois – lancer et non-lancer, lancer réussi et lancer échoué – et égalerait de la sorte l'infinité du Hasard ? En vérité, non : car le Maître ne serait plutôt *aucune* des options proposées. Sa « singularité logique » serait négative – il réussirait à faire mentir le principe du tiers exclu en n'étant *ni* lanceur *ni* non-lanceur – plutôt que positive, faisant mentir le principe de non-contradiction par le fait d'être à la fois *et* lanceur *et* non-lanceur. Car pour qu'une entité, même fictive, soit tout ensemble les deux termes d'une alternative, il faudrait que ces termes aient été au préalable *déterminés*. Or tel n'est pas le cas dans l'interprétation usuelle du Poème, où l'on ne sait pas *quel* nombre le lancer aurait produit, ni quel résultat précis aurait eu le refus du lancer – tout demeure alors dans le vague et le non-dit, et rien d'infini n'est véritablement suscité. Le Héros est comme « écrasé » par le fait que tout revient au même, et donc annulé bien plutôt qu'infinitisé.

Et de toute façon, même en accordant le contraire, même en supposant que le Héros ait réussi malgré tout à contenir « virtuellement » et pour l'éternité l'ensemble de ses décisions, nous ne serions pas sorti d'affaire. Car ce « Maître » qui serait le lanceur et le non-lanceur ne serait qu'une *représentation* du Maître. Il ne constituerait rien de plus qu'une fiction engendrée par le Poème – et c'est précisément son statut de fiction qui lui permettrait d'être virtuellement toutes choses, au gré de l'imagination du lecteur. Or, selon notre hypothèse, l'enjeu du *Coup de dés* est la « diffusion du divin », donc la présence *réelle* d'un drame *réel*, un drame supportant une infinitisation effective, et non une fiction vide. Ainsi, c'est bien le geste *de Mallarmé lui-même* – son lancer de Nombre, son pari engendré par la portée performative du Poème crypté – qui doit être infinitisé si nous voulons extraire le *Coup de dés* du seul règne de la représentation.

Mais il nous faut être plus précis si nous voulons débrouiller la difficulté. Reprenons donc les choses de plus près. Mallarmé a tenté, tout au long de son œuvre, de rapprocher la structure infinie du Hasard d'une hésitation devenue essentielle. Il y a bien, en effet, une similitude évidente entre le Hasard et l'incertitude : dans les deux cas, nous avons affaire à une contradiction – non pas actuelle, mais *virtuelle* – qui permet d'échapper au devenir. Dans *Igitur*, le « hazard » contient l'Absurde, mais « à l'état *latent* » : il « l'empêche d'exister » et permet ainsi « à l'Infini d'être ». C'est le même terme – « latent » – que l'on retrouve pour décrire Hamlet : il est le « seigneur *latent* » qui oscille sans résolution entre des possibles contraires, et ne peut par conséquent « devenir » – du moins jusqu'au dénouement final.

Soulignons-le encore : ni le Hasard ni Hamlet ne produisent de contradictions *actuelles*. Le Hasard n'engendre pas des lancers de dés qui seraient en même temps des non-lancers ; Hamlet ne commet pas un meurtre de Claudius qui en même temps ne serait pas un meurtre de Claudius. Mais nous sommes dans les deux cas face à une contradiction latente qui imprègne de son absurdité toutes les options possibles. Si le Hasard ne produit pas des lancers qui sont à la fois réussis et échoués, il domine de son non-sens tant les lancers réussis que les lancers échoués. Si Hamlet ne commet pas de meurtre qui soit un non-meurtre, il oscille sans fin entre ces deux possibles, au point de paraître fou à son entourage, incapable de donner un sens à son action et d'être affecté d'un devenir véritable. Chaque option renvoie à son opposée, parce qu'elle lui apparaît équivalente, sans plus de nécessité que son alternative : tout revient indéfiniment au même, et l'infini procède de ce cycle illimité où les contraires se rejoignent dans une égale indifférence.

Pourtant, l'hésitation – fût-elle celle de Hamlet ou d'Igitur – semble toujours échouer à rejoindre parfaitement l'infinité du Hasard. Cet infini, tel que le conçoit Mallarmé, se caractérise en effet par *trois* propriétés : il est *réel* (le Hasard régit effectivement les événements finis et alternatifs de notre monde), *déterminé* (ses résultats opposés sont toujours tel ou tel résultat concret) et *éternel* (le Hasard demeure égal à lui-même, toujours en acte, que ses productions soient insignifiantes ou pleines de sens). Comment une hésitation pourrait-elle combiner ces trois propriétés et permettre à son porteur de fusionner avec la Contingence immuable ?

Nous nous heurtons, semble-t-il, à une impasse évidente : soit l'hésitation est réelle – éprouvée par un individu existant et non un personnage de fiction –, et en ce cas elle ne peut être éternelle ; soit l'hésitation est fictive, objet de littérature, et peut bien parvenir à la pérennité d'un sens idéel – mais elle échoue alors à rejoindre la réalité.

Une hésitation réelle supporte, virtuellement, des contraires déterminés. Dans l'indécision, un individu balance généralement entre des choix eux-mêmes précis, et non des options vides. La détermination et la réalité sont donc bien « capturées » par l'hésitation effective. Mais une hésitation réelle ne peut prétendre à l'éternité : nous oscillons un certain temps, mais nous ne pouvons que finir par un choix – fût-il celui de ne pas choisir. Comme Sartre y insiste à raison, ne pas choisir, c'est encore choisir ; et faire durer notre hésitation, c'est faire en sorte de dépasser le délai nécessaire à une action positive. L'hésitation réelle semble donc vouée à finir, à se finitiser dans l'un des termes de son alternative.

Qu'en est-il maintenant des hésitations fictives ? Nous avons recensé trois cas.

a) Hamlet fait preuve d'une hésitation aussi déterminée que dans un drame réel (tuer ou ne pas tuer le meurtrier du père). Il y a aussi une part d'éternité évidente dans son incertitude, en ce que le prince d'Elseneur revit perpétuellement les mêmes affres d'une représentation théâtrale à l'autre, à tel point qu'on a fini par l'identifier à cette oscillation dramatique. Mais le « réalisme » de l'intrigue – réalisme qui permet à la pièce de Shakespeare de rendre le doute de Hamlet concret, vivant – contraint précisément le dramaturge à lui donner le caractère de tout balancement vrai : Hamlet finit par choisir, et venge son père. La détermination du Hasard (le fait qu'il se produit entre contraires déterminés) est bien capturée par l'hésitation de Hamlet, mais son éternité, quoique approchée par la pérennité de la fiction, est finalement manquée. Le héros est certes voué éternellement à hésiter, mais avant d'être voué tout aussi éternellement à décider.

b) Le *Coup de dés*, dans l'interprétation usuelle – non la nôtre – que nous avons évoquée plus haut, proposerait cette fois l'option inverse à celle de Hamlet. Hors de tout réalisme, nous est donné à voir un Maître fixé éternellement dans la pure indécision, puisque le Poème, nous dit-on, n'expose pas quel fut son choix. Mais si l'éternité du Hasard est cette fois capturée par une hésitation pérenne, c'est sa détermination qui échappe alors au Poème : le Maître est « toute chose » virtuellement parce qu'il n'est en vérité aucune d'entre elles. Son indécision est purement abstraite, sans contexte ni précision. Plutôt qu'infini, il faudrait dire du Maître ainsi compris qu'il est indéfini, qu'il n'est positivement rien.

Hamlet capture donc la détermination du Hasard, mais non son éternité ; le Maître, dans la version « indécidable » du *Coup de dés*, capture son éternité, mais non sa détermination. Et l'un comme l'autre demeurent cantonnés à de purs personnages de fiction, incapables de mordre sur le monde réel.

c) *Igitur*, enfin, propose l'articulation intéressante d'une hésitation fictive et d'une hésitation réelle. L'hésitation fictive est celle d'Igitur tout au long du conte. L'hésitation réelle est celle de l'auteur du conte, qui n'a pas réussi à trancher entre les deux fins possibles et également déterminées (Igitur remue les dés et s'allonge sur les cendres, ou Igitur lance les dés et défie les esprits furieux). Mais, de nouveau, on échoue de la sorte à rejoindre toutes les propriétés du Hasard. Du côté de la fiction, le héros est simplement inconsistant, fait de deux options *actuelles* (et non pas virtuelles) incompatibles entre elles. Et l'hésitation réelle du jeune Mallarmé, loin d'être éternelle, a eu en vérité une fin : l'auteur a *choisi* de ne pas finir le conte et de laisser son personnage « brisé » en deux options inconciliables.

La difficulté que nous affrontons tient au fait que seule une hésitation capable d'être *à la fois* réelle et fictive – mêlant la détermination et la concrétude d'un choix réel avec l'éternité idéelle des personnages de fiction – pourrait contenir en elle toutes les propriétés du Hasard. *Igitur*, en son inachèvement, nous a donné un exemple d'une articulation possible entre hésitation de l'auteur et hésitation de son personnage. Mais, dans ce dernier cas, les deux versants de l'hésitation ne fusionnent pas, et chaque côté demeure borné à sa propre insuffisance : Igitur reste scindé en deux possibles actuellement contradictoires, et le jeune Mallarmé reste fixé à son incapacité d'achever le conte. Nos considérations sur le Nombre vont pourtant nous permettre de dépasser cette aporie et de montrer que le *Coup de dés* est parvenu à produire effectivement une hésitation infinie, hybride parfait, et sans autre exemple, entre la fiction et la réalité. Car Mallarmé, qui n'avait pu fusionner, en 1869, son hésitation à celle d'Igitur, a bel et bien réussi à s'incorporer au Maître du *Coup de dés*, pour plonger avec lui dans une indécision à la fois précise et illimitée.

Un Nombre tremblé ?

Comment surmonter cette impasse « exorbitante » d'une identification de l'hésitation (réelle/fictive) à l'Infini ? Et, en particulier, en quoi le codage du Nombre permettrait-il à Mallarmé de parvenir à ses fins ? Il semble au contraire que l'existence d'un Nombre crypté dans le *Coup de dés* démontre que le poète a bien *choisi* de lancer les dés en sommant leur résultat constellatoire, et qu'il s'est donc condamné, à son tour, à la finitisation de son acte. Nous paraissons plus loin encore de la solution recherchée que si nous avions décrété que le choix du Maître demeurait indécidable, et donc éternellement porteur de virtualités opposées.

Et, pourtant, il y a bien une solution ; et le *Coup de dés* l'a manifestement déployée, puisque nous sommes précisément parti de sa formulation. Cette solution consiste à *déplacer l'exigence d'infinité du geste* (de lancer ou de non-lancer) *vers le Nombre lui-même*. Autrement dit, lancer les dés, produire un Nombre – mais un « unique Nombre » *supportant en lui-même la structure virtuellement contradictoire du Hasard*. Un Nombre qui serait donc infini, et ne pourrait pas être un autre, puisqu'il serait à lui seul toutes les options, toutes les alternatives. Ce serait en effet un Nombre qui contiendrait la possibilité et d'exister, et de ne pas exister, c'est-à-dire d'avoir et de n'avoir pas été codé, d'avoir été prémédité par le poète, ou pas du tout – d'avoir et de n'avoir pas été le fruit d'un lancer. Il s'agirait donc bien de lancer les dés, de produire le code, mais de sorte que le résultat – infini – *rétrocède sa propre structure indécidable à l'acte qui l'a engendré.* Ce lancer produirait un Nombre qui présente l'hésitation, le « bougé » intime, propre au geste d'Igitur secouant les dés tout en les gardant en main. Un Nombre qui serait *à la fois* ce Nombre prémédité par le compte du Poème – le 707 – et *pas tout à fait lui*, devenant par là un nombre sans signification

– 705, 706, 708… –, un total non codé, « inférieur clapotis quelconque », preuve négative que rien n'a été
prémédité quant à la somme des mots. Un Nombre
qui serait comme un « cristal de Hasard » : à la fois
immuable et tremblé, structuré et fuyant, précis et quelconque. De cette façon, nous aurions bien un Nombre
qui démontrerait à la fois qu'il y a eu et qu'il n'y a pas
eu de lancer : nous serions donc contraint d'affirmer
que l'incertitude à jamais indécidable qui affecte le
Nombre a reflué sur le geste du poète, faisant de celui-
ci un être virtuellement fait d'options contraires. Et
Mallarmé aurait alors accompli ce qu'*Igitur* annonçait
comme son projet fondamental : agir en sorte de pouvoir se dire que « l'infini est enfin *fixé*[1] ».

« Fixer l'infini » est en effet le programme fondamental de la poétique mallarméenne, qui la rend étrangère aux notions si valorisées par la modernité de
« devenir » ou de « dynamisme ». Pour Mallarmé, un
poème est un pur cristal laissant transparaître un battement évanouissant. Rien n'évolue réellement chez ce
poète, du moins dans les poèmes de la maturité : rien
ne prend le temps de croître, rien ne se développe dans
la continuité. Rien ne se corrompt non plus, d'ailleurs :
rien ne dépérit vraiment. Le mouvement autorisé dans
la structure est trop rapide, trop bref, trop allusif pour
contenir l'épaisseur des durées transformatrices ou
corruptrices. Ce qu'il faut, c'est capturer une modification soudaine, une transfiguration, une fulguration

---

1. *Igitur*, in *OC* I, p. 477.

qui abolit un instant l'immobilité du lieu, mais aussi bien toute possibilité de changement ayant prise sur les choses. Une vitesse qui interrompt l'immuable, mais aussi bien le mouvement : un *mouvement passant*, annulé aussitôt qu'amorcé. Et, ainsi, un mouvement dont on peut douter qu'il ait eu lieu. Une identité des contraires : un mouvement qui n'en est (peut-être) pas un, une immobilité qui n'en est (peut-être) pas une. Un infini dialectique, donc, incluant son autre, mais sans rien de dynamique – dialectique en ce sens non hégélienne, sans progrès, sans dépassement d'une étape par la suivante. Un sur-place qui ne serait pas un trépignement, mais la pulsation de l'éternel – une hésitation d'être. Un battement d'éventail, une chevelure dénouée, un tourbillon de mousseline, un linge blanc au bord de l'eau qui semble fugacement un oiseau sur l'onde. Autant de signes nous rappelant, plus ou moins adéquatement, la structure du Hasard : demeurer en soi auprès de son contraire, contenir virtuellement l'absurde, être des deux côtés de sa propre limite.

Mais des signes ou des métaphores du Hasard comme ceux que nous avons mentionnés ne sont pas le Hasard même. Un battement d'éventail a lieu ou n'a pas lieu. Il est rapide, mais non infini : en lui, les contraires se succèdent plutôt qu'ils ne coexistent. Un mouvement fugace suggère l'Infini, il ne le rejoint pas. Existerait-il un moyen pour que le Nombre soit réellement, et non pas métaphoriquement, infini ? Pourrait-on concevoir une façon de produire à la fois le lancer et le non-lancer à même le *Coup de dés* et fixer ainsi, dans les lignes immuables du poème, la pulsation éternelle du Hasard ?

Oui, il y a certes un moyen, et il repose précisément sur l'existence d'un cryptage dans le Poème. La solution est simple : il suffirait que le code précédemment élucidé *contienne une indétermination*. Supposons, en effet, que notre « cristal » numérique possède une fente, un défaut, c'est-à-dire une incertitude dans son décompte, dans son processus d'engendrement, à partir de laquelle il pourrait se déliter. Mais une incertitude assez marginale ou infime pour que ne soit pas tout à fait supprimée notre conviction première qu'existe bien un code. On aurait alors un Nombre en lequel serait incorporé le « bougé » d'Igitur : un Nombre qui serait et la trace que le lancer a eu lieu, et celle du contraire. Le code aurait suffisamment densifié l'évidence qu'existe un Nombre codé pour que nous puissions attribuer à Mallarmé la décision du lancer de dés – mais, sitôt cela accordé, le code nous plongerait dans l'hypothèse inverse : le principe de compte « déraperait » vers un nombre de mots *un peu* différent du 707, reversant soudain le Poème dans l'insignifiance du compte quelconque. Et cette dialectique même nous convaincrait que le poète aurait aussi bien pu produire *à dessein* un tel compte « tremblé », un tel code incertain à la marge, en sorte d'engendrer un Nombre infini qui contiendrait en lui-même l'option et de son existence, et de son inexistence. Dès lors, c'est bien au poète lui-même que le lecteur du *Coup de dés* devrait à jamais conférer l'« hésitation éternelle » qui a manqué à Igitur : cette capacité infinie d'avoir tenu en soi toutes les options à la fois, lancer et non-lancer, lancer victorieux et lancer échoué, préméditation du lancer « incertain » ou simple chimère de notre interprétation. Le lecteur serait contraint de circuler à jamais entre ces possibilités également instables, et l'incertitude du Nombre refluerait vers l'acte du Maître, qui est celui de Mallarmé tandis qu'il décide de coder ou non son texte testamentaire.

Et ainsi le Nombre aurait bien rejoint les trois propriétés du Hasard : a) il contiendrait deux opposés également déterminés (707 et un autre nombre proche de lui, mais sans rapport au code) ; b) il serait éternel (l'incertitude est pour toujours inscrite dans le sens du Poème, nous ne pourrons jamais déterminer la « bonne » solution) ; c) il serait réel (puisqu'il renverrait à l'acte, *peut-être* effectif quoique indécidable, de l'homme Mallarmé, ayant codé le *Coup de dés*).

Pourtant, même en admettant cette possibilité, on objectera que le Mallarmé réel a bien dû choisir, dans le secret de son cœur, l'une de ces actions, et donc se finitiser – et que cette « infinité » que nous lui attribuons n'est due qu'à notre ignorance de ce qui fut véritablement décidé.

On répondra en deux temps à cette objection.

a) On peut d'abord rappeler que tout auteur se compose d'un corps de chair et d'un « corps de gloire », d'un corps mortel et d'un « corps spirituel ». Autrement dit : d'un individu réel – Stéphane Mallarmé, ce professeur d'anglais habitant rue de Rome sous la Troisième

République – et d'une postérité idéelle – « Stéphane Mallarmé », signataire du *Coup de dés* vivant à jamais dans l'esprit de ses lecteurs. De même, le Christ, éternel en la Trinité, pérenne dans le cérémonial toujours recommencé de la Messe, a connu une existence corporelle, finie, en Jésus, né à Bethléem sous Auguste. Or, s'il y avait eu choix de Mallarmé quant au codage ou non de son Poème, ce choix n'aurait été le fait que de la part « charnelle » du poète, et non de sa part « immatérielle ». Car le Mallarmé qui survit au corps de chair, celui de la postérité qui habite nos mémoires, n'est rien d'autre que ce que le Nombre nous en livre : sa seule trace réside dans le compte des mots. Que le compte tressaille, et le Mallarmé mémoriel sombrera à jamais dans la même incertitude.

Dès lors, nous découvrons la possibilité de la *Présence réelle* d'un *Mallarmé infini* au sein d'un cérémonial qui, loin des apparats compliqués du Livre, se réduirait à la simple lecture du *Coup de dés*. Car si le code défaille, c'est bien cette part spirituelle de Mallarmé, celle qui survit dans le « tombeau du Livre », que chaque lecteur absorbera comme sa « mentale denrée[1] ». L'acte de déchiffrement du Poème deviendrait l'analogue d'une eucharistie par laquelle la passion réelle du poète, de l'homme fini, son pari solitaire et risqué, se combinerait au devenir infini de son double posthume, créé par la communauté (et la communion) de ses lecteurs. Nous serions touchés par le risque pris,

---

1. « Étalages », in *OC* II, p. 219.

par le désintéressement saisissant de l'individu historique ; et admiratifs en même temps de la part de lui
qu'il a léguée à l'histoire – le legs qu'il nous fait de sa
mémoire, celle du Mallarmé immuable et tremblant,
éternellement incertain quant à sa décision ultime, et
qui pour toujours hantera nos supputations.

Un Mallarmé fini, historique donc, tel qu'il a existé ;
et un Mallarmé infini, l'auteur du *Coup de dés* tel qu'il
nous apparaît : un poète ayant à la fois codé et refusé
de coder son poème. Et il y aurait bien *diffusion* de
ce Mallarmé infini à chaque fois que nous lisons son
œuvre ambiguë. Car ce « poète idéel » ne serait ni présenté au lecteur (il faudrait pour cela que le Mallarmé
historique ressuscite), ni représenté (l'auteur n'est
pas un simple personnage de fiction), mais donné
selon le mode eucharistique d'une « présence dans
l'absence » : absence du Mallarmé historique et présence effective du Mallarmé mémoriel-indécidable,
celui qui n'existe et ne ré-existe qu'au sein de l'acte
toujours recommencé de la lecture.

b) Mais une réponse plus radicale peut et doit être
avancée à notre objection. Car si le code connaît bien
un grippage, alors l'indétermination infinie a toutes
les chances d'avoir habité le poète lui-même, et
non la seule image que nous pouvons nous en faire.
Reprenons en effet cette hypothèse de plus près. Si
le cryptage contient un élément d'incertitude, alors
il présente *objectivement* toutes les options : tous les
choix deviennent fondés sur des raisons également

plausibles. Nous voilà tour à tour convaincus, pour des motifs à chaque fois circonstanciés, que tel ou tel choix précis, déterminé, a été opéré. Nous oscillons entre des possibles contradictoires mais « denses », c'est-à-dire que nous n'habitons pas une alternative vide et abstraite entre lancer et non-lancer en général (ce à quoi s'en tient la lecture ordinaire du Poème), mais une alternative indécidable entre deux choix et deux nombres, ou entre deux types de nombres (codé, non codé) produits par deux techniques de compte également précises. La découverte du code ne serait donc pas entièrement annulée par son incertitude, mais seulement affaiblie, inquiétée par l'hypothèse adverse. Il ne servirait pas à rien d'avoir trouvé un code : parce qu'un code « hésitant » n'est pas une pure et simple absence de code, mais une hésitation entre deux options devenues également vraisemblables.

Cette détermination de chacun des termes de l'alternative – un compte qui donne 707, un autre qui donne un peu plus ou un peu moins de 707 – fait qu'il y a sens à se demander si un individu réel – l'auteur – a ou non choisi de crypter effectivement son texte. Mais l'indécidabilité de l'alternative elle-même – qu'aucun des deux comptes n'ait un moyen sûr de s'imposer contre l'autre – implique que l'on ne peut plus être assuré que Mallarmé *a réellement choisi l'une des options* qui nous tourmentent. Car s'il avait voulu coder le poème, pourquoi ce minuscule grain de sable par lequel il dévie du compte juste ? – et, s'il n'avait pas voulu le coder, pourquoi toutes ces allusions au 707, et pourquoi un compte presque adéquat à cette somme ?

Mais on objectera sans doute que, si nous trouvions un tel code légèrement déviant, ce serait la preuve que Mallarmé a *choisi* une technique de compte ambiguë, permettant justement ce battement incertain d'hypothèses contraires : il aurait donc bien décidé quelque chose – le code incertain plutôt que le code certain ou absent – et se serait finitisé par ce choix. Pourtant, cette dernière option – l'ambiguïté volontaire – serait aussi fragile que les autres. Si le compte est *à peine* ambigu, il n'est pas sûr que Mallarmé ait, dans son for intérieur, choisi *franchement* l'ambiguïté. Nous pourrions très bien penser qu'il a tout de même voulu coder le poème, mais qu'il s'est *laissé aller* à quelques négligences dans les derniers détails – *voulant et ne voulant pas* aller jusqu'au bout de son entreprise. C'est-à-dire qu'il est fort possible que Mallarmé, au fond, n'en ait pas su davantage que nous sur son poème, et même qu'il n'ait pas eu besoin d'en savoir davantage : et ce parce que le Poème est en lui-même, de fait, une « machine » à hypothèses qui fonctionne sans lui, indifférente à son intime conviction. Et, dès lors, à quoi bon avoir une intime conviction ? Le poète aurait très bien pu être si bien mêlé à son double idéel – le Maître au geste indécidable –, si bien emporté par le tourbillon des alternatives contraires, qu'il aurait délaissé toute certitude quant à ses intentions « véritables ». Et, par conséquent, son sacrifice même deviendrait plus incertain, atténué, légèrement *ironisé* sans retomber dans l'ironisme – et, c'est étrange, toujours poignant. Sacrifice? Recul devant le sacrifice? On ne sait pas, on ne sait plus – et lui non plus, peut-être, ne savait-il plus à la fin.

Certes, nous l'avons dit, une hésitation réelle ne peut être que finie : on choisit, y compris quand on choisit de ne pas choisir. Nous n'affirmons pas, par conséquent, que l'individu Mallarmé a réussi l'exploit de devenir *pleinement* infini. Mais nous soutenons qu'il a réussi à devenir un *être bifide,* un individu double, fait de réalité et d'idéalité, d'histoire et de fiction, sans qu'il soit possible (et peut-être était-ce le cas à ses propres yeux) de déterminer une limite précise entre ses deux identités – l'individu biographique et l'auteur du Poème. Et, dès lors, nous pensons que ce poète singulier a bien *participé* de l'infini par la fusion en lui, fluctuante et instable, de l'être charnel-historique déterminé et de l'être-signataire du *Coup de dés.*

Si l'hypothèse du « code grippé » se vérifiait, nous ne découvririons que des mirages s'entre-réfléchissant, de sorte que la frontière même entre le choix supposé déterminé de l'homme fini et l'incertitude infinie de son double idéel deviendrait à son tour incertaine – pour lui comme pour nous. Rien ne permettrait de dire que Mallarmé a fait en conscience un choix précis, ou tout aussi clairement refusé de choisir, ou changé d'avis une ou plusieurs fois. Rien non plus ne permettrait d'exclure qu'il ait tout prémédité. Mais, précisément, cette nuée d'alternatives éventuelles ferait partie de l'infinité du Poète, mêlé dans nos mémoires au Hasard furieux crypté dans son testament.

*

* *

Récapitulons. Nous avons vu que Mallarmé, à partir de 1895, était à la recherche d'une poésie capable d'engendrer une Présence réelle, seule à même d'arracher à la Messe catholique le secret de sa pérennité. Cette diffusion littéraire du divin devait prendre la place de la Passion et de son mode de présence eucharistique, et avait sans doute vocation à se situer au centre de la cérémonie du Livre, jusque-là dominée par un régime de la représentation hérité des Grecs (l'opérateur se tenant sur une scène ponctuée de divers « tableaux vivants »). Le poète a donc lancé son « nom propre » dans le *Coup de dés*, en sorte de créer par-delà sa mort une entité infinie portant son patronyme.

Nous avons supposé que le code pouvait être incertain, et qu'en ce cas l'individu Mallarmé ne fut pas nécessairement plus « savant » que nous le sommes quant à la nature véritable du cryptage ou de son absence. Or cette dernière hypothèse a une conséquence précise sur la « diffusion » de la Passion mallarméenne auprès des lecteurs du *Coup de dés*. D'une part, en effet, nous ne sommes pas sûr que le « Mallarmé réel » en savait plus que nous concernant le code ou sa possible absence ; mais, d'autre part, nous sommes sûr, à l'inverse, que nous savons quelque chose du « Mallarmé idéel » que le Mallarmé réel ne savait pas. Quoi donc ? Eh bien, qu'il a *réussi* son pari. Car le code *a été* découvert, et, si nous parvenons à démontrer qu'il est légèrement incertain, nous aurons établi que le Nombre et le geste de Mallarmé ont bien été infinitisés aux yeux de ses lecteurs. Or, cela – cette réussite du pari –, le Mallarmé historique ne l'aura jamais su. Nous accédons par conséquent à une Présence du Mallarmé idéel que Mallarmé n'aura jamais connue : celle d'un Poète dont l'image nous a été transmise à l'aide d'une *autorévélation* du Hasard – d'une révélation par hasard du code et de son incertitude, qui a produit *pour nous* la fusion d'un homme et du Hasard. Présence de l'acte infini hypothétique que nous absorbons telle une hostie intelligible, et auquel nous participons en souvenir du Nom engendré par l'Œuvre. Et nous voici plus proche de « Mallarmé », le signataire rêvé du Poème, que Mallarmé ne le fut lui-même : nous savons que son infinité *aura été* effective, et nous le connaissons mieux, dans sa part divine, qu'il ne se sera connu du temps de son humanité.

Indices

Nous avons développé abstraitement l'hypothèse qui nous a paru correspondre, dans le *Coup de dés*, au projet de Mallarmé depuis 1895 – celui d'une diffusion, plutôt que d'une représentation, du divin par l'Œuvre. Il faut maintenant montrer au lecteur que nous n'avons pas appliqué de façon artificielle au Poème cette exigence et son mode opératoire : que le code soit incertain, que le Nombre qui en résulte soit infini, nous en trouvons en effet des signes dans le texte même.

Mais, avant de les repérer, soulignons que ces indices, pour être probants, ne doivent pas signaler n'importe quel type d'incertitude. Comme on l'a dit, la lecture ordinaire du Poème considère que l'indécidabilité du *Coup de dés* renvoie à l'ignorance où nous sommes de la décision du Maître : lancer ou ne pas lancer les dés. Or les indices qui nous importent doivent porter sur un autre type d'indécidabilité. Nous devons trouver les traces d'un lancer *effectué*, mais dont le *résultat* consiste en un Nombre quant à lui indéterminé (infini). Ainsi, par exemple, le « Peut-être », qui qualifie l'émergence finale de la Constellation, ne vaut pas à lui seul signe que notre thèse est juste, parce qu'il peut signifier, comme on l'admet d'habitude, l'incertitude que les dés ont bien été lancés et le Septentrion produit. Nous cherchons quant à nous à établir qu'un lancer a bien eu lieu, qu'un Septentrion est bien advenu, mais affecté d'une indétermination intrinsèque qui le fait trembler.

On se dira peut-être que cette distinction entre les deux options est bien ténue, voire spécieuse, puisque le Nombre infini a lui aussi pour conséquence de produire en retour l'indécidabilité du lancer. Mais la différence est pourtant claire. Le premier cas correspond à la thèse ironiste et représentative : on affirme que le

Poème représente un Maître dont le geste nous demeure inconnu, mais que cela n'a pas d'importance puisque lancer et non-lancer conduisent également à l'échec. Le second cas correspond à une thèse conquérante et « diffusive » : on soutient que le lancer s'est bien produit et a engendré un Nombre capable de transfigurer le poète et son geste en une entité nouvelle, hypothétique, diffusée auprès du lecteur à la façon d'une eucharistie mentale. Tout ce qui dans le Poème associe l'incertitude non à une ironie douce-amère, mais à l'annonce d'une victoire possible – d'une transfiguration quasi divine – ira donc dans le sens de la thèse proposée. Et l'analyse de détail va confirmer que notre hypothèse est bien plus ajustée que son pendant ironiste à l'explication des moments décisifs du Poème.

A) L'EFFACEMENT DU SITE

Le premier indice se trouve dans la Page III, supposée décrire le naufrage qui vient d'avoir lieu. Mallarmé a commencé d'exposer – Pages I et II – la thèse générale du poème : « Un coup de dés /// jamais /// quand bien même lancé dans des circonstances / éternelles / du fond d'un naufrage... » Avant que la principale ne reprenne et s'achève, Pages V et IX (« ...n'abolira /// le Hasard »), Mallarmé insère une suite d'incises dont la première, celle qui nous intéresse, vise à expliciter quelles sont les « circonstances éternelles » dont il vient d'être question. Le poète se livre en effet à une démonstration : il affirme qu'en aucun cas – même le plus favorable – un coup de dés ne pourra abolir le Hasard. Il lui faut donc exposer en quoi consistent de telles circonstances favorables en sorte de prouver la vérité de sa thèse : si même dans les conditions que je vais décrire, les plus avantageuses que l'on puisse concevoir, le lancer échoue à abolir le Hasard, c'est donc qu'aucun lancer, jamais, ne le pourra. C'est pourquoi la Page III commence par une expression de type mathématique : « soit que », qui suggère que l'on formule une série de postulats à partir desquels pourront être tirées des déductions rigoureuses.

Une longue phrase décrit alors, à la surprise du lecteur, non pas le naufrage attendu, mais une combinaison des éléments furieux qui semblent à eux seuls évoquer le navire disparu : « Soit / que / l'Abîme / blanchi / étale / furieux / sous une inclinaison / plane désespérément / d'aile / la sienne / par // avance retombée d'un mal à dresser le vol / et couvrant les jaillissements / coupant au ras les bonds / très à l'intérieur résume / l'ombre enfouie dans la profondeur par cette voile alternative. »

L'Abîme représente la mer blanchie par l'écume et surplombée par un ciel bas, une nue (décrite comme une « inclinaison ») incapable de s'élever, à la façon d'une aile condamnée à retomber aussitôt. Cette nuée couvre les projections de la mer (les « jaillissements » et les « bonds »), mer que l'on devine parcourue de vagues hautes et violentes. Or ces deux formes – la mer oscillante et la nuée – suffisent à elles seules à « résume[r] » l'« ombre » du navire disparu. En effet

– comme il est encore écrit Page III –, la « béante profondeur » de la mer, qui évoque le creux des vagues, ressemble à « la coque d'un bâtiment / penché de l'un ou l'autre bord », tandis que les nuées blanches paraissent une « voile alternative ». Le navire est absent, ne demeure que sa hantise dessinée par les lieux de sa perdition.

Que signifie cette exposition du site où le drame va se jouer ? La description vise en vérité à nous faire douter qu'il y ait eu un naufrage : peut-être, en effet, n'y a-t-il jamais eu de navire ayant sombré. La tempête, comme dans le sonnet « À la nue accablante… », a pu produire l'illusion d'un naufrage, de sorte que nous n'assisterions pas à une disparition (disparition d'un « bâtiment »), mais à une disparition de disparition (disparition d'un sinistre).

On peut alors se demander en quoi une telle description du « fond d'un naufrage » a valeur de « circonstances éternelles » capables de favoriser – quoique finalement sans succès – l'abolition du Hasard. Dans le cadre de l'interprétation ordinaire – ironiste – du Poème, rien ne permet de répondre précisément à cette question. Si l'on soutient que tous les coups de dés reviennent au même – à l'échec –, on voit mal en quoi une mise en doute du naufrage permettrait de décrire une situation exceptionnellement favorable à la réussite éventuelle d'un lancer. Il en va tout autrement si nous partons de l'hypothèse que nous défendons : celle d'un Nombre infini produit par le poème. En effet, si le Nombre est bien engendré par le lancer, et infinitisé par une incertitude du code, il doit avoir « rétro-agi », avons-nous vu, *sur ses propres conditions initiales*. Or cette rétro-action doit consister en une indécidabilité du lancer de dés : en l'impossibilité de savoir si un lancer a eu lieu ou non. Dès lors, si l'Infini s'est effectivement produit, c'est le Maître lui-même et par suite *son navire aussi bien* (la « nef » absente et vaine évoquée Page IV) qui doivent devenir incertains quant à leur existence. En effet, en cas de « grippage » du code, nous devons ignorer s'il y a eu quelque chose comme un pari (un compte des mots), et donc s'il y a eu un poète jouant sa vie sur un tel pari. Si le Nombre se révèle infini, Mallarmé devient trouble, non dans son existence historique d'auteur, mais dans son existence mémorielle de parieur. Mais ce tremblement se propagera alors jusqu'à la catastrophe qui aurait pu initier une telle entreprise : nous devons douter s'il a existé un désastre littéraire assez profond (un naufrage du vers régulier) pour justifier, de la part de Mallarmé, une telle « folie » en vue de sauver le Mètre et la rime malgré l'émergence du vers libre.

La Page III décrit donc le site du lancer dans les circonstances en effet les plus favorables : celles d'un coup de dés ayant *réussi* à produire « l'unique Nombre qui ne peut pas être un autre », et qui a « infecté » en retour ses propres conditions d'avènement en les rendant « éternelles », c'est-à-dire infinies – virtuellement existantes et inexistantes à la fois. Autrement dit, les circonstances sont décrites selon une conséquence qui les a *déjà* modifiées, tout se passant comme si le lancer avait précédé et conditionné ses propres conditions. Le lancer a eu lieu – il a produit le Nombre infini – et en retour ce lancer est devenu incertain, et avec lui le site dans lequel s'est produit le drame. C'est ce qui explique sans doute la structure circulaire du Poème qui commence et finit par les mots « un coup de dés » pour suggérer une partie qui a toujours déjà commencé, et dans laquelle il est en vérité impossible de distinguer chronologiquement un point de départ et ses prolongements.

Pourtant, même dans ce cas – celui de la production effective d'un Nombre infini répondant aux attentes du Maître –, le coup de dés *n'*annulera *pas* le Hasard, puisqu'il tirera son éternité d'une *identification* à ce dernier, et non d'une impossible destruction de la Contingence. Donc, même dans le cas le plus favorable – celui d'une pleine réussite du pari –, un coup de dés n'abolira pas le Hasard : ce qui veut dire qu'il ne l'abolira jamais. CQFD.

B) LE CORPS AU CONDITIONNEL

La première mention du Nombre, Page IV, confirme cette ligne de lecture. Le Maître, avait-on vu, infère de la « conflagration » des mots que « se prépare / *s'agite et mêle / au poing qui l'étreindrait* // comme on menace // un destin et les vents // l'unique Nombre qui ne peut pas // être un autre[1] ». On voit que le Héros du *Coup de dés* agit comme Igitur dans l'une des fins du conte :

---

1. Nous soulignons.

il *agite* les dés dans son poing sans les lâcher. Mais quelque chose se produit alors qui permet de dépasser l'aporie de 1869 : c'est que *le poing lui-même passe au conditionnel* – il n'étreint plus, il « étreindrait ». Le Nombre se prépare ; mais, si le code défaille, sa préparation, sa sommation future, est aussi bien la préparation de son indécidabilité ; et celle-ci, a-t-on dit, va infuser à l'acte de lancer, mais aussi bien au lanceur lui-même, sa propre incertitude. Autrement dit, *l'indécidabilité du Nombre est en train de passer dans la chair du Poète* : le Nombre imprègne de son hypothéticité la personne même du Maître, la « mêle » à lui et commence à la noyer dans sa propre incertitude : « un [flot] // envahit le chef / coule en barbe soumise // naufrage cela // direct de l'homme sans nef ». De la sorte, Mallarmé indique, par ces flots d'écriture qui l'ont blanchi sous le harnais, que sa mort physique prochaine le transfigurera en un auteur dont l'être sera devenu conditionnel. Car, comprimant son existence d'auteur dans un Poème qui se révèle un acte, et insérant dans cet acte le virus du « peut-être », le Poète va lui-même, durant son existence posthume, devenir un « nom tremblant ».

c) LES SUBJONCTIFS INTRINSÈQUES

Passons à la seconde exposition du Nombre, Page IX.

Si le code était sans ambiguïté, les imparfaits du subjonctif par lesquels est caractérisé le Nombre (« existât-il », « se chiffrât-il », « illuminât-il », etc.)

cesseraient d'être pertinents une fois celui-ci décrypté. On devrait alors parler du Nombre à l'indicatif et affirmer qu'il se chiffre et illumine effectivement. Mais l'insistance portée sur le subjonctif (majuscules, effet d'insistance par répétition) suggère que les propriétés du Nombre doivent être éternellement hypothétiques et exclure à jamais l'indicatif : lors même qu'il serait chiffré, il faut ajouter une clause conditionnelle – *si tant est* qu'il soit *véritablement* chiffré, existant, lumineux, etc., plutôt que quelconque, non codé, sans signification. Si les deux options (cryptage/non-cryptage) sont indécidables, le subjonctif devient en effet pour le Nombre une propriété intrinsèque et pérenne, et non pas une propriété extérieure, provisoire et due à notre seule ignorance. Le subjonctif est la propriété objective du Nombre, et non l'attribut subjectif du lecteur. L'indécidabilité n'est donc pas, comme le veut l'ironiste, antérieure au lancer et ennemie de sa réussite, mais postérieure à lui et signe de son efficacité.

d) Retour sur l'unique Nombre

Nous pouvons encore montrer que l'hypothèse du code incertain permet de préciser la double détermination que le Héros accorde au Nombre : qu'il « ne peut pas être un autre » et demeure « unique ».

α) Si le Nombre qui se prépare « ne peut pas être un autre », c'est parce que ce Nombre est en voie d'être infinitisé. La somme des mots, en raison d'une hésitation du code, est en voie de se scinder en deux possibilités qui se cristalliseront quand le mot « sacre » – le terme final du compte – sera atteint : soit surgira le Nombre chiffré par le tourbillon (707), signe que les dés ont été lancés ; soit s'imposera un autre nombre, voire une série d'autres nombres, tous quelconques, indiquant que rien n'a eu lieu que le lieu du Poème et sa quantité insignifiante de vocables. Mais tel est précisément le sacre authentique de la Constellation : le Nombre véritable qui illumine le ciel nocturne du *Coup de dés* n'est pas le 707, mais le 707 *frangé* de ses nombres alternatifs. Lorsqu'il est dit de cette Constellation que « *ce doit* être le Septentrion aussi Nord », le « ce doit » signifie d'une part qu'*il faut* que ce soit le Nombre contenant le symbole du 7 grevé de néant et de nuit (= 0), mais aussi d'autre part que cette configuration stellaire est vue de façon légèrement incertaine (ce doit « sans doute » être elle – mais il y a justement un doute) dans une nuée d'autres possibilités, dans un trouble qui en est le nimbe : la couronne d'infinité. Le programme que Mallarmé s'imposait dans « Le Mystère dans les lettres », celui d'un « hasard vaincu mot par mot[1] », sera ainsi réalisé à la lettre : mot par mot, le Hasard aura été dénombré, puis dénombré *une fois de trop*, et ainsi rejoint.

Ce Nombre stellaire va s'identifier au Hasard, et être aussi éternel que lui, parce qu'il va en épouser la structure dialectique (être lui-même et son autre). Mais cette identification n'aura pleinement lieu que le jour où le

----

1. *OC* II, p. 234.

code aura été déchiffré : déchiffré par hasard, donc par
le Hasard. Processus de dévoilement du Hasard par lui-
même : tel est le sens de la Constellation. C'est ce en
quoi le *Coup de dés* accède à l'*anonymat* du Livre[1] :
car le sens du Poème se tient au centre d'une relation
que nul n'aura écrite, sinon le Hasard. D'un côté, en
effet, il y a un poète qui meurt en ignorant si son texte
sera déchiffré ; de l'autre, des lecteurs qui, par accident,
ont découvert le chiffre du texte, mais ignoreront toujours le choix du poète, et si même il y eut un choix
clair. Ni auteur tout-puissant, ni lecteur omniscient :
le Poème échappe tant à la maîtrise de sa composition
qu'au savoir de son déchiffrement. Le sens du *Coup de
dés* se construit dans le va-et-vient entre ces deux moitiés – l'auteur, le lecteur – qui ne se rejoignent pas. Ce
double système d'échos se manquant réciproquement,
cette vibration désaccordée entre nous et le Maître,
est celle de l'infini lui-même, que symbolise le *flou*
constellatoire du « ce doit être... ».

β) Nous comprenons aussi plus précisément ce que
signifiera l'*unicité* du Nombre. Le Nombre est unique,
avait-on dit, parce qu'il est le Mètre d'un Poème lui-
même unique. C'est que, en effet, le code, par lui-
même, n'a rien de singulier : compter les mots de son
poème et insérer une charade qui en résume les chiffres,

---

1. On se souvient que le Livre est sans nom d'auteur et
que l'opérateur qui en fait la lecture n'est pas censé l'avoir
composé. Sur cet anonymat du livre rêvé, voir également « Le
Livre, instrument spirituel », in *OC* II, p. 224.

chacun pourrait en faire autant. L'unicité du Nombre doit donc provenir du Poème, non du cryptage, quant à lui reproductible à volonté. Mais en quoi y a-t-il, au juste, unicité du *Coup de dés* ?

Le Poème radicalise en apparence l'entreprise du vers libre : de lui aussi, de lui plus encore, on peut dire qu'il a « touché au vers[1] » en le redistribuant sur l'espace entier de la Page. Pourtant, au contraire du vers libre, cette nouvelle forme représente non seulement la défense d'un genre nouveau, mais aussi la défense indirecte du mètre ancien et de la rime : on y maintient l'idée d'un compte intrinsèque à la structure et d'une dualité divisant l'ensemble du poème (un coup de dés-comme si/comme si-un coup de dés). Ce n'est pourtant pas cette radicalité de la forme qui peut assurer au *Coup de dés* son unicité ; car d'autres poèmes du même « genre » pouvaient et devaient suivre. Seul le fait, comme on l'a dit, d'être le premier du genre, le prototype, peut le singulariser. Mais il faut maintenant ajouter que cette caractérisation est encore trop extérieure : il faut montrer en quoi l'ordre inclut une différence de nature, et non pas seulement une priorité chronologique.

Qu'est-ce qui, dans le *Coup de dés*, ne pourra jamais être répété, même par un poème de la même forme ? Une seule chose : son *pari*. Car celui-ci n'a de sens qu'à être unique, en tant même qu'il est christique. Le naufragé ne lance qu'un message avant de sombrer –

---

1. « La Musique et les Lettres », in *OC* I, p. 64.

le Christ ne connaît qu'une crucifixion et une résur-
rection. Imaginons le Fils de Dieu revenir sur terre et
connaître de nouveau le supplice de la Croix : nous ne
serions plus dans la Passion, mais dans le comique de
répétition. De même, on ne peut aujourd'hui – alors
qu'est connu le procédé de Mallarmé – répéter l'entreprise de cryptage du *Coup de dés*, sinon comme parodie, ou comme « truc » immédiatement éventé. Mais
cela valait pour Mallarmé lui-même : si nous avions
de lui une série de poèmes adoptant non seulement la
forme du *Coup de dés*, mais aussi son cryptage, le pari
sombrerait dans le ridicule. On découvrirait en effet
un Poète qui tente de multiplier les chances d'être
décrypté en produisant en cadence ses bouteilles à la
mer[1]. Ce qui donne sa beauté au geste est qu'il est sans
pareil. Et l'infinité du Nombre engendré par le tremblement du code, l'infinité du Poète, qui participe à

---

1. Les deux sonnets – « Salut » et « À la nue accablante... » –
ne constituent pas, en effet, des poèmes comparables au *Coup
de dés* : ce dernier contient un principe non seulement de
compte, mais de confirmation du code par la mise en charade du
Nombre. En revanche, les sonnets octosyllabiques n'apportent
pas, par eux-mêmes, la preuve que leur nombre de mots est
plus qu'un hasard, parce que ni le 70 ni le 77 ne sont cryptés
une seconde fois dans le texte où ils apparaissent. Si le *Coup de
dés* n'avait pas été écrit, nous n'aurions pu démontrer que ces
deux derniers nombres avaient été sans doute prémédités, alors
que l'inverse n'est pas vrai : l'évidence du cryptage du *Coup de
dés* serait restée très forte même si les deux sonnets n'avaient
pas été écrits (ou pareillement nombrés). Ce Poème est donc
bien unique dans l'ensemble de l'œuvre, et c'est de lui seul que
rayonne le geste du lanceur.

l'indécidabilité du Hasard, confirment que cette aventure, comme celle de la Passion, n'avait de sens qu'à se produire une fois, et une seule. Le Mètre se devait de n'avoir d'autre occurrence que la première : son unicité est événementielle, et non pas arithmétique.

C'est alors que le titre du Poème, qui est aussi sa phrase clef, nous apparaît sous une lumière différente : « Un coup de dés jamais n'abolira le Hasard. » Nous avons expliqué en quoi la production d'un Nombre infini ne représentait pas une abolition du Hasard, puisque le premier s'identifie par sa structure indécidable au second. Reste qu'une dialectique s'engage entre les deux : le Nombre, comme il fusionne avec le Hasard, échappe, et lui seul, aux effets du Hasard. Il cesse d'être hasardeux pour devenir nécessaire. Donc, en un sens, le *Coup de dés* n'abolit pas le Hasard, mais, en un autre, si, car il abolit dans le Hasard sa capacité à ne produire *que* des réalités contingentes par l'exception de l'unique Nombre. C'est pourquoi il faut greffer au sens immédiat du titre – un coup de dés jamais n'abolira le Hasard – un sens contraire : un coup de dés a bien aboli le Hasard. Le Hasard est détruit en même temps que conservé, selon une ambiguïté qui reproduit à sa façon le double sens de l'*Aufhebung* hégélienne (dépassement/conservation).

On dira peut-être que, en soutenant qu'il y a bien eu, en un sens, abolition du Hasard, nous faisons violence à la déclaration même de l'énoncé-titre. Mais tel n'est pas le cas, car nous faisons attention au sens *littéral* de cette déclaration, c'est-à-dire au fait qu'elle est *au futur*. Pourquoi Mallarmé, s'il formulait une loi supposément universelle, n'a-t-il pas écrit : « Un coup de dés jamais *n'abolit* le Hasard », mais : « Un coup de dés jamais *n'abolira* le Hasard » ? On dira – et cela est vrai, bien sûr – que le premier énoncé, avec sa tournure destinale, est plus beau que le second. Mais n'y a-t-il pas aussi une raison de fond qui préside à ce choix ? Le choix des mots n'est-il qu'une affaire de style chez Mallarmé ? Demandons-nous donc en quoi le futur apporte ici un sens qui *n'est pas* identique à celui de la phrase au présent. Et les choses deviennent alors limpides : le titre n'affirme pas qu'un coup de dés ne peut abolir le Hasard, *mais qu'il ne pourra jamais plus l'abolir de nouveau.* Autrement dit, que le seul et unique coup de dés susceptible d'abolir le Hasard a déjà été joué par le Poème que nous sommes en train de lire. Car, comme nous l'avons dit, il est impossible de réitérer, sans tomber dans la parodie, l'acte de Mallarmé. Tout est nécessairement contingent, sinon la contingence même *et* l'acte unique du Poète qui s'est incorporé à elle – une fois, une seule, et pour toujours. Jamais plus. *Nevermore.*

Le *Coup de dés* entend bien briser en deux l'histoire du monde : tel un événement-0 à partir duquel tout calendrier doit être calculé – telle une naissance christique –, il est la rupture absolue d'un avant et d'un après, d'un pari unique, non reproductible, sans précurseur ni successeur, dont Mallarmé est l'« unique Nom ».

157

La lettre voilée

Mais tout ce réseau de suppositions demeure construit sur du sable tant que nous n'avons pas établi que le compte du 707 possède effectivement une ambiguïté susceptible de l'infinitiser. Il nous faut donc vérifier notre seconde hypothèse : l'existence d'une incertitude légère affectant la sommation du Nombre. Or établir une telle incertitude nous place devant la même exigence que celle qui consistait à établir la réalité du Nombre : nous devons indiquer non seulement où se situe l'indétermination du compte, mais en quoi il serait possible que le sens du Poème – le sens de l'un de ses épisodes – indiquât cette indétermination. De même que le Nombre est codé deux fois – par un procédé de compte et par des allusions dans le texte (par le nombre des mots et par la charade du tourbillon) –, de même doit l'être son « bougé ». Pourtant, il ne s'agit plus, comme nous venons de le faire, de découvrir des indices généraux de l'infinité du Nombre : il faut cette fois trouver l'analogue, pour le « bougé » du dénombrement, de ce qu'était la Page du tourbillon pour le 707. Autrement dit : trouver l'endroit précis où le Poème exhibe que son processus de *compte* est troublé, et, pour cette raison même, *victorieux*. Commençons donc par rechercher où se situe cette Page, avant d'aborder de nouveau le protocole de sommation des mots.

Or nous disposons pour cela d'un indice précieux : une lettre de Mallarmé à Camille Mauclair du 9 octobre

1897[1], dans laquelle le poète parle de l'importance éminente qu'il accorde au *e* muet, en particulier pour la défense du vers régulier :

> J'ai toujours pensé que l'*e* muet était un moyen fondamental du vers et même j'en tirais cette conclusion en faveur du vers régulier, que cette syllabe à volonté, omise ou perçue, autorisait l'apparence du nombre fixe, lequel frappé uniformément et réel devient insupportable autrement que dans les grandes occasions[2].

Pour comprendre le sens de cette déclaration, il faut se souvenir que, à la fin du XIXe siècle, la « querelle » du *e* muet[3] est encore vive. La controverse, dont on trouve trace dès le XVIIIe siècle[4], porte sur le fait de savoir s'il est légitime de prononcer les *e* muets, dans le corps des vers réguliers, selon la diction courante plutôt que selon les règles métriques. Doit-on, en particulier, s'efforcer de faire entendre la césure 6-6 du vers classique, et prononcer pour cela les *e* muets annulés par la langue

---

1. Tandis, donc, qu'il corrige les épreuves de la version finale du *Coup de dés*.

2. *OC* I, p. 818.

3. Plutôt que de « *e* muet », les métriciens préfèrent désormais parler de « *e* caduc » ou « instable », puisque le *e* dit muet ne l'est pas toujours. Nous conserverons néanmoins cette dénomination, qui est celle de Mallarmé et de ses contemporains.

4. Pour une histoire de la querelle, voir Julia Gros de Gasquet, *En disant l'alexandrin. L'acteur tragique et son art, XVIIIe-XXe siècle*, Paris, Honoré Champion, 2006, p. 332-338. Voir aussi, pour la situation au XIXe siècle, Michel Murat, *Le Vers libre*, Paris, Honoré Champion, 2008, p. 96-97.

orale mais exigés par le mètre ? Ou doit-on favoriser, à l'exemple des comédiens de théâtre, le naturel et le phrasé[1], abandonner la litanie monotone de l'alexandrin scandé à l'hémistiche et en fin de vers, et se conformer à l'usage commun qui tend à l'élision du *e* muet ?

Soit le distique de Racine :

> Qu'il ne se born*e* pas à des pein*es* légères :
> Le crim*e* de la sœur pass*e* celui des frères.

Les finales féminines de « born*e* », « pein*es* », « crim*e* » et « pass*e* » doivent être prononcées si l'on ne veut pas que le vers soit boiteux. Car la métrique classique impose, on le sait, de compter pour une syllabe le *e* muet en finale de mot lorsqu'il est placé entre deux consonnes (« crim*e* passionnel ») et de l'élider seulement lorsqu'il est suivi d'une voyelle (« foll(*e*) inquiétude »). Si, dans notre distique, on élide le *e*, alors on perd non seulement la longueur du vers, mais aussi sa structure interne, c'est-à-dire son découpage par la césure, dont la position cesse d'être identique de

---

1. Le phrasé consiste à calquer la scansion sur la syntaxe plutôt que sur la métrique. Au lieu de produire, comme le fait la déclamation, les pauses – ou l'accent – à l'hémistiche et en fin de vers, on tente d'introduire des respirations qui effacent les frontières métriques du vers (en particulier ses frontières externes) pour souligner ses seules divisions syntaxiques. Le phrasé participe d'une dynamique similaire à celle de l'élision non métrique du *e* muet en ce que l'un comme l'autre ont pour effet de remplacer (au moins partiellement) l'audition du vers par l'audition d'une phrase. Sur le phrasé au cours du XIXᵉ siècle, voir Julia Gros de Gasquet, *En disant l'alexandrin*, *op. cit.*, p. 175-186.

vers à vers. Or la césure est le moyen essentiel pour l'auditeur de reconnaître l'égalité entre eux des alexandrins qui se suivent. Ainsi que l'a montré Benoît de Cornulier, il est en effet impossible de reconnaître spontanément l'égalité ou l'inégalité métrique de deux vers lorsqu'ils font plus de 8 syllabes[1].

Des vers « courts » – jusqu'à l'octosyllabe – n'ont donc pas besoin, en droit, de posséder une structure interne aidant à leur reconnaissance. En revanche, si des vers « longs » – par exemple, un décasyllabe ou un alexandrin – veulent se faire reconnaître, il leur faut contenir une « césure fixe » qui les divise en parties inférieures à 8 syllabes : pour les vers mentionnés, le découpage classique est respectivement 4-6 et 6-6, mais le romantisme, on le sait, affectionnait le 4-4-4 comme division alternative de l'alexandrin. C'est sous

1. Benoît de Cornulier, *Théorie du vers. Rimbaud, Verlaine, Mallarmé*, Paris, Seuil, 1982. La « loi psycho-métrique des 8 syllabes » énonce plus précisément : a) que l'on peut repérer une égalité métrique pour des vers *au plus* de 8 syllabes (car certaines personnes ne parviennent à repérer cette égalité que pour des vers de moindre longueur) ; b) que ce repérage spontané est celui d'une égalité syllabique entre des vers voisins (entendus ou lus à la suite les uns des autres), mais non une perception du nombre syllabique propre à chaque vers. Selon la loi des 8 syllabes, je peux repérer que j'ai affaire à une suite de vers de même mètre sans savoir de quel mètre il s'agit. La reconnaissance spontanée de l'isométrie est un fait psychologique ; la reconnaissance spontanée d'un mètre déterminé (par exemple d'un alexandrin), en revanche, est un fait de culture (j'ai, par expérience, le vers « dans l'oreille ») qui s'ajoute éventuellement au précédent, sans être de même nature.

cette seule condition que l'auditeur ou le lecteur pourront en percevoir la récurrence : dans le cas de l'alexandrin classique, ce ne sont pas les 12 syllabes du vers, mais les 6 syllabes des hémistiches dont nous repérons le retour régulier. Pour que cette césure soit audible, elle doit obéir à des contraintes strictes, maintenues sans exception par les poètes classiques, et toujours largement dominantes chez les romantiques[1].

---

1. La césure classique, en plus de sa place privilégiée dans le vers selon le mètre, doit obéir à quatre règles, deux syntaxiques et deux phonétiques. Règles syntaxiques : la césure ne doit pas tomber à l'intérieur d'un mot ni séparer un proclitique, ou une préposition monosyllabique, du mot suivant (le proclitique est un monosyllabe qui fait corps et sens avec le mot qui le suit – par exemple un article, un pronom sujet ou un déterminant démonstratif). Règles phonétiques : elles concernent précisément le *e* muet, qui ne doit tomber ni à la 6e ni à la 7e syllabe du vers.

Ces règles n'ont rien d'arbitraire : les transgresser systématiquement reviendrait à écrire une suite de phrases de douze syllabes qui ne laisseraient plus entendre en elles une égalité de longueur. Ainsi, cette phrase en prose de Racine : « C'est à vous de voir com // ment vous vous défendrez », dans laquelle la césure tombe à l'intérieur d'un mot, ne se laisse pas repérer comme un 12-syllabe à la lecture ou à l'audition. Il faut « compter sur ses doigts » pour s'assurer de son nombre syllabique. Il en va de même de cette autre phrase de Racine : « Tu ne fus point coupa // ble de ce sacrifice », où la 7e syllabe tombe sur un *e* muet. Réécrits en respectant les règles de la césure, les deux énoncés laissent au contraire apparaître spontanément leur mètre commun parce que nous percevons cette fois l'égalité de leurs hémistiches :

Et vous verrez comment // vous pourrez vous défendre
Tu n'as point eu de part // à cet assassinat

On comprend donc que l'enjeu de la prononciation du *e* muet est l'entente du mètre *comme tel* par l'auditeur : de son respect dépend notre capacité à entendre une récurrence de longueur dans le vers. Ainsi, ce n'est pas le *e* en lui-même – sa matière phonique, ses degrés possibles de réalisation, ses finesses de modulation – qui importe ici, ou qui importe principalement. Le problème n'est pas de déterminer la teneur sonore du *e* (à peine prononcé, nettement audible, martelé), mais de décider si oui ou non il doit être compté à l'audition comme une syllabe. Car ce qui est en jeu, c'est le fait de savoir si des vers métriques – soumis à une mesure fixe des syllabes – doivent être entendus *comme* métriques. Autrement dit, la question est : la métricité est-elle une qualité par elle-même poétique, et qui mérite de se faire entendre en tant que telle ? Ou s'agit-il d'une « coordonnée » du vers qui n'a pas ou plus d'importance parce qu'elle représenterait une convention périmée qu'on peut détacher du vers et de sa sève, comme une peau morte abandonnée par le serpent ? C'est cette dernière option que soutiendra le partisan de l'élision du *e* muet. Pour celui-ci, la pro-

---

Cette contrainte de la césure fixe démontre que le mètre ne régit pas le vers comme une convention extérieure et artificielle (comme s'il s'agissait d'écrire de belles phrases en prose, dont la « règle » voudrait « en plus » qu'elles aient le même nombre de syllabes et riment ensemble), mais qu'il en détermine intimement la structure.

Sur les exemples proposés, voir Julia Gros de Gasquet, *En disant l'alexandrin*, *op. cit.*, p. 32-35.

nonciation de la muette crée une diction devenue artificielle, et même ridicule, pour des oreilles modernes.
Prononcer cette lettre de façon systématique instaure-
rait une forme de mort du vers classique, notamment
racinien, en le rendant inaudible aux contemporains
et en le subordonnant à des règles devenues désuètes,
sans rapport avec ce qui en fait la beauté à la fois
dramatique et intemporelle. Pour reprendre notre
exemple, le même distique de Racine sera donc soumis à l'élision des *e* muets, et l'on prononcera, à la
place des alexandrins, non plus deux vers, mais deux
phrases : deux 10-syllabes, qui ne sont pas davantage
des décasyllabes classiques, faute d'une césure repé-
rable en 4e position, et qui se rapprochent de la « prose
rimée », quoique le rythme en 5-5 maintienne, dans le
cas présent, l'impression d'isométrie :

> Qu'il ne se born' pas // à des pein' légères
> Le crim' de la sœur // pass'[1] celui des frères.

Ainsi considérée, la question du *e* muet pourrait
être tranchée avec des arguments sérieux dans un
sens ou dans l'autre, dans chaque cas avec la claire
conscience de l'enjeu de la dispute. Mais il faut
maintenant ajouter qu'il s'agit là d'une présentation
contemporaine de la querelle qui ne permet pas de

---

1. Ici, une pause discrète peut remplacer la prononciation du
e, pour éviter l'accumulation désagréable des [*s*].

comprendre le contexte précis dans lequel Mallarmé fait sa propre proposition sur la vocalisation du *e*. Car, au XIXe siècle, la conception des choses est beaucoup plus embrouillée, et cela pour un ensemble de raisons qu'il nous faut maintenant exposer.

À l'époque où Mallarmé écrit sa lettre à Mauclair, la prononciation du *e* muet est fragilisée non seulement par la diction des comédiens, qui la négligent de plus en plus, mais aussi par la « théorie accentuelle » qui domine la métrique française depuis les années 1840. Cette théorie, initiée par Scoppa au début du XIXe siècle, entendait rapprocher le vers français du vers antique et européen – en particulier italien – en s'émancipant du syllabisme qui singularise notre métrique. Il s'agit d'affirmer que le vers régulier n'est pas caractérisé en premier lieu par le compte de ses syllabes, mais, tout comme le vers ancien, par ses constantes prosodiques, c'est-à-dire par le rythme de son accentuation – par exemple, dans le cas de l'alexandrin, comme le voulait Quicherat, par l'accent placé au milieu et en fin de vers, joint à deux accents mobiles dans chacun des hémistiches (alexandrin dit « tétramètre »)[1]. Pour cette théorie, c'est donc la scansion du vers, et non sa syllabation – le nombre de ses groupes accentuels, et non le nombre de ses syllabes –,

---

1. Par exemple, pour reprendre le précédent vers de *Phèdre* :

Qu'il ne se *bo*rne *pa*s à des *pei*nes lé*gè*res

qui détermine primordialement le mètre. C'est la régularité de l'accentuation, et non le retour des n-syllabes (du vers ou de sa division en hémistiches), qui assure la perception d'une mesure commune aux vers. L'apparition du vers libre semblera, à la fin du siècle, une confirmation éclatante de l'accentualisme, puisque cette nouvelle forme poétique démontrait que le compte syllabique n'était pas une caractéristique essentielle du vers et qu'il fallait en conséquence chercher plutôt auprès du rythme le principe d'une métrique unifiée.

On sait aujourd'hui – en particulier depuis les travaux de Cornulier – que la théorie accentuelle échoue à rendre compte de la structure du vers régulier, et qu'il est impossible de faire l'économie du décompte syllabique dans l'examen du mètre fixe[1]. Mais sa

---

1. Sur l'histoire de la théorie accentuelle et sa critique contemporaine, voir Jean-Michel Gouvard, *Critique du vers*, Paris, Honoré Champion, coll. « Métrique française et comparée », 2000, « Introduction » et « Première partie », I. La théorie accentuelle a pour principale faiblesse de reposer sur une accentuation qui, en français, ne possède pas de règles sûres : on y découvre des considérations non seulement syntaxiques (accent tonique sur la dernière syllabe non muette d'un mot ou d'un groupe grammatical), mais aussi stylistiques (accent oratoire sur la première syllabe), et l'on se heurte à des controverses indécidables (existe-t-il un accent contre-tonique sur l'antépénultième syllabe des mots longs, par exemple : éche*lonnemen*t ?). La subjectivité du métricien intervient donc nécessairement pour régler les cas litigieux, ce qui rend impossible l'établissement de critères acceptables par tous. Par ailleurs, les règles qui déterminent la position de la césure ne

domination à la fin du XIXe siècle aggrave la confusion de la querelle du *e* muet, en donnant des arguments fallacieux aux adversaires de sa prononciation systématique. Pour que le débat fût alors, sinon résolu, du moins clairement posé, il eût fallu que l'alternative fût formulée dans les termes proposés précédemment : soit l'on décide de faire entendre le mètre du vers régulier (qui est déterminé par le compte des syllabes), soit l'on y renonce. À chacun, alors, d'avancer ses motifs : fidélité à l'intention métrique de l'auteur (c'est-à-dire à son souci de faire entendre le retour d'un mètre syllabique constant) ou désir de maintenir le lien entre le vers et la pratique vivante de la langue. Lorsqu'on a conscience que le mètre est défini en termes syllabiques, on comprend en effet aussitôt que l'élision du *e* muet revient à rendre celui-ci inaudible. Mais, en raison de la prééminence, à la fin du XIXe siècle, de la théorie accentuelle, les adversaires du *e* muet, et même ses défenseurs, ne semblent pas comprendre que l'enjeu de la querelle porte avant tout sur le mètre, et non sur la qualité phonique de la lettre elle-même. En effet, le *e* muet n'étant *jamais accentué*, son maintien ou son élision ne modifie pas le nombre des accents d'un vers. Des phonéticiens, tel Paul Passy, peuvent alors

---

sont pas accentuelles, comme on l'a vu, mais syntaxiques et phonétiques : la structure interne du vers ne peut donc être étudiée avec précision et objectivité en s'appuyant sur des considérations de rythme.

167

prôner la suppression systématique du *e* muet au nom de la souveraineté de la langue orale, tout en soutenant que cela ne touche pas au mètre, défini par le seul compte des accents (alexandrin « trimètre », « tétramètre », etc.)[1].

Or, signe que le débat est mal centré, les « partisans » du *e* muet répondent sur le même terrain que leurs adversaires : la phonétique, et non la métrique. Au lieu de faire valoir la constance syllabique du vers pour défendre la prononciation de la muette, ils soulignent les divers degrés de prononciation du *e* muet et affirment qu'on l'entend même quand on ne le détache pas en une syllabe distincte : « aimé*e* », diront-ils, ne se prononce pas comme « aimé », « gên*e* » voit sa première syllabe allongée par la présence du *e* muet même quand celui-ci est élidé, etc.[2]. Autrement dit,

---

1. Voir Robert de Souza, « Le rôle de l'*e* muet dans la poésie française », *Mercure de France*, janvier 1895, p. 7. Passy, cité par Souza, en vient même à annuler les *e* masculins, y compris ceux qui sont à l'intérieur d'un mot (syncope) s'ils ne sont pas accentués. Ce qui donne, appliqué aux vers de *L'Immortalité* de Lamartine, un résultat évidemment ridicule (*ibid.*, p. 5) :

Pour moi, quand j'verrai dans les célestes plain'
Les astres s'écartant de leur rout' certain'
[…]
Seul, je s'rai d'bout ; seul, malgré mon effroi…

2. *Ibid.*, p. 12-13. L'argument de la différence « aimée/ aimé » vient de Voltaire, qui souligne l'importance de cette lettre dans une lettre fameuse (Lettre à M. Deodatti de Tovazzi, 24 janvier 1761, citée par Julia Gros de Gasquet, *En disant*

on défend une prononciation qui ne change rien au décompte des syllabes (que le *ê* de « gêne » soit long ou court ne modifie pas sa syllabation, « aimée » compte autant de syllabes qu'« aimé »). On traite de la réalisation phonique du *e*, sans comprendre que le problème porte sur l'audibilité non de la lettre, mais du mètre syllabique.

La confusion est encore aggravée par l'apparition, en cette même fin de XIXe siècle, du vers libre. En effet, l'une des caractéristiques de cette forme poétique est d'introduire un principe d'incertitude dans la prononciation du *e* muet, puisqu'il n'existe plus de mètre syllabique fixe pour en régir la prononciation. Il y aura des cas équivoques, où le lecteur hésitera entre une diction « poétique », où il prononcera le *e* en vertu d'une résonance entre le vers lu et un vers régulier répertorié, et une diction courante, où il tendra à l'élision. Prenons l'exemple des vers (médiocres) de Gustave Kahn dans *Les Palais nomades* :

---

l'alexandrin, op. cit., p. 334). Cette différence sera encore arguée par Maurras dans sa préface (VI) à *La Musique intérieure* (Paris, Grasset, 1925). Celui-ci, défenseur doctrinaire de la prononciation traditionnelle, fait feu de tout bois pour défendre sa cause : il n'hésite pas, d'une façon mi-drolatique, mi-sérieuse, à convoquer les vers écrits par Landru à son juge pour démontrer que les partisans de l'élision du *e* muet ont un allié qui les discrédite. Le tueur de femmes, en effet, était aussi un tueur de *e* féminins, ses vers ne les comptant manifestement pas ; et sa « coupe » indue de la voyelle suffit, aux yeux du chef de l'Action française, à lui faire mériter celle de la guillotine.

169

Cycle et volute
En trilles de flûte
Vers des paradis pleins de nus inconnus
Forme vestale
En ton ombre s'étale
Le tapis d'Orient des Édens continus

Faut-il, dans le deuxième vers, prononcer le *e* de
« trill*e*s » pour composer un pentasyllabe ? Ou faut-
il suivre la diction courante, élider le *e* et composer
un tétrasyllabe homogène au vers précédent, de quatre
syllabes lui aussi ? La question de la diérèse ou de la
synérèse pose un problème similaire – lié toujours
au compte des syllabes. Faut-il lire le dernier vers
du sizain comme un alexandrin en choisissant pour
« Orient » la diérèse (O-ri-ent) ou adopter la diction
usuelle (O-rient), mais tomber alors sur un vers de
11 syllabes moins orthodoxe ?

On le voit par cet exemple, le vers-librisme ne se
contente pas de faire varier librement la longueur
de chaque vers : il introduit aussi, de ce fait même,
la possibilité d'une indétermination métrique *au sein
de* chaque vers. Parce que les vers, pris les uns à la
suite des autres, cessent d'être d'une longueur égale
ou régulière, ils cessent du même coup, pris individuellement, d'être toujours d'une longueur exactement
déterminable. Certes, Gustave Kahn soutient, quant
à lui, un principe de lecture univoque et résolument
anticlassique : il veut qu'on suive toujours la diction
courante, ce qui supprime les ambiguïtés de la lettre

muette. Mais il ne s'agit que d'une règle extérieure, exposée dans sa préface sur le vers libre[1], et que la forme nouvelle, d'elle-même, n'impose en rien. Et, de fait, Kahn semble être le seul, parmi les vers-libristes de la période symboliste, à imposer une règle quant au *e* muet. Ses principaux contemporains (Laforgue, Verhaeren, Vielé-Griffin, Régnier) comprendront que l'esprit du vers « libre » invite plutôt à cette incertitude légère qui permet au lecteur d'opérer lui-même ses décomptes et de choisir ses rythmes.

On comprend alors que la querelle du *e* muet ait pu préparer le public à cette modification de l'écoute propre au vers libre en introduisant dans le vers régulier, déjà, la possibilité d'un libre choix de la prononciation. Pris entre des argumentaires opposés également incapables de remporter une victoire décisive, le comédien comme le lecteur se trouvaient en position de choisir la prononciation du vers classique. Ce choix, possible *de facto* pour le mètre traditionnel, ne pouvait que conforter celui, possible *de jure*, du vers libre. Et, en retour, le vers libre semblait apporter un argument décisif à l'analyse accentuelle en libérant le vers du syllabisme ; il soutenait aussi le point de vue des phonéticiens qui plaidaient en faveur de l'élocution courante, devenue licite, voire recommandée, dans la nouvelle poésie. Il y avait, en quelque

---

1. Voir sa préface sur le vers libre dans *Premiers poèmes*, *op. cit.*, p. 31.

sorte, renforcement réciproque entre la nouvelle diction de l'ancien vers et l'équivoque instituée du nouveau vers[1].

Mais cette « contamination » des argumentaires démontrait que nul n'avait une vision claire de la situation ; car la question du *e* muet ne peut pas, on le sait désormais, être traitée de la même façon pour un vers métrique (syllabique) et pour un vers non métrique (libre). Dans le premier cas, la question est celle de la mesure du vers ; dans le second, celle de sa seule euphonie. Au lieu de quoi, en cette fin de XIXᵉ siècle, les « modernistes » considèrent que le syllabisme et la rime n'ont été que des conventions sociales auxquelles les génies du passé s'étaient soumis par timidité. Il s'agissait donc, pour les adversaires de la diction tra-

---

1. Il ne semble pas qu'il y ait eu, cependant, d'utilisation de la théorie accentuelle par les vers-libristes en faveur de leur cause. Gustave Kahn, en effet – leur principal théoricien, on l'a dit –, récuse le maintien d'un accent tonique dans le vers (accent marqué sur la dernière syllabe non muette de chaque groupe grammatical), élément qui est la base même de la théorie accentuelle. Il le remplace par un « accent d'impulsion », difficile à concevoir précisément, qui dépend de considérations de style plutôt que de grammaire. Voir sa « Préface sur le vers libre », in *Premiers poèmes, op. cit.*, p. 29-30, ainsi que l'analyse qu'en propose Roland Biétry dans *Les Théories poétiques à l'époque symboliste (1883-1896)*, Berne, Peter Lang SA, 1989, p. 182-190. Il reste que la théorie accentuelle laissait le champ libre aux vers-libristes, bien davantage que ne l'eût fait une théorie syllabique stricte – et ce fut peut-être là le principal apport proprement esthétique d'une théorie autrement défectueuse.

ditionnelle, de retrouver ce qu'ils estimaient être la
« musique » intime des poètes et dramaturges classiques, par-delà les règles qui les avaient corsetés –
règles qui n'avaient en elles-mêmes, pensait-on,
aucune valeur littéraire.

Dans ce contexte, le vers libre apparaissait, de façon
naturelle, comme une ultime libération de la poésie,
en continuité avec les assouplissements du mètre
romantique et symboliste par rapport aux « rigidités »
du xviie siècle. On ne semblait pas comprendre, ou
admettre, du côté de ses partisans, que ce vers libre
était une rupture différente *en nature* des audaces
antérieures, puisqu'il ne s'agissait plus d'assouplir
plus ou moins le mètre, mais de le supprimer tout
bonnement. Il paraissait donc licite de lire le vers
régulier avec la même liberté (pour le *e* muet, pour
la synérèse et la diérèse) que le vers nouveau, en faisant profiter l'ancienne poésie de la souplesse musicale de la nouvelle diction : façon d'émanciper après
leur mort les authentiques génies du passé (Racine,
Molière, La Fontaine) du « joug » de Malherbe et
Boileau qui les avait, croyait-on, tant brimés de leur
vivant.

Il nous fallait ce détour pour comprendre précisément la position de Mallarmé dans l'espace de la querelle. Dans sa lettre à Mauclair, il y a, de son point de
vue, essentielle liberté de prononciation des *e* muets
dans l'alexandrin, en sorte de ne pas produire la mélo-

pée du vers, déclamé toujours selon son même rythme. On doit donc « desserrer » le vers non seulement dans l'écriture – ainsi que Mallarmé l'avait fait par la multiplication des enjambements et des rejets (notamment dans *L'Après-midi d'un faune*) –, mais aussi dans la diction. De la sorte, le poète entérine l'existence d'une incertitude dans le vers régulier qui le rapproche du vers libre : dans les deux cas, liberté est laissée à chacun d'imprimer au vers le rythme qui lui semble le plus juste.

Pourquoi adopter ainsi le point de vue des « modernes » ? C'est que Mallarmé tente par là d'inverser en faveur du mètre fixe l'argumentaire de ceux qui sont hostiles au maintien de la règle. En effet, s'il devient possible, et même souhaitable, d'introduire de la souplesse dans la lecture du vers régulier, *il n'est plus possible de reprocher à celui-ci sa rigidité.* On ne peut davantage faire du mètre un cas particulier et arbitraire du vers libre. Pour Kahn, la régularité et la rime demeurent des possibilités du vers libre, qu'il contient comme l'une de ses multiples variantes : la nouvelle forme est donc selon lui en position d'universalité face au vers métrique, qui n'en est qu'une expression particulière et sédimentée[1]. Mallarmé suggère au contraire que c'est le mètre fixe qui, une fois affecté de l'incertitude du *e* muet, se trouve en position de forme générale conte-

---

1. Gustave Kahn, *Premiers poèmes, op. cit.*, p. 16.

nant son opposé comme l'un de ses possibles. Car il est faux que le vers libre contienne le vers métrique, puisqu'on ne peut confondre la régularité éventuelle du vers libre – pour des raisons de sens ou de rythme – et la règle stricte que le poète n'a pas la liberté de modifier. L'essence du mètre et de la rime est d'être contraignants et toujours suivis – non d'être choisis au titre de moyen expressif à disposition parmi d'autres. Si Mallarmé voit dans le mètre la condition d'une poésie cérémonielle et publique, c'est que celui-ci se donne comme une obligation antérieure aux choix individuels de chacun, et susceptible à ce titre de supporter un Chant destiné à la Foule. En revanche, une fois la règle imposée – une fois l'alexandrin accepté comme forme fixe –, il est possible à chacun d'introduire un principe d'incertitude dans la *lecture* du vers, donc d'ajouter à l'usage public du vers un usage individuel qui permet à chacun de jouer à sa façon de l'instrument commun. L'écriture est réglée, mais l'oralisation est libre. Et c'est ainsi le mètre fixe qui parvient à combiner en lui *et* la règle de la tradition, *et* la liberté des modernes.

On voit bien, ici, le rêve que caresse Mallarmé : celui d'une règle d'airain qui contiendrait pourtant du « jeu », permettant au vers – et en premier lieu à l'alexandrin – de vibrer librement d'un rythme à l'autre, de la scansion dodécasyllabique à la fluidité de la prononciation courante ; mais une règle qui parviendrait aussi à contenir ce principe d'incertitude dans l'espace étroit et marginal d'une simple lettre, à loisir prononcée ou élidée. Tout se passe comme si le poète avait désiré *infinitiser* l'alexandrin : faire de son 12 un nombre fixe qui, en même temps, ne soit pas un nombre fixe. En faire un mètre qui, comme le Hasard, contienne virtuellement son option contraire, le vers libre, sans règle stricte quant à la prononciation du *e* muet.

Mais ce désir, dans le cas présent, se heurte à un obstacle. Car, on l'a dit, l'alexandrin *est* un mètre fixe, et sa règle, si elle peut autoriser une forme de licence dans la diction, n'admet aucun écart pour l'écriture : les 12 syllabes doivent être *lisibles* dans le vers. Et de même pour la rime. Un alexandrin, isolé, n'existe pas : même lorsque sa coupe est régulière (ainsi dans *Chantre* d'Apollinaire, au vers unique), ce n'est plus alors qu'un vers dodécasyllabique, l'alexandrin étant par définition paire rimée, stance ou distique. Par le biais du *e* muet, on peut donc jouer avec la *pratique* (orale) de la règle, mais non nier ou mettre en doute son existence. L'alexandrin ne contient pas en lui-même, et malgré la liberté que l'on peut prendre avec lui, l'éventualité de son non-être pur et simple ; il n'est donc pas infinitisable selon le modèle du Hasard.

Mais supposons alors que le Mètre du *Coup de dés* contienne dans sa règle une incertitude analogue à celle du *e* muet pour le vers régulier (du moins dans la version qu'en propose Mallarmé à Mauclair). Aucun manuel de métrique ne nous a enseigné l'existence d'un tel Mètre. La singularité du Nombre vient de ce que nous avons appris son existence uniquement *à partir du* poème qu'il régente, et à l'aide des indices qui y sont essaimés. Tout repose donc sur une hypothèse, et non sur une règle explicitement posée par la tradition, qui de ce fait ne pourrait être niée. Ainsi, si nous découvrons une indétermination dans le code qui est à l'origine du Mètre unique, alors, cette fois, c'est l'existence même du Nombre et de sa règle qui pourra être mise en doute. Et le Mètre contiendra bien en lui un principe d'indétermination radicale : il existera *et* n'existera pas. Cela pour des raisons également sérieuses dans les deux cas, si du moins nous pouvons montrer non seulement l'équivocité du compte des mots, mais aussi les passages qui, dans le poème, en traitent effectivement. Mallarmé aurait ainsi réussi à produire un Vers (de l'amplitude du *Coup de dés*) qui contienne en lui et le « jeu » du vers libre, et le compte strict du vers régulier – qui contienne et la règle, et la non-règle, selon une oscillation qui, rassemblant les deux pans de la poésie moderne, parviendra seule à en exhiber l'essence infinie.

Il est temps, par conséquent, de partir à la recherche de cette précieuse défaillance.

La sirène

Dans la première partie, nous avons trouvé une double confirmation de l'existence d'un Nombre, donc de l'effectuation d'un lancer : un cryptage du 707 *dans* le texte (charade du tourbillon) et un cryptage du 707 *par* le texte (compte des mots).

Si nous voulons établir avec la même cohérence l'existence d'un tremblement infini du code, il nous faut exhiber de nouveau ce type de double confirmation. D'abord trouver, dans le texte, un passage du Poème qui thématise de façon détournée l'idée d'un « bougé » affectant le Nombre ; ensuite dégager, par le texte, un grippage effectif du principe de compte.

Ce décryptage conduira pourtant, s'il est réussi, à un paradoxe : c'est que nous devrons être incertain de sa réalité lors même qu'il se révèle solidement attesté. En effet, les deux aspects du décodage vont jouer dans une direction contraire :

1° Si le *compte* des mots se révèle bien marginalement défectueux, ce peut être, sans doute, parce que Mallarmé a fait en sorte qu'il en soit ainsi ; mais ce peut être aussi bien parce qu'un tel compte prémédité n'a jamais existé que dans notre esprit. Ce premier aspect du décryptage *par* le texte va donc *fragiliser* l'idée même qu'il y ait un code. Le décryptage va, de ce côté, se miner lui-même, jeter la suspicion sur l'ensemble de notre entreprise : en faisant déraper la somme des mots, nous allons glisser vers l'hypothèse qu'il n'y a pas eu de code, donc *pas non plus de décryptage* – que tout ne fut que rideau de fumée ;

2° Mais, à l'inverse, si nous trouvons *dans* le texte un épisode qui évoque précisément ce dérapage du compte et ce glissement vers la possibilité que rien, en vérité, ne s'est passé, alors nous serons conforté dans l'idée que Mallarmé a prémédité les choses et que tout fut composé à dessein dans le moindre détail.

Ce double décodage va donc produire un mélange fait d'incertitude et de croyance renforcée, et donc un « battement » entre des convictions contraires. Plus ce deuxième code apparaîtra dans sa clarté, plus nous hésiterons à le cautionner tout à fait. Or cette oscillation de l'adhésion va être elle-même intensifiée par le fait que, comme on va le voir, l'épisode de la sirène expose exactement ce paradoxe d'une découverte si instable, si fragile de la vérité que nous ne savons plus si elle a bien eu lieu. Instabilité de l'éblouissement qui prépare, bien entendu, le Peut-être scintillant de la dernière alternative : rien n'aura eu lieu que le lieu, excepté *peut-être* une Constellation.

*
* *

Commençons par déterminer s'il existe, dans le texte, une évocation de la fêlure du compte.

Or, un tel passage, qui traiterait non du Mètre, mais de son tremblement infini, nous est en effet proposé. Il s'agit, comme on l'a déjà suggéré, de la Page VIII, celle où se lit l'*épisode de la sirène* :

179

soucieux

    expiatoire et pubère

                muet

La lucide et seigneuriale aigrette
au front invisible
scintille
puis ombrage
une stature mignonne ténébreuse
en sa torsion de sirène

par d'impatientes squames ultimes

De même que la Page VI du tourbillon était la « Page du Mètre et de la Rime », de même cette Page VIII peut être dite la « Page du *e* muet ». D'abord en raison du grand nombre de noms et d'adjectifs à la finale féminine, qui occupent parfois l'ensemble d'un segment

rire

     que

SI

de vertige

debout

   le temps
      de souffleter
bifurquées

    un roc

  faux manoir
     tout de suite
       évaporé en brumes

      qui imposa
       une borne à l'infini

(« lucide et seigneuriale aigrette de vertige »), voire jusqu'à trois mots successifs (« stature mignonne ténébreuse », « impatientes squames ultimes ») ou quasi successifs (« vertige / scintille / puis ombrage »). Mais cette appellation est surtout justifiée par le segment qui

181

court en haut de la Page, segment décidément inépui-
sable, où se lit le nom même de la voyelle mouvante :

pubère

muet

rire

L'ironie, bien sûr, est que l'on entend le *nom* de la
lettre (« *e* muet ») à la stricte condition que la lettre
– le *e* de « pubère » – soit non pas laissée muette, mais
prononcée. L'indication est donc claire : l'épisode de
la sirène, placé sous l'égide de la lettre « voilée », suggère que c'est la question de la règle stricte et de son
desserrement qui va être abordée.

Que décrit alors la scène ? Le Maître semble s'être
noyé : il a été englouti par le tourbillon de la Page VI,
et rien ne demeure de lui qu'une plume effleurant la
toque qui fut sans doute la sienne (Page VII). Désormais, l'aigrette n'orne plus qu'un front devenu invisible : elle scintille, comme prise de vertige au bord du
tourbillon, à la lumière des étoiles. Mais voici soudain
qu'émerge des eaux une sirène, à l'endroit précis où
flottait la plume, comme si la créature des mers se coif-
fait de celle-ci à la place du Héros disparu. La plume,
qui offre l'une de ses faces à la lumière, « ombrage »
à l'inverse la sirène qu'elle pare – et, par jeu de mots,
semble la rendre « ténébreuse », l'encolérer contre « un
roc » que la créature « mignonne » évapore d'un coup
bref de sa queue. Ce roc, nous pouvons l'identifier à la
« toque » noire qui a la forme d'un sombre rocher émergeant des eaux, aussi bien que d'un « faux manoir » vu
de loin dans la brume. La toque est la part de nuit du

Maître, le moment inférieur de sa « petite raison virile » et maniaque (son côté « toqué »), alors que la plume est sa part stellaire (« lucide »). La sirène, autrement dit, en prenant la succession du Maître défunt – dauphine couronnée à sa suite –, parvient à séparer le moment fini du compte strict et univoque (la nuit noire, la toque, le rocher aboli) qui aboutit au 707, et le moment infini qui est l'instant d'incertitude fugace imposé à la sommation du Nombre (l'aigrette scintillante dont elle se pare). Ce bond de la sirène, bref et décisif, détruit ainsi le « roc » d'un Mètre jusque-là « borné » dans sa vérité arithmétique, c'est-à-dire dont la précision excessive et limitée « imposa une borne à l'infini » (celle du 707).

Soulignons qu'il n'est nul besoin, ici, de faire intervenir le « fantastique » dans le poème, c'est-à-dire de considérer qu'il y a émergence d'une « véritable » sirène. Le *Coup de dés* semble, en effet, se contraindre à ne relater que des événements – peut-être étranges, mais possibles selon les lois ordinaires de la nature, et dont toute la charge poétique tient à leur seule symbolisation. Ainsi, le lancer céleste, à la fin du poème, ne signifie pas que les constellations se sont mises miraculeusement en mouvement, mais que le poète nous demande d'observer la nuit en prenant le point de vue d'un naufragé, à la surface des eaux – à partir d'une mer que l'on devine encore agitée et qui « verse l'absence » de son « inférieur clapotis quelconque ». Une restitution « réaliste » de l'épisode de la sirène est donc nécessaire – et même souhaitable, car l'on en découvre alors toute la beauté. Une fois le capitaine noyé, il faut en effet imaginer que des débris du navire remontent un instant à la surface, recrachés par le tourbillon qui les emportera de nouveau dans un instant, et que parmi ceux-ci se trouve la *proue* du navire, qui, comme c'était souvent le cas, contient la *figure d'une sirène* (d'où le terme de « stature »). C'est cette statue qui, par un hasard sublime, apparaît au point exact où flotte l'aigrette du Maître disparu, et paraît un instant, par son bref couronnement, reprendre la gloire de sa « mission », avant de sombrer à son tour. Tout se passe comme si le Maître lui-même, au lieu de périr, avait resurgi des eaux, transfiguré sous les traits de la créature fantastique. Nous sommes face à l'une de ces visions à la fois hallucinées et rationnellement explicables que l'on rencontre dans les nouvelles d'Edgar Poe – le maître jamais renié de Mallarmé.

Que signifie cette transformation ? La « si-rène » en sa « tor-si-on » est le Nombre qui vient d'être codé par la note « Si », devenue la « reine » du Poème. Ce Si trône avec gloire en haut de la même Page VIII (« muet rire que SI »), comme élancé des profondeurs du tourbillon de la Page VI vers le Ciel (le rire est « sou-cieux », placé sous le signe des cieux). Les « squames ultimes bifurquées » de la « stature mignonne » figurent aussi bien la forme du S, avec son double crochet ultime, que celle du 7 français, avec sa barre transversale qui lui donne en effet un aspect « bi-fourchu ». Le Nombre, émergeant du tourbillon qui vient de le crypter, détruit ainsi l'entrave finitiste qui angoissait jusque-là le Maître : le Mètre se libère du code qui, après l'avoir

184

engendré, est devenu pour lui une contrainte, et il va rayonner, dès la Page suivante, de toute la force désormais hypothétique et éternelle de son être-au-subjonctif (« C'ÉTAIT // LE NOMBRE / EXISTÂT-IL », etc.). Il va enfin naître à lui-même, souffleté par une chimère qui n'a que faire des comptes bien clos.

Mais, par là, la transfiguration du Maître va elle-même s'accomplir. On se souvient que le « poing » qui remuait les dés avait amorcé la transformation du Héros en se « nimbant » d'une étreinte décrite au *conditionnel*, et non à l'indicatif. Maintenant, c'est le *Poète* – c'est-à-dire l'Auteur même du Coup de dés – qui *est devenu l'une de ses Fictions*. Car c'est bien Mallarmé qui revient d'entre les morts pour renaître en la Sirène. En effet, le Nombre s'étant infinitisé à la suite d'une incertitude (encore inconnue) introduite dans le compte, il a fini de rétrocéder son infinité au Lanceur des dés. Mais ce lanceur, c'est Mallarmé lui-même écrivant le Poème-Nombre. Mallarmé décrit donc sa mort charnelle et sa ré-surrection (au sens strict : la sirène est *debout*) sous la forme de l'une de ses œuvres. Son corps a disparu, mais son esprit – sa postérité, le Mallarmé mémoriel – nous revient sous la forme d'une Hypothèse qui contient en elle toutes les options du Hasard : il a lancé et il n'a pas lancé, il a réussi et il a échoué – le tout en même temps et selon la même logique. Cette entité nouvelle qu'est l'« auteur posthume » est engendrée par le Poème comme l'un de ses artefacts, aussi inconsistant, et donc aussi illimité, que sa plus pure chimère. Mallarmé est ainsi le seul à être passé *tout entier*

185

dans son œuvre, à s'être glissé à l'intérieur même de ses Pages, entre l'encre et le papier. Il est l'unique chantre à être devenu, à la lettre, « le fils de ses œuvres », à s'être réengendré lui-même : non plus en une naissance suscitée par une rencontre sexuelle hasardeuse, mais en une renaissance suscitée par la nécessité stricte du Hasard.

Le procès christique est donc fidèlement restitué, en même temps que transposé. Le Maître, d'abord, est son propre prophète : il est saint Jean-Baptiste décapité par les eaux, toque et plume annonçant la venue du Nombre messianique. Puis il devient le Fils de lui-même, ressuscité d'entre les morts sous la forme de la Sirène, être bifide, tenant de la fiction littéraire et de la réalité d'un geste vrai. Enfin, il devient une divinité *douteuse*, tant fut bref et paradoxal son passage sur cette Terre (ou sur cette Mer). La Sirène, aussitôt qu'aperçue, replonge dans l'océan : cette infinitisation a-t-elle eu lieu, ou seulement son fantasme ? Les choses se sont passées trop vite, et de façon trop improbable, pour qu'il y ait rien de sûr. Si le Nombre se brise, lui qui est né de la brisure du naufrage – de la « conflagration de l'horizon unanime » –, et si la cause du sinistre – le roc – est elle-même détruite, n'est-on pas en droit de douter qu'il y ait seulement eu un drame, plutôt qu'un rêve suscité par le mélange du brouillard et des vagues ? Cette apparition à peine perceptible de la Sirène nous indique son être paradoxal : puisqu'elle brouille le compte, *elle tend à l'abolir, et à abolir avec lui sa propre action de brouillage* – elle scie la branche sur laquelle elle n'aura jamais eu l'occasion de s'asseoir.

186

À tel point que nous ne savons plus, spectateur de sa fulgurante élégance, si quelque chose, avec elle, s'est produit, ou rien. Et ainsi – dernière reprise du « destin du christianisme » – le scepticisme des modernes envers la divinité authentique du Christ est transposé dans le doute envers l'existence paradoxale du Poète-Sirène : quelque chose a-t-il eu lieu, ou non ?

Comme nous l'avions indiqué, le dérapage du compte entraîne avec lui l'idée même qu'il y a code, donc décryptage ; et, dans le même temps, la description dans le texte de ce processus équivoque renforce l'idée d'une possible préméditation du grippage, renvoyé à son essence infinie et concertée.

D'un trait

Mais nous avons suffisamment anticipé. Il faut enfin montrer en quoi peut consister l'incertitude d'un compte dont il semble à première vue qu'il soit exempt de toute équivoque : quoi de plus simple, en effet, que de compter des mots ? La dernière question à résoudre est donc la suivante : qu'est-ce qui, pour le compte des mots, peut jouer un rôle analogue au tremblement du *e* muet pour le compte des syllabes ?

La solution s'est présentée, comme on s'en doute, de façon accidentelle. Durant les premiers mois de notre investigation, nous recomptions régulièrement les mots du Poème pour nous assurer que nous ne nous étions pas trompé sur le code. Or, à notre désarroi, il arriva que nous fussions une journée sans tomber sur le compte « juste ». À sa place, nous trouvions un nombre à peine supérieur ou à peine inférieur à 707 : 708, 706, 705... Nous avons finalement identifié notre erreur et avons retrouvé le Nombre recherché. Mais ce trouble nous a aussi dévoilé la dimension la plus profonde du Poème.

D'où provenait l'erreur ? Elle tenait à la présence, dans le Poème, de *trois mots composés*. Ces mots composés, nous les avions comptés tantôt comme *deux mots*, tantôt comme *un seul* – de là provenait la variation marginale du compte. On dira que cette erreur était purement subjective et que rien ne permet d'y voir un principe d'incertitude objectif ; car un *mot composé*, dira-t-on, est toujours *un* mot composé, et non pas deux mots. Il n'y a là aucune indétermination, aucune marque d'une règle défaillante.

Mais ce n'est pas si simple. Car il se trouve, et c'était là la source de notre erreur, que *deux* des trois mots composés du Poème *ne comportent pas de trait d'union*. Ce sont, à la Page V, la préposition « par delà » et, à la Page XI, la préposition substantivée « au delà »[1].

---

1. L'édition de la Pléiade de Bertrand Marchal, par ailleurs admirable, est ici fautive, car elle modernise l'orthographe de ces deux mots en leur ajoutant des traits d'union. L'édition Bonniot, quant à elle, a certes le défaut de modifier les caractères typographiques des épreuves de 1898, alors que Bertrand Marchal rétablit le caractère Didot initialement voulu par Mallarmé, mais, sur le point, pour nous décisif, de l'absence de trait d'union dans « au delà » et « par delà », Bonniot respecte la graphie du manuscrit de 1898 tel qu'il est accessible dans l'édition de Françoise Morel : *Un coup de Dés jamais n'abo-*

Avant d'examiner les conséquences de cette graphie, notons que les deux termes ont une consonance céleste, qui souligne leur importance dans le poème. Le premier, on s'en souvient, désigne le poing fermé « *par delà* l'inutile tête », et indique donc le début de la transfiguration stellaire du Maître par l'entremise de son geste ultime qui semble pointer vers le ciel. Le rôle du second mot composé est plus essentiel encore. Celui-ci intervient à la toute fin du Poème, dans une incise à la seconde proposition principale, et pour « situer » la Constellation finale. En ajoutant, par commodité, des ponctuations, la phrase est la suivante : « Rien n'aura eu lieu que le lieu, excepté, à l'altitude, *aussi loin qu'un endroit fusionne avec au delà*, une Constellation[1]. » L'expression est étrange : « au delà » est utilisé comme un substantif, et non comme une préposition, mais sans déterminant ; la Constellation habite un lieu qui « fusionne avec au delà », et non avec « *l'*au delà » ou avec « *un* au delà ». Mallarmé évite sans doute ainsi la connotation chrétienne du terme, mais il semble aussi suggérer que la Constellation occupe l'espace du *mot* lui-même, comme si celle-ci fusionnait avec le terme « au delà », et avec son ambiguïté quant au compte[2].

---

lira le Hasard. Manuscrit et épreuves, Paris, La Table Ronde, 2007. Étrangement, Françoise Morel propose, dans ce même ouvrage, une édition du Poème fidèle quant à la typographie, mais contenant à son tour des traits d'union dont tout lecteur a pu constater, quelques pages auparavant, qu'ils n'existaient pas dans le manuscrit original.

1. Nous soulignons.

2. Il semble que Mallarmé, dans ses textes en prose, écrive « au-delà » lorsqu'il est employé comme substantif et « au delà » lorsqu'il est employé comme locution. Cette

Mais ambiguïté, à la fin, pour quelle raison ? D'abord parce que nous touchons ici à un arbitraire manifeste de la langue française. Il arrive, on le sait, que nos mots composés accolent leurs deux composantes – par exemple, « contresens ». En ce cas, le « compte-pour-un » du mot paraît évident : « contre » et « sens » ont *visiblement* fusionné en un seul mot. La « soudure » des deux termes peut aussi se faire par un trait d'union, ainsi dans le mot « non-sens ». Là encore, le compte du mot semble logiquement faire-un. Mais il arrive également que les deux composantes, comme dans les cas précédents, demeurent séparées par un blanc. Ainsi, le mot « faux sens » est lui aussi répertorié comme *un* mot composé (à entendre comme « non-sens », avec une sorte de « trait d'union mental »[1]). Dans ce dernier cas, cependant, des ambiguïtés peuvent se produire. Si quelqu'un oppose deux traditions interprétatives pour un même texte – la première charriant selon lui un « vrai sens » et la seconde un « faux sens » –, on a affaire à un usage de « faux sens » qui en fait, semble-t-il, un groupe de deux mots plutôt qu'un seul mot composé. Car le locuteur aurait aussi bien pu parler d'un « sens faux »

---

différence, qui disparaît dans l'édition de Bertrand Marchal (où le trait d'union est systématique), est restituée fidèlement par Yves Bonnefoy dans *Igitur. Divagations. Un coup de dés* (Paris, Gallimard, 1976), par exemple aux pages 135, 295 et 356 (voir la notice d'établissement du texte, où le poète et éditeur assume expressément son choix, p. 432).

1. Sur ces exemples, voir Martin Riegel, Jean-Christophe Pellat et René Rioul, *Grammaire méthodique du français*, Paris, PUF, 1994, p. 80.

(et d'un « sens vrai »), c'est-à-dire inverser les deux termes, ce qui n'est pas possible dans le cas d'un mot composé (« non-sens » ne peut s'inverser en « sens-non »). De la même façon, « chaise longue » est un mot composé (sans trait d'union) si l'on désigne par là « un fauteuil pliable destiné au repos en position allongée ». Pourtant, dans la phrase de style oral : « Prenez cette chaise, la petite – non, pardon, plutôt la chaise longue – enfin, oui, la moins petite des deux… », on voit bien que « chaise longue » est cette fois un groupe de deux mots.

Le contexte peut ainsi modifier le sens – et donc le compte – de ces mots « duplices » lorsqu'ils sont sans trait d'union : de mot composé unique, ils peuvent devenir un groupe de deux mots. On voit par ailleurs qu'il y a, comme nous le disions, un fort arbitraire dans la langue française quant à l'usage des traits d'union ou des soudures : *contresens*, *non-sens*, *faux sens* sont trois mots composés qui appartiennent à une même famille de sens, mais sont pourtant orthographiés de trois façons distinctes ; on écrit « contrepoison » comme « contresens », en attachant les deux mots accolés, mais on écrit « contre-courant » avec un trait d'union. Il n'y a, pour de telles différences, aucune raison grammaticale.

Qu'en était-il à l'époque de Mallarmé ? On sait qu'un arrêté ministériel de 1901 – trois ans après le *Coup de dés*, donc – a autorisé très officiellement l'écriture des noms composés sans trait d'union[1]. Que l'État se sente obligé d'intervenir à ce sujet, fût-ce pour autoriser une

---

1. Voir M. Riegel, J.-C. Pellat et R. Rioul, *Grammaire méthodique du français, op. cit.*, p. 80.

liberté, laisse à penser que les choses étaient jusque-là loin d'être claires ou uniformes. Bref, tout cela suggère que, si notre code peut admettre du « jeu », c'est bien dans le compte des mots composés.

Il semble que, dans son Poème, Mallarmé suive la graphie en usage. Si l'on consulte le Littré – dont on pense qu'il était apprécié du poète[1] – dans l'édition originale, on constate que « au delà », répertorié comme locution adverbiale, s'écrivait à l'époque sans trait d'union[2]. En revanche, si l'on cherche « par delà » dans la même édition, on ne le trouve pas : ce terme n'est pas répertorié comme *un* mot composé, mais comme la combinaison de *deux* prépositions, « par » et « delà », qui ont chacune une entrée indépendante. « Par delà » n'ayant pas d'entrée propre, on ne le trouve que comme un usage possible de « delà », à l'intérieur de la rubrique consacrée à ce dernier terme. La présence dans le Littré, au titre d'entrée indépendante, de la première locution et non de la seconde paraît d'autant plus arbitraire que Littré, à la rubrique du mot « au delà », donne une citation de Voltaire où figure à côté de ce dernier mot… la préposition « par delà »[3]. Preuve que leur usage est attesté de façon égalitaire dans un état de la langue pris pour référence.

---

1. Voir Charles Chassé, *Les Clés de Mallarmé*, *op. cit.*, chapitre III.

2. Émile Littré, *Dictionnaire de la langue française*, Paris, Librairie Hachette et Cie, 1878.

3. « "Ma maison qui a le lac en miroir au bout du jardin, et la Savoie par delà ce lac et les Alpes au delà de cette Savoie", Voltaire, *Lettr. d'Argental*, 8 janvier 1758 », *ibid.*, t. I.

Alors, comment compter ces deux prépositions ? Faut-il, en suivant l'usage instauré par Littré, compter « au delà » pour un mot et « par delà » pour deux mots ? Il faudrait en ce cas adopter la règle suivante : nous compterions pour un mot toute entrée-une du Littré, donc tout mot composé, même sans trait d'union, inclus comme vocable répertorié dans ce dictionnaire et inscrit à ce titre dans l'ordre alphabétique général ; nous compterions en revanche pour deux mots les mots composés, sans trait d'union et non répertoriés comme *un* mot, mais comme locutions n'ayant pas d'entrée indépendante. En ce cas, dans le décompte des mots du *Coup de dés*, « au delà » compterait pour 1 et « par delà » pour 2. Pourtant, les choses ne sont pas si aisées : car Mallarmé, on l'a vu, a pris soin d'utiliser « au delà » de façon grammaticalement aberrante : lui qui d'ordinaire respecte scrupuleusement la syntaxe, seule garante de ce qu'il nomme la « couche d'intelligibilité », il emploie ce mot de telle sorte qu'il ne soit pas clairement identifiable, ni avec une locution (la construction l'exclut), ni avec un substantif (le déterminant manque). N'est-ce pas une manière discrète de suggérer au lecteur du Littré que « au delà », dans le *contexte* du *Coup de dés*, n'est pas plus un mot répertorié que « par delà » ? En ce cas, ne faudrait-il pas le compter lui aussi pour 2 ? On voit que l'ambiguïté n'est pas surmontable par ce biais.

Et puis, d'une façon plus générale : pourquoi le Littré ferait-il loi pour le *Coup de dés* ? Ne serait-il pas plus conforme à l'esprit du Poème de dégager une règle de compte *interne*, c'est-à-dire qui procède de la

193

seule logique endogène du texte, et ainsi de compter pour 1 tout vocable *séparé par un blanc* ? Car le *Coup de dés* nous convie bien à une réinvention du pouvoir séparateur des blancs, et il semblerait donc plus satisfaisant de faire confiance aux seules lacunes visuelles entre les mots pour assurer notre compte.

En ce cas, « au », « delà », « par » et « delà » compteraient pour 4 mots – ces termes ayant par ailleurs une existence autonome attestée dans le dictionnaire : chacun d'entre eux, en effet, possède dans le Littré une entrée indépendante, et il n'est donc pas grammaticalement absurde de les isoler des locutions auxquelles ils appartiennent. En revanche, tout mot composé comportant un trait d'union entre ses composantes bifferait la césure du blanc, comblerait la séparation des moitiés et serait donc compté pour 1. Et c'est bien en suivant cette règle, spontanément appliquée, que nous avons obtenu la somme de 707 mots.

Comprenons bien la situation. Nous sommes parvenu à l'idée qu'il existait un compte des mots composés plus raisonnable que les autres, étant donné la nature du *Coup de dés*. Puisque le Poème, en son architecture, repose sur la puissance typographique du blanc, sa capacité poétique à briser la ligne de la prose, comme celle du vers régulier, on considérera que la lecture spontanée, qui isole les mots entre deux blancs, est aussi la plus fidèle à l'esprit du texte. Car on rend hommage de la sorte à la capacité du blanc de séparer jusqu'à l'intérieur du mot, du moins lorsqu'il repose sur deux moitiés possédant leur autonomie de sens. On rend aussi hommage, ce faisant, à la « force du trait » – à ce symbole de la ligne d'écriture luttant par sa cohérence contre la tempête du vide, qui parvient seule à rétablir l'unité des vocables disjoints : le trait d'union qui permet de compter pour 1 le mot composé. Et c'est bien ainsi que nous avons obtenu, comme résultat de l'addition de trois mots composés, dont deux sans trait d'union, cette somme = 5 nécessaire à l'obtention du Nombre 707.

Reste, on le voit, qu'il s'agit là d'une *décision*, décision raisonnée, certes, mais non impérative : le « jeu » introduit dans la règle est suffisant pour qu'un autre choix puisse être défendu sans absurdité, et effectivement adopté. C'est là le point essentiel : le compte des mots cesse de nous apparaître comme une procédure « neutre » et rigoureusement objective. Mallarmé a fait en sorte de glisser dans son Poème une incertitude de la langue qui, comme la diction du *e* muet, se transforme en incertitude du calcul métrique. Le vers libre nous laisse le choix de décider de la vocalisation du *e*, des diérèses ou des synérèses, en nous incitant pourtant, le plus souvent, à un choix plus euphonique que les autres. De la même façon, le Mètre du *Coup de dés* se donne à nous selon un mode de sommation peut-être plus justifié que les autres, mais justifié pourtant selon une nécessité trop peu assurée pour nous interdire tout à fait un autre compte.

Nous sommes donc bien en présence du détail qui parvient à gripper le mécanisme général de l'unique Nombre et réussit, ce faisant, à l'abolir – et ainsi à l'infinitiser.

Mais l'on peut encore faire un dernier pas. Car la pointe de l'affaire – qui est aussi, croyons-nous, la pointe du Poème – tient au *troisième* mot composé. Celui-ci relève en effet d'un troisième cas pour le Littré : il n'est plus un mot non répertorié (« par delà ») ou répertorié sans trait d'union (« au delà »), mais un mot répertorié *avec* trait d'union. On pourrait donc dire qu'il s'agit du mot composé le plus « solide » des trois, et c'est pourquoi nous l'avions toujours compté pour 1, à la différence des deux autres. Mais on comprend maintenant que ce troisième terme est aussi bien celui qui nous interdit toute règle univoque dans le compte des mots composés. En effet, si les *trois* termes *avaient eu* ou *n'avaient pas eu* de trait d'union, nous aurions pu appliquer une *même* règle de compte pour chacun : les compter tous pour 2 s'ils étaient séparés par un blanc, pour 1 s'ils étaient tous reliés par un trait. Mais c'est maintenant impossible : la règle engendrant le 707 s'est révélée hétérogène, faite de deux décisions et laissant ainsi éclater de façon évidente son caractère « axiomatique » (c'est-à-dire décidé, posé, et non pas neutre). Autrement dit, si « au delà » et « par delà » jouent dans le texte le rôle de l'exception faisant défaillir la règle (au lieu, pour une fois, de la confirmer), notre troisième mot composé – celui, le seul, *avec* trait d'union – se révèle l'exception de l'exception. Il est cette « minorité dans la minorité » qui exacerbe le dysfonctionnement de la totalité en faisant saillir le bricolage nécessaire à l'obtention de la « bonne totalité ». Il focalise donc sur lui tout l'enjeu du Poème – l'hypothèse, l'infini, le sacre.

Et ce mot composé – ce mot unique qui achève d'affoler notre compte sur sa marge en exhibant la nature indécidable de sa procédure –, le lecteur l'aura sans doute deviné, n'est autre que :

PEUT-ÊTRE

Rien n'aura eu lieu que le lieu excepté PEUT-ÊTRE une CONSTELLATION
Rien n'aura eu lieu que le lieu excepté *par le* PEUT-ÊTRE une CONSTELLATION

Mot le plus dense du *Coup de dés*, puisque en lui et par lui viennent converger toutes les lignes du Poème, en sorte que son écriture seule suffise à en produire la vérité. Parce que Mallarmé aura *inscrit* cet adverbe dans le *Coup de dés*, le compte du Nombre constellatoire aura acquis la vibration incertaine, nécessaire à l'infinitisation de son Mètre. Mot « auto-performatif », mot qui s'engendre lui-même, à l'image du Poète devenu sa propre Fiction, la sirène du Maître transfiguré. PEUT-ÊTRE créateur de sa propre vérité du seul fait d'être écrit sur la nuit constellatoire, par le poète noyé de blanc.

Remarques finales

Nous comprenons maintenant la prolifération d'autres « traits » dans le poème, à savoir les traits *de*

197

liaison entre les verbes et les pronoms postposés qui se rapportent précisément au Nombre : « existât-il », « se chiffrât-il », « commençât-il et cessât-il », « illuminât-il ». D'un strict point de vue grammatical, ce sont *aussi* des « traits d'union ». N'introduisant aucune ambiguïté, quant à eux, dans le compte des mots (ils ne fusionnent en rien les termes qu'ils relient), ils sont une résonance sans doute ironique – jointe à l'emploi glorieux des subjonctifs – de l'hypothéticité absolue du nouvel Infini et de la graphie du « Peut-être » qui l'engendre ultimement.

Le lecteur se rappellera, par ailleurs, la présence d'un autre trait, cette fois dans la version *Cosmopolis* de 1897 : le *tiret* qui séparait le mot « sacre » de la phrase finale[1] :

un compte total en formation

veillant

doutant

roulant

brillant et méditant

avant de s'arrêter
à quelque point dernier qui le sacre –

Toute Pensée émet un Coup de Dés

---

1. Voir plus haut, p. 92, note 1.

Les tirets sont toujours des signes de ponctuation :
ils peuvent introduire une réplique dans un dialogue ou
jouer le rôle d'une parenthèse affaiblie dans le corps
d'une phrase. Les traits d'union ne jouent en revanche
aucun rôle dans la ponctuation : ils ont un rôle lexical
(constitution de mots composés), syntaxique (crois-tu,
existât-il) ou typographique (indication d'une coupure
de mot en fin de ligne). Lorsque Mallarmé a supprimé
toute ponctuation du *Coup de dés*, dans la version de
1898, il a donc logiquement abandonné, en même
temps que les quatre parenthèses de la version *Cosmopolis*, le tiret final, mais conservé les traits d'union,
tant lexicaux que syntaxiques. Mais nous comprenons
mieux son hésitation quant au tiret : le tiret de 1897
indiquait qu'il fallait reprendre le compte des mots à
zéro et compter à part les 7 mots de la phrase finale,
plutôt que de les ajouter aux 707 termes précédents.
Dans la première partie, nous avions précisé que ce
tiret de 1897, séparant le Poème de sa conclusion, ne
devait sans doute pas être compté : certainement pas
si Mallarmé avait dénombré, pour obtenir le 707, les
quatre parenthèses du texte (car ajouter le tiret l'aurait
fait tomber sur 708) ; et sans doute pas dans le cas où
il aurait commis une erreur de dénombrement, car,
selon notre hypothèse, sa sommation n'aurait alors dû
comprendre que les mots, et non les signes de ponctuation (parenthèse ou tiret). Autrement dit, nous sommes
sûr que ce tiret était de toute façon *hors compte*. Ou,
plus exactement, le tiret était conçu de telle sorte que
le dénombrer revenait à manquer le 707. Ce signe de

ponctuation renvoyait ainsi, par allusion scripturale, à cet autre trait : le trait d'union du « Peut-être », parce que l'un comme l'autre introduisaient, chacun à sa façon, une variation possible du compte susceptible de falsifier le Nombre.

Nous avons dit qu'il ne fallait pas confondre trait d'union et tiret – le second seul étant un signe de ponctuation. Mais le tiret de 1897, venant aussitôt après le mot « sacre », servait manifestement de *citation visuelle* du trait d'union décisif pour le Poème : il s'agissait de célébrer ce trait interne au Peut-être, et sa valeur infinie, en l'extirpant du corps du texte pour le joindre à la morale du *Coup de dés*, elle aussi placée en dehors du compte total. De la sorte, la « morale » du Poème – « Toute Pensée émet un Coup de Dés » – jouait son rôle de « modèle réduit » de la totalité : par son sens (le pari et son résultat engendrés par le compte crypté des mots), par son dénombrement (le 7 comme « chiffre » du 707) et par le trait qui l'annonçait, en y introduisant de nouveau un principe d'incertitude facteur d'infinité (doit-on compter le tiret placé après le mot « sacre » dans la phrase de conclusion, ce qui donnerait 8 et non plus 7 ?).

Mais, en ce cas, pourquoi Mallarmé a-t-il abandonné ce tiret dans la version finale de 1898 ? Sans doute parce que ce même signe introduisait de la sorte une indétermination *de trop* dans le Poème, rivalisant avec ce qui devait être l'unique trait d'indécision du *Coup de dés*, interne à son mot-emblème. De même que le maintien des quatre parenthèses créait en 1897 une incertitude inutile de la sommation, de même le tiret ajoutait un brouillage excessif, qui risquait de rendre impossible tout décryptage futur. Le trait fut donc biffé.

*

* *

Il se pourrait qu'un lecteur, après avoir résisté à l'idée que le *Coup de dés* puisse être codé, résiste maintenant à l'idée que le code puisse être *sérieusement* mis en doute par de telles vétilles.

L'objection peut prendre deux formes distinctes.

a) La première objection consiste à admettre que le Nombre s'identifie au 707 selon le principe du compte des mots, mais en refusant de croire que Mallarmé soit allé jusqu'à introduire un principe d'incertitude qui reposerait sur un usage finement réglé du trait d'union. On accepte les résultats de la première partie – le code –, mais non de la seconde – l'infinitisation du code.

À cela, nous avons suffisamment répondu par ce qui précède. Trois raisons convergentes donnent en effet une forte plausibilité à cette option : 1° le rôle essentiel de l'indécidabilité dans la poétique mallarméenne – encore souligné dans le *Coup de dés* par un « Peut-être » en capitales stellaires –, qui rend peu crédible l'idée d'un déchiffrement univoque du Nombre ; 2° le codage dans le texte – la Page de la sirène, qui est aussi celle du *e* muet –, et non pas seulement par le texte, d'un bref principe de désordre ; 3° le fait que l'un des

201

trois mots composés qui brouillent le compte soit justement le « Peut-être » final de la Constellation.

Ce troisième argument en faveur de notre hypothèse permet en outre, ce qui en renforce la portée, de comprendre la raison pour laquelle Mallarmé a choisi de compter les mots de son Poème plutôt que des syllabes ou toute autre unité de langage. Nous avions dit, dans la première partie, que ce choix paraissait purement arbitraire ; mais il ne s'agissait, nous le comprenons maintenant, que d'une perspective encore incomplète sur le *Coup de dés*. L'unité de compte du Mètre unique, au lieu d'être, comme nous le pensions, la marque d'un pur arbitraire, devient en effet à son tour *rétrospectivement* compréhensible – même si, nous le maintenons, elle ne pouvait être d'abord découverte que par chance. Car compter les mots, c'était jouer de l'indétermination des mots composés, et ainsi pouvoir faire de l'un d'entre eux – celui qui résumait par son sens l'ensemble du projet – la cause de cet ultime renversement du code vers son incertitude. Et peut-être était-ce cela, l'ambition secrète du *Coup de dés* : écrire le plus beau *peut-être* de la langue française, cause de lui-même en ses lettres de feu.

b) Mais cette réponse à la première objection ne fait que renforcer une seconde objection. Celle-ci consiste à admettre les résultats tant de la première partie (le 707) que de la seconde (le brouillage du 707), mais en considérant qu'il est dès lors impossible de douter sérieusement que ce *double* dispositif ait existé.

Il s'agit cette fois d'une récusation non pas de notre interprétation, mais du projet même de Mallarmé : le poète échouerait à produire dans l'esprit du lecteur le balancement entre croyance et incrédulité envers l'existence du code (donc du lancer). Avant l'exhibition du code, le lecteur était persuadé (en général) de l'inexistence du cryptage – et il ne pourrait désormais qu'être persuadé à l'inverse de son existence, fût-ce sur un mode incorporant son propre effacement. Car le mécanisme par lequel le 707 est rendu incertain est trop manifestement prémédité pour être le fait du hasard. C'est ce que nous venons nous-même de plaider ; nous ne pouvons donc pas croire que rien n'a eu lieu – que le Poème n'est pas codé – parce que le décompte des mots ne donne pas nécessairement le résultat requis. Nous devrions bien plutôt être convaincu par l'effet de notre propre argumentation, et sans doute possible, que Mallarmé a fait exprès de le brouiller ainsi. Au lieu de conférer au Nombre son statut d'hypothèse indécidable, le « soufflet » de la sirène a fondé la certitude que le poète avait tout préparé de façon minutieuse.

Et, pourtant, il y aurait bien des raisons de douter de la solidité de notre édifice. Celui-ci, en vérité, tient sur des bases dont l'équilibre est fragile et que la moindre fente peut entamer. Après tout, il paraît de bon sens de compter les trois mots composés comme trois mots à part entière – et non comme cinq mots en fractionnant deux d'entre eux pour des raisons purement typographiques –, ce qui fait du mot « sacre » le *705ᵉ* mot du Poème ; et, même en acceptant notre procédure de comptage, il ne faut pas oublier que le Poème en sa totalité compte non pas 707 mots, mais, en incluant sa phrase finale, *714* mots ; et puis la première version du *Coup de dés*, en 1897, n'en contenait, on s'en souvient, que *703*... Et ce serait donc cela, cette nuée de nombres insignifiants – 705, 714, 703 –, qui fonderait notre conviction inaltérable ? Ne voit-on pas l'ensemble de *décisions* qui nous ont permis de « tomber » quand il le fallait sur le nombre « exact » et d'écarter ainsi les autres possibilités, rétives à cette belle architecture ?

Les convictions numérologiques, comme on le voit, peuvent rapidement se déliter dès lors qu'une simple fissure se présente dans nos agencements délicats. Mais que le lecteur, si le doute est trop prégnant, reprenne ce livre à partir du début, et il verra sans doute s'envoler de nouveau ses suspicions, fissurées à leur tour par la conjonction des raisons contraires.

Ce code est ainsi chose à la fois fragile et cohérente, nous autorisant un balancement pérenne entre ses deux polarités. Le lecteur peut désormais, par ce mouvement, s'imprégner de l'infinité du Maître : de son hésitation ardente à relancer les dés de la poésie moderne ; de sa possible existence, éclipsée et lumineuse – diffusée dans l'essence, intelligible et opaque, du Nombre. L'unique Nombre que fouette, dans la fureur blanche, une sirène absente au monde – convulsée par l'étoile.

Conclusion

La modernité avait donc triomphé, et nous ne le savions pas. La passion mise, tout au long du XIXe siècle, à arracher le messianisme de sa condition chrétienne, à réinventer une religion civique délivrée du dogme, une politique émancipatrice extérieure à l'ancien Salut ; cet effort inouï, des poètes (Lamartine, Vigny, Hugo, Nerval), des historiens (Michelet, Quinet), des philosophes (Fichte, Schelling, Hegel, Saint-Simon, Comte), des romanciers (Hugo encore, Zola), et de celui qu'on n'a jamais su classer, Karl Marx, pour *vectoriser* de nouveau le sujet par un sens, par une direction libérée de l'ancienne eschatologie ; tout ce que nos maîtres nous avaient enseigné comme périmé *par excellence*, ces Grands Récits morts, au mieux désuets quand ils avaient fermenté chez des chercheurs solitaires, au pis criminels sous les atours étatiques du Progrès ou de la Révolution ; tout cela aurait pourtant opéré *une* percée jusqu'à nous, une seule, en un point précis – un Poème unique qui allait traverser le XXe siècle comme une gemme enfouie, et se révéler enfin, au siècle suivant, comme la défense étrangement réussie d'une époque ensevelie sous nos désabusements.

Mallarmé nous aurait appris que la modernité avait *en effet* produit un prophète, mais effacé ; un messie, mais par hypothèse ; un Christ, mais constellatoire. Il aurait architecturé un fabuleux cristal d'inconsistance contenant en son cœur, visible par transparence, le geste de sirène, impossible et vif, qui l'avait engendré, et l'engendre toujours. Et le poète aurait ainsi diffusé le « sacre » de sa propre Fiction auprès de chaque lecteur acceptant de se nourrir de l'hostie mentale de ses Pages fragmentées. Le tout selon un athéisme exact, pour lequel le divin n'est rien au-delà du Soi s'articulant au Hasard même.

Le *Coup de dés* comme cristallisation christique du Hasard.

Comme Christal de Néant.

Comme ce qui fait, non plus de l'*être*, mais du *peut-être*, la tâche première, et à venir, des penseurs et des poètes.

Et le foyer de cette révolution intime du sujet, par laquelle des siècles ardents *communiquent* de nouveau avec nous, il l'aurait justement repris à ce signe – à ce *trait d'union* emprunté par le français à l'hébreu, aux alentours de 1540. Celui même qui, dans une déclaration fameuse de Mallarmé, paraît être « cité » par un autre tiret, et annoncer dès 1894, par une amusante équivoque du sens, la fonction future du simple trait :

CONCLUSION

À quoi sert cela –
À un jeu.
(« La Musique et les Lettres »)

Oui, à quoi sert cela – le trait *que je vous montre*, et non le tiret que vous prenez pour une ponctuation –, à quoi, sinon à donner du jeu au vitrail de nos œuvres ?

Appendice 1

Les poèmes

POÈME

UN COUP DE DÉS JAMAIS N'ABOLIRA LE HASARD

par

STÉPHANE MALLARMÉ

UN COUP DE DÉS

JAMAIS

QUAND BIEN MÊME LANCÉ DANS DES CIRCONSTANCES
ÉTERNELLES

DU FOND D'UN NAUFRAGE

[II]

SOIT
    que

            l'Abîme

    blanchi
        étale
          furieux
                sous une inclinaison
                    plane désespérément

                            d'aile

                        la sienne

                                par

avance retombée d'un mal à dresser le vol
                 et couvrant les jaillissements
                            coupant au ras les bonds

          très à l'intérieur résume

    l'ombre enfouie dans la profondeur par cette voile alternative

                        jusqu'adapter
                           à l'envergure

          sa béante profondeur en tant que la coque

                     d'un bâtiment

             penché de l'un ou l'autre bord

                                                    [III]

LE MAÎTRE

surgi
    inférant

de cette conflagration

que se

comme on menace

l'unique Nombre qui ne peut pas

                                        hésite
                            cadavre par le bras
plutôt
        que de jouer
            en maniaque chenu
                la partie
            au nom des flots
                                        un

                    naufrage cela

                    hors d'anciens calculs
              où la manœuvre avec l'âge oubliée

                          jadis il empoignait la barre

à ses pieds
              de l'horizon unanime

prépare
      s'agite et mêle
              au poing qui l'étreindrait
un destin et les vents

être un autre

                    Esprit
                          pour le jeter
                                    dans la tempête
                          en reployer la division et passer fier

écarté du secret qu'il détient

envahit le chef
coule en barbe soumise

direct de l'homme

              sans nef
                    n'importe
                                où vaine

                                                    [IV]

ancestralement à n'ouvrir pas la main
                              crispée
                  par delà l'inutile tête

          legs en la disparition

                            à quelqu'un
                                        ambigu

                  l'ultérieur démon immémorial

ayant
          de contrées nulles
                        induit
        le vieillard vers cette conjonction suprême avec la probabilité

                                      celui
                                        son ombre puérile
        caressée et polie et rendue et lavée
                              assouplie par la vague et soustraite
                          aux durs os perdus entre les ais

                                    né
                                      d'un ébat
            la mer par l'aïeul tentant ou l'aïeul contre la mer
                    une chance oiseuse

                                                                Fiançailles
        dont
              le voile d'illusion rejailli leur hantise
              ainsi que le fantôme d'un geste

                              chancellera
                              s'affalera

                              folie

N'ABOLIRA

COMME SI

Une insinuation

au silence

dans quelque proche

voltige

simple

enroulée avec ironie
             ou
                  le mystère
                            précipité
                                      hurlé

tourbillon d'hilarité et d'horreur

autour du gouffre
                  sans le joncher
                              ni fuir

          et en berce le vierge indice

COMME SI

[VI]

plume solitaire éperdue

sauf

que la rencontre ou l'effleure une toque de minuit
et immobilise
au velours chiffonné par un esclaffement sombre

cette blancheur rigide

dérisoire
en opposition au ciel
trop
pour ne pas marquer
exigûment
quiconque

prince amer de l'écueil

s'en coiffe comme de l'héroïque
irrésistible mais contenu
par sa petite raison virile
en foudre

[VII]

soucieux

      expiatoire et pubère

                  muet

            La lucide et seigneuriale aigrette
                au front invisible
          scintille
             puis ombrage
        une stature mignonne ténébreuse
         en sa torsion de sirène

      par d'impatientes squames ultimes

                rire

                        que

                            SI

de vertige

debout

        le temps
                de souffleter
bifurquées

                un roc

        faux manoir
                    tout de suite
                            évaporé en brumes

                        qui imposa
                                une borne à l'infini

                                                    [VIII]

C'ÉTAIT
issu stellaire

CE SERAIT
   pire
            non
                  davantage ni moins

                              indifféremment mais autant

LE NOMBRE

EXISTÂT-IL
autrement qu'hallucination éparse d'agonie

COMMENÇÂT-IL ET CESSÂT-IL
sourdant que nié et clos quand apparu
enfin
par quelque profusion répandue en rareté
SE CHIFFRÂT-IL

évidence de la somme pour peu qu'une
ILLUMINÂT-IL

LE HASARD

Choit
la plume
rythmique suspens du sinistre
s'ensevelir
aux écumes originelles
naguères d'où sursauta son délire jusqu'à une cime
flétrie
par la neutralité identique du gouffre

[IX]

RIEN

de la mémorable crise
ou se fût
l'évènement

accompli en vue de tout résultat nul
humain

N'AURA EU LIEU
une élévation ordinaire verse l'absence

QUE LE LIEU
inférieur clapotis quelconque comme pour disperser l'acte vide
abruptement qui sinon
par son mensonge
eût fondé
la perdition

dans ces parages
du vague
en quoi toute réalité se dissout

[X]

EXCEPTÉ
à l'altitude
PEUT-ÊTRE
aussi loin qu'un endroit

fusionne avec au delà

                  hors l'intérêt
               quant à lui signalé
                       en général
selon telle obliquité par telle déclivité
                       de feux

   vers
      ce doit être
         le Septentrion aussi Nord

                UNE CONSTELLATION

       froide d'oubli et de désuétude
                 pas tant
                  qu'elle n'énumère
         sur quelque surface vacante et supérieure
             le heurt successif
                     sidéralement
        d'un compte total en formation

veillant
     doutant
        roulant
           brillant et méditant

                avant de s'arrêter
         à quelque point dernier qui le sacre

        Toute Pensée émet un Coup de Dés

                      [XI]

SALUT[1]

Rien, cette écume, vierge vers
À ne désigner que la coupe ;
Telle loin se noie une troupe
De sirènes mainte à l'envers.

Nous naviguons, ô mes divers
Amis, moi déjà sur la poupe
Vous l'avant fastueux qui coupe
Le flot de foudres et d'hivers ;

Une ivresse belle m'engage
Sans craindre même son tangage
De porter debout ce salut

Solitude, récif, étoile
À n'importe ce qui valut
Le blanc souci de notre toile.

(77 mots)

Devant l'assemblée de ses confrères, le poète tend sa
coupe de champagne dont l'écume lui fait songer à une
troupe de sirènes plongeant dans l'océan. Son verre est aussi
bien le vers qu'il déclame devant la table commune, dont la
nappe blanche semble la voile autour de laquelle les poètes
s'apprêtent à une navigation faite de dangers et de victoires
dès aujourd'hui célébrés.

---

1. *Poésies* (édition Deman, 1899), in *OC* I, p. 4.

« À la nue accablante[1]... »

À la nue accablante tu
Basse de basalte et de laves
À même les échos esclaves
Par une trompe sans vertu

Quel sépulcral naufrage (tu
Le sais, écume, mais y baves)
Suprême une entre les épaves
Abolit le mât dévêtu

Ou cela que furibond faute
De quelque perdition haute
Tout l'abîme vain éployé

Dans le si blanc cheveu qui traîne
Avarement aura noyé
Le flanc enfant d'une sirène

(70 mots)

Quel naufrage sépulcral abolit ainsi, reste suprême des autres débris, le mât dévêtu de sa voilure ? Le sinistre s'est produit dans le silence : il a été tu, par une trompe marine sans puissance, à la nuée – nuée basse et orageuse, noire comme le basalte et rouge comme les laves. Seule l'écume pourrait répondre à la question, mais elle se contente de baver sa blancheur sur le site du possible désastre. À moins que rien ne se soit produit et que l'abîme furieux, déployé en vain, n'ait engouffré, avec le sillage écumeux, que la fiction d'une sirène enfant.

---

1. *Poésies*, in *OC* I, p. 44.

236

Sonnet en -x[1] (1887)

Ses purs ongles très haut dédiant leur onyx,
L'Angoisse ce minuit, soutient, lampadophore,
Maint rêve vespéral brûlé par le Phénix
Que ne recueille pas de cinéraire amphore

Sur les crédences, au salon vide : nul ptyx,
Aboli bibelot d'inanité sonore,
(Car le Maître est allé puiser des pleurs au Styx
Avec ce seul objet dont le Néant s'honore.)

Mais proche la croisée au nord vacante, un or
Agonise selon peut-être le décor
Des licornes ruant du feu contre une nixe,

Elle, défunte nue en le miroir, encor
Que, dans l'oubli fermé par le cadre, se fixe
De scintillations sitôt le septuor.

(104 mots)

Une nuit d'angoisse, allumant comme en offrande ses ongles étoilés, soutient les rêves du poète qui renaissent chaque soir, sans trouver de sépulture dans le salon désormais vide. Aucun mot, fût-il vide de signification, tel le « ptyx », ne parvient plus à se faire l'urne du rêve défunt ; car le Maître des lieux est parti puiser des pleurs aux Enfers, avec ce dernier vestige du Néant. Pourtant, près de la fenêtre du salon ouverte au nord, le cadre doré d'un miroir semble conserver un reste de lumière, en lequel se laisse percevoir une ornementation faite de licornes jetant des flammes sur une nymphe. Celle-ci défaille à son tour, mais son extinction n'est pas entière ; car dans la surface du miroir scintille soudain le Septentrion.

---

1. « Plusieurs sonnets », in *Poésies*, in *OC* I, p. 37-38.

APPENDICE 2

Le compte

Compte des mots du *Coup de dés* (version 1898)

1 Un	28 inclinaison	54 très
2 Coup	29 plane	55 à
3 de	30 désespéré-	56 l'
4 Dés	ment	57 intérieur
5 jamais	31 d'	58 résume
6 quand	32 aile	59 l'
7 bien	33 la	60 ombre
8 même	34 sienne	61 enfouie
9 lancé	35 par	62 dans
10 dans	36 avance	63 la
11 des	37 retombée	64 profondeur
12 circonstances	38 d'	65 par
13 éternelles	39 un	66 cette
14 du	40 mal	67 voile
15 fond	41 à	68 alternative
16 d'	42 dresser	69 jusqu'
17 un	43 le	70 adapter
18 naufrage	44 vol	71 à
19 soit	45 et	72 l'
20 que	46 couvrant	73 envergure
21 l'	47 les	74 sa
22 Abîme	48 jaillissements	75 béante
23 blanchi	49 coupant	76 profondeur
24 étale	50 au	77 en
25 furieux	51 ras	78 tant
26 sous	52 les	79 que
27 une	53 bonds	80 la

81 coque	110 la	139 destin
82 d'	111 barre	140 et
83 un	112 inférant	141 les
84 bâtiment	113 de	142 vents
85 penché	114 cette	143 l'
86 de	115 conflagration	144 unique
87 l'	116 à	145 Nombre
88 un	117 ses	146 qui
89 ou	118 pieds	147 ne
90 l'	119 de	148 peut
91 autre	120 l'	149 pas
92 bord	121 horizon	150 être
93 LE	122 unanime	151 un
94 MAÎTRE	123 que	152 autre
95 hors	124 se	153 Esprit
96 d'	125 prépare	154 pour
97 anciens	126 s'	155 le
98 calculs	127 agite	156 jeter
99 où	128 et	157 dans
100 la	129 mêle	158 la
101 manœuvre	130 au	159 tempête
102 avec	131 poing	160 en
103 l'	132 qui	161 reployer
104 âge	133 l'	162 la
105 oubliée	134 étreindrait	163 division
106 surgi	135 comme	164 et
107 jadis	136 on	165 passer
108 il	137 menace	166 fier
109 empoignait	138 un	167 hésite

168 cadavre
169 par
170 le
171 bras
172 écarté
173 du
174 secret
175 qu'
176 il
177 détient
178 plutôt
179 que
180 de
181 jouer
182 en
183 maniaque
184 chenu
185 la
186 partie
187 au
188 nom
189 des
190 flots
191 un
192 envahit
193 le
194 chef
195 coule
196 en

197 barbe
198 soumise
199 naufrage
200 cela
201 direct
202 de
203 l'
204 homme
205 sans
206 nef
207 n'
208 importe
209 où
210 vaine
211 ancestrale-
ment
212 à
213 n'
214 ouvrir
215 pas
216 la
217 main
218 crispée
219 *par*
220 *delà*
221 l'
222 inutile
223 tête
224 legs

225 en
226 la
227 disparition
228 à
229 quelqu'
230 un
231 ambigu
232 l'
233 ultérieur
234 démon
235 immémorial
236 ayant
237 de
238 contrées
239 nulles
240 induit
241 le
242 vieillard
243 vers
244 cette
245 conjonction
246 suprême
247 avec
248 la
249 probabilité
250 celui
251 son
252 ombre
253 puérile

254 caressée

255 et

256 polie

257 et

258 rendue

259 et

260 lavée

261 assouplie

262 par

263 la

264 vague

265 et

266 soustraite

267 aux

268 durs

269 os

270 perdus

271 entre

272 les

273 ais

274 né

275 d'

276 un

277 ébat

278 la

279 mer

280 par

281 l'

282 aïeul

283 tentant

284 ou

285 l'

286 aïeul

287 contre

288 la

289 mer

290 une

291 chance

292 oiseuse

293 Fiançailles

294 dont

295 le

296 voile

297 d'

298 illusion

299 rejailli

300 leur

301 hantise

302 ainsi

303 que

304 le

305 fantôme

306 d'

307 un

308 geste

309 chancellera

310 s'

311 affalera

312 folie

313 n'

314 abolira

315 comme

316 si

317 Une

318 insinuation

319 simple

320 au

321 silence

322 enroulée

323 avec

324 ironie

325 ou

326 le

327 mystère

328 précipité

329 hurlé

330 dans

331 quelque

332 proche

333 tourbillon

334 d'

335 hilarité

336 et

337 d'

338 horreur

339 voltige

340 autour

341 du

342 gouffre

343 sans

344 le

345 joncher

346 ni

347 fuir

348 et

349 en

350 berce

351 le

352 vierge

353 indice

354 comme

355 si

356 plume

357 solitaire

358 éperdue

359 sauf

360 que

361 la

362 rencontre

363 ou

364 l'

365 effleure

366 une

367 toque

368 de

369 minuit

370 et

371 immobilise

372 au

373 velours

374 chiffonné

375 par

376 un

377 esclaffement

378 sombre

379 cette

380 blancheur

381 rigide

382 dérisoire

383 en

384 opposition

385 au

386 ciel

387 trop

388 pour

389 ne

390 pas

391 marquer

392 exigüment

393 quiconque

394 prince

395 amer

396 de

397 l'

398 écueil

399 s'

400 en

401 coiffe

402 comme

403 de

404 l'

405 héroïque

406 irrésistible

407 mais

408 contenu

409 par

410 sa

411 petite

412 raison

413 virile

414 en

415 foudre

416 soucieux

417 expiatoire

418 et

419 pubère

420 muet

421 rire

422 que

423 si

424 La

425 lucide

426 et

427 seigneuriale

428 aigrette
429 de
430 vertige
431 au
432 front
433 invisible
434 scintille
435 puis
436 ombrage
437 une
438 stature
439 mignonne
440 ténébreuse
441 debout
442 en
443 sa
444 torsion
445 de
446 sirène
447 le
448 temps
449 de
450 souffleter
451 par
452 d'
453 impatientes
454 squames
455 ultimes
456 bifurquées

457 un
458 roc
459 faux
460 manoir
461 tout
462 de
463 suite
464 évaporé
465 en
466 brumes
467 qui
468 imposa
469 une
470 borne
471 à
472 l'
473 infini
474 c'
475 était
476 issu
477 stellaire
478 LE
479 NOMBRE
480 existât-
481 il
482 autrement
483 qu'
484 hallucination
485 éparse

486 d'
487 agonie
488 commençât-
489 il
490 et
491 cessât-
492 il
493 sourdant
494 que
495 nié
496 et
497 clos
498 quand
499 apparu
500 enfin
501 par
502 quelque
503 profusion
504 répandue
505 en
506 rareté
507 se
508 chiffrât-
509 il
510 évidence
511 de
512 la
513 somme
514 pour

515 peu

516 qu'

517 une

518 illuminât-

519 il

520 ce

521 serait

522 pire

523 non

524 davantage

525 ni

526 moins

527 indifférem-
ment

528 mais

529 autant

530 le

531 hasard

532 Choit

533 la

534 plume

535 rythmique

536 suspens

537 du

538 sinistre

539 s'

540 ensevelir

541 aux

542 écumes

543 originelles

544 naguères

545 d'

546 où

547 sursauta

548 son

549 délire

550 jusqu'

551 à

552 une

553 cime

554 flétrie

555 par

556 la

557 neutralité

558 identique

559 du

560 gouffre

561 rien

562 de

563 la

564 mémorable

565 crise

566 ou

567 se

568 fût

569 l'

570 événement

571 accompli

572 en

573 vue

574 de

575 tout

576 résultat

577 nul

578 humain

579 n'

580 aura

581 eu

582 lieu

583 une

584 élévation

585 ordinaire

586 verse

587 l'

588 absence

589 que

590 le

591 lieu

592 inférieur

593 clapotis

594 quelconque

595 comme

596 pour

597 disperser

598 l'

599 acte

600 vide

601 abruptement	631 endroit	661 une
602 qui	632 fusionne	662 constellation
603 sinon	633 avec	663 froide
604 par	634 *au*	664 d'
605 son	635 *delà*	665 oubli
606 mensonge	636 hors	666 et
607 eût	637 l'	667 de
608 fondé	638 intérêt	668 désuétude
609 la	639 quant	669 pas
610 perdition	640 à	670 tant
611 dans	641 lui	671 qu'
612 ces	642 signalé	672 elle
613 parages	643 en	673 n'
614 du	644 général	674 énumère
615 vague	645 selon	675 sur
616 en	646 telle	676 quelque
617 quoi	647 obliquité	677 surface
618 toute	648 par	678 vacante
619 réalité	649 telle	679 et
620 se	650 déclivité	680 supérieure
621 dissout	651 de	681 le
622 excepté	652 feux	682 heurt
623 à	653 vers	683 successif
624 l'	654 ce	684 sidéralement
625 altitude	655 doit	685 d'
626 *PEUT-ÊTRE*	656 être	686 un
627 aussi	657 le	687 compte
628 loin	658 Septentrion	688 total
629 qu'	659 aussi	689 en
630 un	660 Nord	690 formation

691 veillant	701 à	3 émet
692 doutant	702 quelque	4 un
693 roulant	703 point	5 Coup
694 brillant	704 dernier	6 de
695 et	705 qui	7 Dés
696 méditant	706 le	
697 avant	*707 sacre*	
698 de		
699 s'	1 Toute	
700 arrêter	2 Pensée	

N.B. Pour obtenir 707, nous devons compter « quelqu'un » pour deux mots et non pour un dans le segment : « legs à quelqu'un ambigu ». C'est donc que Mallarmé, facétieusement, semble songer à un legs fait à « quelqu(e) un », et ce un est « ambigu » précisément en ce qu'il est duplice, double : ce « quelqu'un » compte pour deux, alors qu'il semble compter pour un... L'impératif du décompte produit encore une élucidation du sens.

Table des matières

Mehdi Belhaj Kacem
L'Esprit du nihilisme
2009

Gérard Lebrun
Kant sans kantisme
2009

François Ost
Traduire. Défense et illustration du multilinguisme
2009

Philippe Büttgen, Alain de Libera, Marwan Rashed
et Irène Rosier-Catach (dir.)
Les Grecs, les Arabes et nous.
Enquête sur l'islamophobie savante
2009

Roland Gori, Barbara Cassin et Christian Laval (dir.)
L'Appel des appels.
Pour une insurrection des consciences
(Éditions Mille et une nuits)
2009

Alain Badiou et Barbara Cassin
Il n'y a pas de rapport sexuel.
Deux leçons sur L'Étourdit *de Lacan*
2010

Alain Badiou et Barbara Cassin
Heidegger. Le nazisme, les femmes, la philosophie
2010

Jean Goldzink
La Solitude de Montesquieu.
Le chef-d'œuvre introuvable du libéralisme
2011

Stanley Cavell
Philosophie. Le jour d'après demain
2011

Composition réalisée par Datagrafix

Achevé d'imprimer en novembre 2012
sur les presses numériques de l'Imprimerie Maury S.A.S.
Z.I. des Ondes – 12100 Millau
pour le compte des Éditions Fayard

36-10-3027-4/03

N° d'impression : J12/48400L
Dépôt légal : novembre 2012

Imprimé en France

MYTHICAL CREATURES
- AND -
MAGICAL BEASTS

An Illustrated Book of Monsters from
Timeless Folktales, Folkore and Mythology

VOLUME 1

Jayden Stone

spentpens
PUBLICATIONS

MYTHICAL CREATURES
- AND -
MAGICAL BEASTS

An Illustrated Book of Monsters from
Timeless Folktales, Folkore and Mythology

VOLUME 1

By
ZAYDEN STONE

A Book From
The

LEGENDARY LORES

Series

A Summary

Have you ever been curious about the mythical creatures that are often mentioned in passing in books you read? Or about the magical beasts you see in movies?

Whether it is the three headed guard dog Fluffy in J.K. Rowling's *Harry Potter* series, or even the story of Smaug in J.R.R. Tolkien's Middle Earth in *The Hobbit;* these magical creatures have a deep connection to the mythologies and folktales of ancient cultures.

This book is an attempt to tell their stories. Where did they come from? What relevance do they serve in mythology? Why are some so obscure, while others become enigmas?

Dive deep into their stories retold by Zayden Stone, and re-imagined by artist, Herdhian

SPECIAL BONUS

*Want this Book for **FREE**?*

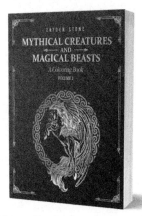

*Get **FREE** unlimited access to this colouring book and all of my new books by joining the* **Lore Lovers Fan Base***!*

SCAN WITH YOUR CAMERA TO JOIN

GET THE FREE COLOURING BOOK BY SIGNING UP TODAY!

To all those fascinated by the timeless tales of folklore and myth, I dedicate this book to your ever-curious and wide-eyed souls.

- Zayden Stone

TABLE OF CONTENTS

INTRODUCTION

At the heart of every myth, folktale, or legend is excellent storytelling. For tales to survive for centuries by word of mouth, they must be compelling with captivating characters, events, and messages. A host of creatures populate these tales, some heroes in their own right and many that are monstrous. This book includes a wide range of creatures from myth, folktales, and legends.

Mythology is a composite word of two Greek words: *mythos* roughly meaning 'story' and *logos* meaning 'spoken.' But more than just a spoken story, mythology involves a link to the divine. Greek mythology, for example, are either about the pantheon of gods or their offspring. The heroes of Greek mythology are usually the child of a god, receiving divine assistance, and the monsters also often have divine parentage. The same can be said for Hindu mythology, where there are an array of divine beings and their offspring, and gods can take the form of different creatures. For example, the giant kite from Hindu mythology, Garuda, was born to a divine being: his mother was the mother of all birds and herself born of gods. Garuda is also the mount of the Hindu god Vishnu, so Garuda is clearly part of mythology.

Folklore, in contrast to mythology, is more secular than sacred. It can be thought of as the body of traditional customs and beliefs preserved by storytelling. The stories often illustrate a particular message but without the spiritual element that myths have. For example, Adarna, a magical bird from Filipino folklore, has supernatural powers but is not linked to any gods and the other characters in the folktale are human rather than divine. Neither is it tethered to any particular historical event or real person; therefore, it is folklore.

Legends, in contrast, have a historical link, although the fantastical elements of the story are not historically verifiable. Like folklore, legends usually have a supernatural element and are about humans instead of gods and their offspring. However, legends can be linked to a real person or an actual event. For example, the metal-loving Alicanto from Chilean legend is a supernatural bird linked to Juan Godoy and the 1832 Chilean silver rush.

The mythological beasts in this book are from different cultures and different ages in history. I have always been interested in fantastical creatures and monsters and each creature in this book, however obscure, has been carefully chosen and researched. Original sources have been hunted down where possible and available information has been critically analyzed to piece together an accurate and interesting picture. The creatures and their stories often change over time; this is a natural part of how stories and their characters evolve to remain relevant to the people telling them.

Each creature has its own illustration and begins with a fictional narrative. The creature's appearance and characteristics follow to compliment the illustration and then a retelling of its story, or one of the stories it features in. There is also an analysis of its interpretations and what the creature symbolizes.

The mythical beasts are presented in categories that have been specifically chosen as they are consistent across different cultures and periods in history. The categories are arthropods for insects, crustaceans, and arachnids; avian for birds; canines for wolves and dogs; serpents for snakes, including water snakes; ungulates for hooved animals like horses and cows; and aquatic for water dwellers such as whales. Creatures in a section may be in the form of that animal, hybrids of that animal, or able to shapeshift from or into that animal. Presenting the creatures in categories makes it easier to see what themes and messages the creatures from different cultures and ages have in common. You will find some overlapping themes across different cultures that point to universal ideas in how humans perceive the animal.

If you wonder where your favorite creature is, you will probably find something of them within these pages, even if they do not have their own chapter. For example, the ever-popular Pegasus can be found in the tale of the Gorgon sisters. He also had a half-brother, Arion, who features in the ungulates section, and there is a brilliant white-winged horse from Islamic tradition which may sound very familiar to Pegasus as well, helping you draw in more parallels to stories told across cultures.

The messages these mythological enigmas convey are often about explaining natural phenomena, aspects of human behavior, or teachings about the behavior of animals, something vital for survival in ancient times. Myth, folklore, and legend essentially provided a way for people to understand and cope with the world and extract some semblance of order and meaning from what could otherwise be overwhelmingly chaotic and dangerous. Just imagine trying to explain hunters going out never to return, death by snake bites, or a lunar eclipse, without any scientific knowledge.

The body of myths, lore, and legends from a culture gives insight into what that culture valued. It also shows what was dangerous in terms of certain animals or aspects of nature. For example, Inuit mythology emphasizes physical strength and understanding the behavior of animals because this could mean the difference between life and death in the harsh environment.

As humans built civilizations that lessened the chance of indiscriminate death by animals, myths and folktales—and their associated creatures— became more about living a virtuous life and avoiding suffering and misery. Many myths perpetuated the patriarchal society they were a product of, particularly evident in written accounts from Ancient Greece. For example, taming animalistic desires, like lust, is often portrayed as virtuous, and this is shown in lots of hybrid creatures that lure men with their appearance of beauty.

Sometimes the beasts are heroes in their own right, such as the self-sacrificing bird Jatayu from Hindu mythology. Sometimes they are horrifying, like Typhon from Greek mythology, to make the gods look good when they defeat them. Because for any exciting story, the heroes need worthy opponents. After all, what would Hercules be without a fearsome hoard of monsters to overcome?

In ancient times, storytelling provided entertainment as well as practical and moral education. Common themes that can be found are explaining the unknown, cautionary tales that warn against dangers, explaining moral values, and spiritual messages to give a sense of hope and purpose. But if these stories were not entertaining and able to keep listeners captivated, they would have been forgotten long ago, well before any were ever written down. Instead, the stories live on, and their creatures are remembered, ready to be retold again and again. These stories, and innumerable others like them, were told when the sky grew dark, tribes and families sat together and shared a magical world to educate and entertain.

SECTION ONE
ARTHROPODA

Arthropods play many roles in human culture, especially in folklores, mythology and religions. Many of these aspects include insects that are important both economically and symbolically, right from bees to the scarabs of Ancient Egypt.

Arthropods with cultural significance include crustaceans such as lobsters, which are popular subjects in art; and arachnids such as scorpions and spiders, whose venom have medical applications.

Spiders have been depicted in ancient mythologies, religions and arts for centuries. They are often portrayed as mischievous due to their venomous bite, but can be seen as a symbols of power, since spiders produce webs that wait for prey.

For example, Tarantella is an Italian folk dance that is said to remove the poison from those who have been bitten by the tarantula wolf spider, lycosa. The dance itself dates to the fifteenth century and was once considered a cure called tarantism, which was caused by a spider bite. The Moche people had a fascination with spiderwebs, often putting them in their art and depicting spiders as prominent figures in their culture.

The scorpion appeared as the astrological sign Scorpio in 600 BC, when Babylonian astronomers created the twelve signs of the Zodiac. In South Africa, the Scorpion has a significant cultural meaning. The animal motif appears in art and culture extensively.

The Scorpion was seen as an embodiment of both good and evil. For example, to counteract the power of the scorpion, ancient Egyptians worshipped Serket as a goddess that protected Pharaohs from the powers of evil. But you will find scorpion details woven into Turkish Kilim flatweave carpets as protection to ward off evil forces.

CHAPTER ONE

ARACHNE

ORIGIN: GREEK MYTHOLOGY

All eight of her eyes narrowed on to her prey and he approached the glistening weave of threads she had spun. She hisses; her forked tongue tasting the scent of him in the air. She is proud - she knows not one prey can ever escape the strength of her weave. Once trapped, her prey will only be spun further and more furiously into a cocoon of her embroidery, where he will await his fate - to become a meal.

~

This is the tale of Arachne; Greek mythology's first spider. But Arachne was not born a spider. Arachne's story begins as a beautiful woman with long black hair and pale skin; a woman who grew up at the foot of a loom to become one of the greatest weavers of all time.

The daughter of a tradesman, who was known to dye the deepest shades of purple cloth, Arachne was no stranger to the world of fabrics. She was said to be born of a spindle that her mother, the nymph Ida, spun from oak and plum with Athena's blessing. It is indeed ironic that the very Goddess that blessed the birth of Arachne was the one that eventually called for her end.

Arachne's villagers would often flock to see her work. They were all in awe of the fine tapestries that she weaved. They would watch as she created flowing fabrics, as if thread would grow directly from her fingertips. Praise for her work continued, but it all came at a cost.

Arachne grew more proud by the day of her talents and would often publicly shun the idea that her gift was one from the Gods. She would often go as far as to claim that her artistry was beyond anyone else's, whether a mortal's or even a God's. It was only a matter of time before Athena, the Greek goddess of wisdom would come to hear of Arachne's claims. Once she did, she chose to teach Arachne a lesson.

One fine day, as Arachne continued to weave in public, surrounded by her admirers, Athena disguised herself as an old woman and approached Arachne to remind her to be thankful for the gift that the Gods have anointed upon her. Arachne scoffed. Without even looking up, she berated the old woman and declared that no Goddess can have the talent that she has, so how would they even gift such a skill to any mortal. Arachne continued to claim her talent was innate and unmatched by any other.

At this point, Athena was irked and revealed her true self. She challenged Arachne to a weaving duel for continuing to defame the Gods. Even at this point, Arachne had too much pride to accept that she had erred, and instead accepted the challenge. Three days is what Athena gave Arachne to prepare, and as the third day dawned, Athena appeared, and the crowds had gathered for the battle betwee Goddess and mortal.

Different Greek myths have different angles to this part of the story. While some claim that Zeus was called to judge the competition, others claim that Athena called upon nymphs to decide who the greater weaver was. Regardless of who judged the challenge, the story continued something like this:

Athena drew strands of grass, puffs of clouds, and all the colors from the flowers nearby, to weave a tapestry that showed the Gods in all their power; Poseidon riding the waves, Zeus firing thunderbolts, Apollo speeding across the skies. Athena was illustrating the might of the Gods and how their lives dwarfed over mortal life. On the flip side, Arachne continued to mock the Gods even in her weaving. Through her intertwined threads she depicted Zeus as a philanderer who shape shifts to ensnare women. Arachne showed no fear in depicted Zeus in the most unflattering of ways.

The tale of Arachne's transformation begins here, and different Greek mythologies tell them differently. While most of the tales show that Arachne's tapestry was in fact superior to that of Athena's, which raised a fiery temper within the Goddess, some tales show that Arachne was finally shown that she cannot out do the Gods. In those stories, Arachne is shown to have become humbled after the challenge, but sadly, one of the conditions of the challenge was that, should Arachne lose, she will have to give up the loom for her entire life. Upon losing, not only was Arachne taught a lesson in humility, but she grew extremely depressed at learning she will never be allowed to practice her craft again. As a show of the Gods' mercifulness, Athena decides to turn Arachne into a creature whose livelihood depends on its ability to weave. Athena told Arachne that she will show pity on her and allow her to continue to weave, and before Arachne could even rejoice at the idea or conjure in her mind what tricks the Goddess may be up to, Athena began to transform her.

Arachne could feel her body contorting, multiple eyes grew on her face, legs emerged from the side of her body, and thorny black hair sprouted all over her body. As a final touch, Athena left her with a single spool of thread that unwinded from her torso.

In other Greek tales, where Arachne had in fact won the competition, it was Athena's rage that made her tear up Arachne's tapestry and break her loom and turn her into a hideous creature with multiple legs and eyes. Athena apparently left that spool of thread to remind Arachne of her human talent.

For centuries that followed, Arachne and her offspring now knew how to weave webs from the threads that emerged from their bellies, as if to taunt the Goddess Athena, that even without human form, they continue to weave, and perhaps still better than what the Gods can do.

CHAPTER TWO

TSUCHIGUMO

ORIGIN: JAPANESE MYTHOLOGY

He narrowed down on his next prey. Yet another wanderer who strayed into the vast countryside and the remote fields. The creature could wait no longer; he had hungered for flesh for days. But he was patient, sure this prey would be his for the taking. After all, all the travelers always noticed the cave and saw it as a great place to take respite for the night - protecting them from nature's forces. As this new traveler made his way to the cave, the creature was preparing his deadly snare. Little did the traveller know that he was going to be number 1,990.

~

This is the tale of Tsuchigumo; Japanese mythology's spider creature from their demonology tales. Tsuchigumo are crawling apparitions in Japanese mythology that dwell in the mountains and forests, weaving their silk tubes along which they wait to ambush prey. Tsuchigumo rely on deception like other yōkai do, but what makes them unique is their spider-like behaviour.

The Tsuchigumo appears in the legend of Minamoto no Yorimitsu, who served the regents of the Fujiwara clan in Japan. He was known to take violent measures that the Fujiwara would themselves shy away from. He is one of the earliest Japanese legends of historical note for his military exploits.

He was a part of many stories and lore, some true, and some dramatized for effect. His mythological story starts when he fell ill during one of his quests for a giant demon skull. A mysterious priest named Tsuchigumo no Seijitsua would show up each night to medicate him to cure him of this illness. Many moons passed, but Minamoto no Yorimitsu was not healing. One of Yorimitsu's retainers, Kinmon Goro Munezo, grew suspicious of this nightly visitor, and was one day able to reveal his true identity by revealing Tsuchigumo no Seijitsua's true reflection in a mirror. Yorimitsu grew alarmed when he saw a grotesque spider-like creature, and tried to slash the demon in half.

The Tsuchigumo managed to escape, but he left behind a trail of blood that led Yorimitsu and his retainers right into Tsuchigumo's lair. There Yorimitsu found that the spider-demon had slithered into a hole and sent its children out. This was when Yorimitsu became aware of how truly dangerous Tsuchigumo was. After failing to find any more traces of the demon's presence, Yorimitsu had to take one of his retainers as a hostage and slit his throat to lure the Tsuchigumo out. This is when the spider demon was slaughtered using the Kumokirimaru and thousands of spiderlings fled from its belly. Yorimitsu's sword was thereafter known as the "Spider Cutter".

In another legend, a tsuchigumo took the form of a beautiful warrior woman and led an army of yōkai against Japan. With knowledge of magic and experience in combat, Yorimitsu's first attack was a strike to the tsuchigumo directly.

The direct blow to the warrior women, lifted the illusion she had cast. Her army was not real, and disappeared into a ball of smoke, blinding Yorimitsu's army temporarily and giving her time to escape.

Slithering up the mountain to an opening hidden among natural spider webs, the tsuchigumo thought it was safe. However, the army of Yorimitsu tracked her down with the trail of blood it had left behind from the first blow cast by Yorimitsu. His army entered into battle against its mistress once she was found; found as a giant spider demon! Yorimitsu sliced her abdomen open with a single swing of the sword. To his shock, a thousand baby spiders swarmed out of her belly, but Yorimitsu and his retainers managed to kill every last one before returning as victors.

In ancient Japan, tsuchigumo was used as a derogatory term against aborigines who did not show loyalty to the emperor of Japan. There is some debate on whether the mythological spider-demon or the historical clans came first. Tsuchigumo may have been an obscure myth, but it was soon picked as the preferred term to label a more humble threat to the empire.

Alternately, the word tsuchigumo has been identified as a derivation of an older derogatory term, tsuchigomori, which roughly translates as 'those who hide in the ground'.

Many of the rural clans' common practices included utilizing existing cave systems and creating fortified hollow earthen mounds for both living and military purposes. This furthers the idea that the use of the label for renegade clans began essentially as a pun, and over time turned into tales of an intelligent race of, occasionally anthropomorphic, spiders.

CHAPTER THREE

MYRMIDONS

ORIGIN: GREEK MYTHOLOGY

The sickness spread through the entire island like wildfire; not one villager spared, not one beast tolerant to the disease. As the days passed, the skin began to melt off the bodies of the islanders that didn't die instantly from Hera's curse. The entire island began to reek of the stench of decomposing human and creature flesh alike. Within weeks, Hera's act of jealousy was complete. Her plague had destroyed all life forms on the island, or so she had thought. When Zeus tread on the island to see the havoc Hera had caused, he noticed the ants of the island - still toiling away and growing their cities, unaffected by the cure of the plague. Immediately Zeus cast a spell upon the ants. Before his eyes, he saw these tiny creatures morph. Their bodies grew bigger at first, their limbs collapsing down to four. Their pincers transformed into a set of human lips, their abdomen reshaped into a human torso. Before Zeus could rejoice at his glory, an entire army stood before him - a new race of people.

~

These are the Myrmidons; legendary inhabitants of Thessaly in Greece. They were known for their fierce devotion to Achilles, the king who led them in the Trojan War. Known for their brute strength and the possession of hive mentality-like strategies in battle, they were known to be defeatable only if their leader was to fall. Historically, the only real army to come close to this sort of tenacity were the Spartans. One must wonder if the fictional writings of an author can directly influence the development of an entire army, or is there perhaps any truth to this mythological army of any-men? Did Greek authors in fact draw from observation and not their imaginations? In fact it is well known that the battle strategies of the Spartans, where soldiers huddle close together to create a strong wall that not only protects each other but almost acts as a battering ram heading towards the enemy, was finessed and mastered by the Romans. And to think this all began from an epic tale like the Iliad or within an infamous Greek poem, *Work and Days*.

The word 'Myrmidon' is a combination of two Greek words: myrmex, meaning 'ant', and demos, meaning 'a person or people'. Myrmidons are referenced in many Greek stories. One of them is by Hesiod in his poem *Works and Days*.

Hesiod advises an honest working life which is the source of all good. He feels that both gods and men despise those who are not hardworking enough to work. This is why Hesiod must have taken an interest in the myth of Myrmidons. He showed them as human beings who labored under ground for gold that was guarded over by ants.

In Homer's tale of Iliad, the Myrmidons are the soldiers commanded by Achilles. Their ancestor was Myrmidon, who was a son of Zeus and Eurymedous, a princess of Phthiotis. She was known to have been seduced by him in the form of an ant. Essentially Homer's version is an etiological myth, explaining the origin of the Myrmidons by expanding upon their supposed etymology. The name in Classical Greek was interpreted as 'ant-people', from murmekes, which was first mentioned by Ovid in *Metamorphoses*. In Ovid's telling of the tales of the Myrmidons, he claimed them to be simple worker ants on the island of Aegina.

The origin of the Myrmidons seems to have been connected to an act of jealousy in other Greek tales. Hera, the queen of the gods, had sent a plague to kill all the human inhabitants of Aegina because the island was named after one of the lovers of Zeus. The ants of the island were unaffected by the sickness, so Zeus responded to Hera's act of jealousy by transforming the surviving ants into a race of people, the Myrmidons. They were as fierce and hardy as ants, and intensely loyal to their leader. Because of their antly origins, they wore brown armour.

Here is a fun fact that not only did Ancient Greek get wrong, but so do modern day pop culture enthusiasts. Ants are mostly female. Males that exist within an ant colony live for a very short period and only to serve the queen ant. Imagine if Hollywood was to take this societal norm amongst the ants into consideration. Perhaps we would have seen a very different Myrmidon army that was led by Achilles in the movie Troy. on deception like other yōkai do, but what makes them unique is their spider-like behaviour.

SECTION TWO

AN ANCIENT
AVIARY

The myths claim the birds are magical, and that they speak to us. We heed their advice – they warn us of impending doom or great joys to come. In some cultures, the bird is a symbol for souls that have passed on.

It is said that the mythologies of many ancient cultures speak of birds as a sacred animal. From the classic raven to the chirping sparrow, there is something for everyone. However, some cultures hold more passion than others when it comes to their favourite winged creatures.

For example, in Egyptian mythology, the goddess who can be seen with an ostrich feather while she sits on top of a lotus flower; that's Isis. She was often depicted as sitting or standing among various animals including birds like geese and ducks because. Her son Horus was also considered an avian deity.

It was said that the gods of every nation were simply a different version of the same god. This idea is exemplified by many cultures' avian creatures, who all share similar characteristics. In Scandinavia, there are three sisters called 'the swan maidens' who can transform into swans and deliver messages to their loved ones from time to time. In Sumerian mythology, Utu is portrayed as a bird with two sets of wings – an outer wing and an inner wing representing the sun or daytime sky. Sometimes Utu was depicted with four wings instead of two, suggesting he may be related to heavenly birds like Anzu.

Knecht Ruprecht, the German Santa-like figure, is often shown riding a white horse and accompanied by roosters. The Norse god Odin was depicted with two ravens on his shoulders. In Hinduism, Garuda is said to be half man and half bird that serves as Lord Vishnu's mount and carries him across the Milky Ocean. Moreover in Burmese mythology, there are four guardian birds: peacocks (representing Buddhism), lions (representing Hinduism), dragons (representing Islam) and tigers representing Burma's indigenous animist religion of Theravada Buddhism. The list goes on.

CHAPTER FOUR

ADARNA

ORIGIN: FILIPINO FOLKLORE

Maya limped on into the deepest part of the forest. She hadn't told anyone she was coming; they would have said it was too far, too risky, and that the old stories weren't true anyway. Her leg, twisted since birth, gave her an uneven gait and made her joints ache intolerably every day, so this journey was fueled by determination. She was heading for the white tree where a magical bird was said to roost, she knew where the tree was, and she desperately wanted to be free of her pain. As she hobbled along the overgrown path, she herself began to question whether the rumors were true, could this colorful bird really heal her? If she could get there in time and hide quietly, the bird should come to roost at dusk, and she would see for herself—if it even existed.

Maya stumbled upon the white tree sooner than she expected and hurriedly hid behind a bush. Ensuring she had a view of the tree, she prepared to wait. But as she did so, she saw that the bird was already there, so still she hadn't noticed it before. At least part of what she had heard was true: it really was the most beautiful rainbow colors. She came out from behind the bush as the bird turned its head slowly and looked directly at her. She couldn't believe she had found it. The Adarna opened its beak and began to sing.

~

One of the most well-known folktales in the Philippines is the story of the Adarna, a multicolored bird with seven magical songs. The story is thought to have originally been an indigenous tale, though it had picked up some European influences by the time it was written down in the 16th Century as the epic poem *Ibong Adarna*, literally meaning the Adarna bird.

Deep in the forests of the Philippines lives an endemic species of trogon (Harpactes ardens), which is nicknamed the Ibong Adarna because of its beautiful colors. Though the Philippine trogon got its nickname from folklore, the folktale itself was likely inspired by the stunning Philippine trogon. Its Latin species name, *ardens*, means 'flaming,' referring to its brilliant colors. Males are the most colorful, with bright red, pink, purple, blue, and golden brown plumage with black and white patterned wings and a bright yellow beak; they really do fit the description. They are shy and elusive birds that hide in the darkest parts of the forest, just like in the folklore, but as far as anyone knows, their song is not nearly as melodic.

King Ferdinand of Barbania had three sons, Pedro, Diego, and Juan. The King was fondest of his youngest son, Juan, and his brothers were very jealous. One night, the King dreamt his eldest two sons tried to kill Juan, and he became anxious and depressed.

When the King did not recover, he was advised that only the song of the Adarna bird could cure him, so he sent his eldest son, Pedro, to capture it and bring it to him. Pedro found the bird, but it lulled him to sleep with a song and turned him to stone by defecating on him. When Pedro did not return, the King sent his next son, Diego, but the same fate befell him. After a long wait, the King reluctantly sent his beloved Juan to find the Adarna bird.

On the way, Juan happened to pass an old hermit; his brothers had been rude to the hermit when they passed him. The hermit was impressed with Juan's good manners and character and decided to help him. According to the hermit's advice, Juan rubbed lemon juice into cuts in his skin so he would not fall asleep when the Adarna sang. He dodged getting turned to stone, and when the bird fell asleep after its seventh song, Juan fastened a golden thread the hermit had given him around the bird's foot. He rescued his brothers by pouring water on them, and they set off home together.

However, the older brothers were even more jealous of Juan; already the King's favorite, he had achieved what they could not. So, to claim the glory for themselves, they took the bird, beat Juan, and left him in the road. When they returned home, they told the King that they had captured the bird, but the bird would not sing without its true captor present.

Meanwhile, Juan had been found and healed by the helpful hermit and soon returned home, at which point the bird began to sing. Its first song cured the King of his malady and the second song apprised him of the truth. The distraught King was about to order his two treacherous sons to be put to death, but Juan begged that they be banished instead. With the elder brothers gone, peace and merriment returned to the kingdom, for now.

The journey to find the Adarna bird reveals the characters' intentions, strengths, and flaws, and the folktale highlights the value of moral fiber. Undergoing challenging ordeals gives people the opportunity to show their true colors, and the Adarna bird is the means by which people get what they deserve.

Three of the seven magical songs are included in the folktale: sleep, truth, and healing. Maybe someone deserving, under the right tree in the depths of a Philippine forest, might get to hear what the remaining songs are.

CHAPTER FIVE
ALKONOST

ORIGIN: SLAVIC MYTHOLOGY

The calm of the sea made them weary. A silence like this was unheard of in these seas. And then they all heard it; the most melodious of tunes the sailors had ever heard. Some were almost instantly willed into a deep slumber; falling where they stood. Others were so mesmerized by the sounds, that they forgot about the deep abyss that lay beneath.

As the melodies continued, ripples began to show on the surface of the water, soon turning into waves. The noise the waves made as they collided with their ship's hulls was a sound that brought them comfort; it reminded them of home, and the people who awaited for their return.

While the familiar would offer comfort on any other day, what was to follow was something they had only heard of in lore. Suddenly a piercing sound rang through the ears of all those gathered on deck; it was the sound of eggs cracking. Confused at first, the sailors soon understood what had taken place. The eggs of the great Alkonost had hatched on the bed of the sea. They knew it was only a matter of time before the watery depths of hell would engulf them. Lightning cut the skies in half and a thunderous noise followed. Waves in the distance grew taller by the second. Their ship was now surrounded by tall waves.

The sailors realized they had the misfortune of trying to traverse the seas, when the Alkonost's eggs were ready to birth.

~

The Alkonost is a mythical creature that was said to have been born out of the clash of lightning and thunder. It appears as a bird with the body of a woman, but unlike other avian creatures its wings are mere feathers instead of being made from skin like most birds. She is known to have a melodious voice that can even hypnotise the deaf. She is able to immobilize her prey to the point where all they can hear are her delightful memories, with all other sounds fading away.

The origins of mythological creatures are uncertain, but scholars believe some may be based on the Greek mythology. The Alkonost was said to have come from a Greek kingfisher named Alcyone who was transformed into a creature-like being and renamed "Alkonost" after the mountain she lived in. The Alkonost is also said to be comparable to the Greek Sirens by virtue of their spellbinding vocal skills, and their half bird, half woman appearance. While the sirens were half women-half fish creatures, they too lured sailors into the depths of their water abode through enchanting music and voices.

It's said that this creature will appear before someone is about to die or when there is great calamity in store for them- this accounts for why you might occasionally see it circling around at night during storms. But she is also the one who creates these storms. How you wonder? Well it is said that the Alkonost lays her eggs on a beach and then rolls them into the sea. When the Alkonost's eggs hatch, a thunderstorm sets in and the sea becomes so rough that it becomes impossible to traverse.

The Alkonost is a mythological beast that lives with her counterpart, the Sirin. They were once both considered to be birds of good fortune and regarded as protective spirits. The Alkonost guarded good fortune during the day, while the Sirin protected it at night. Russians carved their likeness on the entrance to their homes as a form of protection from bad spirits. Over time they became more well-known for their dual personalities; one being good, and the other with darker characteristics similar to Sirens in Greek mythology (though this idea changed over time). The Alkonost is seen as good, while the Sirin has been associated with darker qualities. Some accounts say that the Alkonost, or 'cast-off spirit,' would fly from one holy being to another as a way of gradually assuring their souls heaven. Meanwhile, the Sirin was seen as a swiftly moving, alluring creature singing songs to attract humans and then steal them away with sudden death.

Known to live on the magical island of Buyan, the Alkonost resembles a bird with scales, feathers and wings made of ice. The tale goes that the first Alkonosts were created by a powerful wizard who wanted to be able to stay warm during the winter season while he was living in his homeland.

The wizard went out into his garden one day when it became unbearably cold outside and decided to cast some magic on his last remaining plant - an apple tree. He breathed onto its branches and chanted until there was steam coming off them like breath on a foggy window pane. All at once, every single bough burst into bright white flowers and from their centres came two beautiful birds with heads of women and bodies of pure, translucent ice. The wizard was so proud to have created them that he called out for his fellows to marvel at the feat and admire how well he had done.

But they were not impressed - in fact, one person laughed out loud and said that it looked like a bunch of snow-white worms wriggling about on some frozen apples. So from then on, these magical birds became known as Alkonosts or *'Snowy Ladies'*.

CHAPTER SIX

ALICANTO

ORIGIN: CHILEAN MYTHOLOGY

The miner looked up at the star-strewn sky. There was no moon tonight, and it was pitch dark up in the mountains. But after nightfall was the only time for this work. Through a gap in the cliffs, he saw it again—the glow of the Alicanto, flying not far ahead. He knew if he followed it, the Alicanto would lead him to untold hidden treasures, or at the very least, silver and gold. He had heard that he could persuade the radiant bird to become an ally, to share its spoils with him if he pledged to share all of his future finds in return. Well, after a share of the Alicanto's treasure, he would never need to mine again! How hard could it be to fool a shiny bird? He was gratified to see he was gaining on the Alicanto, now perched on a rocky outcrop. This one glowed gold, he was going to be rich, or so he thought.

The Alicanto rose into the sky and started circling. This was it; he mustn't lose sight of the bird now. With greed building inside of him for all that he might find, the miner quickened his pace and kept the bird fixed in his sights. He came around the corner, eager to see if it was treasure or gold deposits, and stepped out onto thin air. The Alicanto looked on as another greedy soul plummeted off a cliff onto the jagged rocks below.

∼

Northern Chile is home to the Atacama desert, the birthplace of the legend of the Alicanto. During the day, this bird looks commonplace, but at night it glows with metallic brilliance. Some accounts say it is enormous; others that it is a large eagle or vulture with a graceful swan-like head—apart from its pointed beak. It also has a vast wingspan and long legs with sharp claws, fitting the description of the world's largest flying bird: the Andean condor which can be seen in this area. Setting it apart from the Andean condor is its appearance by night, as well as its diet of precious minerals. With its gleaming eyes and brilliant plumage, it appears like a beacon in the night sky. Its glow is such that it casts no shadow, even during the day when it disguises its radiance, and that is one way you can discern the Alicanto from other birds.

The Alicanto can shine gold like the Sun or silver like the Moon, depending on which precious metal it is fond of eating. Some legends say that the feathers are silver- or gold-tipped. There have even been reports of a very rare and beautiful green Alicanto that ate copper ore. Other myths claim them to eat a mixture of precious metals and ores and display multiple shimmering colors in their iridescent plumage. Its eyes emit a strange beam of light that can reveal hidden secrets, and light up the darkest crevices. This ability comes in useful as they nest in dark caves.

There appear to be several commonly held misconceptions about the Alicanto bird that represent partial truths. The first misconception is that the Alicanto is flightless: this is the case only when the bird has gorged itself on precious metals and is subsequently too heavy to fly. It will then travel by running along the ground with its wings stretched out—this is why it chooses to roost near a reliable food supply. However, if it has grossly over-eaten, it cannot run at all and can only move slowly when full of precious metal.

The second misconception is that it is entirely nocturnal. The Alicanto does usually keep itself hidden during the day and comes out at night to feed. However, there are reports of sighting a large bird with no shadow during the day, which is seen as good luck and indicates that there are precious metals nearby. For this reason, miners, prospectors, and treasure hunters dream of spotting an Alicanto as a sign that they are focusing their efforts in the right place. They may even decide to search for the Alicanto during the night in the hope that they can follow it to riches.

Some people mistakenly believe that you can secretly follow an Alicanto without them knowing. But nothing escapes the bird's notice, particularly clumsy, noisy humans. They say that if an Alicanto sees you, it will simply vanish, finding a dark place to conceal itself. But this is if you are lucky. There are far less desirable outcomes of following an Alicanto. The bird has magical abilities that extend beyond its beautiful appearance and is said to possess the ability to read people's intentions—the worse your intentions, the worse the outcome. The Alicanto may deem you unworthy of finding her fortune. It will lead you astray and, with a flash of brilliant light, leave you dazzled or blinded, lost in the mountains. With darker intentions, excessive greed and selfish ambition will have you lead off a cliff to your death.

There is hope for those with a pure heart and benevolent intentions: the Alicanto will allow you to follow it and lead you to the means for prosperity. And this is exactly what is said to have happened to Juan Godoy in 1832, marking the beginning of the Chilean silver rush.

CHAPTER SEVEN
GANDABHERUNDA
ORIGIN: INDIAN MYTHOLOGY

Another devotee was missing. There were rumors; people captured by a demon king. Lord Vishnu was determined to rescue his followers but knew he would have to change his physical form to be successful. If the rumors were true, he would need to be something ferocious enough to take on a demon king. So he transformed himself into Narasimha, part lion, part man, and went to see for himself. He found the demon king and the abducted devotees who had not forsaken Vishnu, despite being terrorized. In the form of the ferocious lion-man, Vishnu ripped into the demon king with knife-like claws and teeth, shredding him into thousands of pieces that scattered across the land. The devotees escaped, but the lion-man form of Vishnu barely noticed, still consumed by the red fires of rage. His fury did not subside with the destruction of the demon king; instead, it grew, consuming him. It was as if he had become a monster himself, bringing destruction whichever way he turned. So uncontrollable was his spiraling rage that he was becoming a threat to the existence of the very universe.

Lord Shiva, the destroyer, was called upon by the gods to control Vishnu's lion-man form, at any cost, in order to save the universe and everything in it. Shiva chose to transform into a winged lion in order to defeat the lion-man incarnation of Vishnu. But Vishnu's lion-man form was too quick, propelled by the power of his fury, he transformed into a terrible two-headed eagle that could battle any winged lion. Here was Gandaberunda, with his two-heads, and vast wings. The battle went on for eighteen days. Finally, with two mighty beaks full of razor-sharp teeth, Gandaberunda tore into Shiva's winged-lion form and feast on his hide. Following the defeat of the winged lion, Vishnu was able to regain control and return to his usual form. Vishnu's radiating peace transformed Shiva back to his usual self and calm spread across the land.

~

Ferocious, powerful, devourer of winged-lions. But also a strong protector, able to contain his rage to safeguard the universe and restore peace. This is how the kite-like Gandaberunda, an incarnation of the Hindu god Vishnu, is portrayed. There are many versions of the story with different endings, but the theme of controlling destructive anger with calm and peace remains.

Many images of two-headed birds can be found throughout India's history, such as peacocks, parrots and swans, but none as imposing as Gandaberunda—the ferocious warrior bird. Early depictions of double-headed eagles or kites were thought to have travelled from Turkey where there is a carving thought to be from 1000 BC. The design appears to have then spread across Europe (both Austria and Russia have used two-headed eagles in royal crests), as well as into India. The two-headed eagle can also be found in the Buddhist tradition.

In Buddhist oral tradition, there is a story of Gandaberunda where the two heads represent two brothers. One brother came upon a delicious flower while his brother was asleep and ate it without waking him. When the other brother awoke and found out, he was furious. Out of spite, he ate a poisonous flower that killed them both. It is used as a warning tale to encourage unity; otherwise, you will perish like the two-headed eagle.

When depictions of the two-headed eagle reached Southern India they became known as Gandaberunda and the imagery was no doubt influenced by the brahminy kite that can still be seen gracing the skies. Gandaberunda was favored by ancient royal dynasties in the region and was a very popular image throughout Indian history with some uses persisting to this day. Karnataka state in Southern India has maintained the Gandaberunda as the official emblem of their government as a symbol of power and peace, inherited from the royal dynasties that preceded the formation of the state. The two-headed kite can also be found on coins, ornaments, monuments, temples and royal textiles. Gandaberunda even made a famous appearance on a Bollywood wedding sari, and is on the crest of Bengaluru Football Club.

In Hindu temples, Gandaberunda makes many appearances in carvings and paintings. To display his magical strength, he is often shown clutching elephants in his beak or talons. There are even earlier depictions showing him clutching tigers, and some of the representations are anthropomorphized with a mixture of human and animal features. One temple has an image inspired by the Vishnu and Shiva story called *The Chain of Destruction* and shows the Gandaberunda attacking a lion, which is attacking another lion attacking an elephant. A temple in Karnataka state has a pillar etched with the two-headed kite crushing an elephant in a show of strength. Accordingly, local farmers in the area believe that Gandaberunda will protect their fields from being raided by wild elephants.

As a symbol of power and protection, Gandaberunda fights the forces of destruction. But he also reminds us that it takes more strength to maintain calm in the face of fury and chaos and to use this to promote peace in the world.

CHAPTER EIGHT

JATAYU

ORIGIN: INDIAN MYTHOLOGY

While resting in the forest, the wizened King of the Eagles, Jatayu, heard the frantic screams of someone calling for help. Jatayu recognized the voice of Rama's wife, Sita, whom Jatayu had sworn to protect. The Eagle king was devoted to Rama; he quickly unfolded his gigantic wings to pursue the sound of Sita's screams. Soaring through the skies at great speed, he soon recognized the flying chariot of the multi-headed demon king Ravana, with Sita struggling to free herself from his grip. Already advanced in years, Jatayu knew he was no physical match for the powerful demon Ravana with his many heads and many arms. Nevertheless, he was determined to be of service to Sita, even if it meant sacrificing himself.

~

According to the Hindu epic Ramayana, Jatayu was a demi-god in the form of an enormous eagle, although he is sometimes also referred to as a vulture. He was the son of Aruna, and Garuda's nephew; they were also of avian origin. Aruna and his wife Shyeni had one other son, Jatayu's elder brother Sampati. According to mythology, the brothers used to compete to see who could fly the highest. One day, Jatayu flew too close to the sun and his feathers began to scorch and smoulder. Sampati spread his vast wings between the sun and his younger brother, protecting him but burning his own wings. Jatayu helped his injured brother to the ground but Sampati's wings were damaged beyond repair and, wingless, he never flew again. This act of self-sacrifice would stay with Jatayu for the rest of his life.

Jatayu explained his lineage to Rama and his younger brother Lakshman when they came upon him in the forest one day during Rama's exile. Rama and Lakshman mistook Jatayu for a demon at first, due to his sheer size and bird-like appearance. However, Jatayu spoke pleasantly to them and explained that he was a friend of Rama's father, King Dasharatha. Hearing this, the brothers inquired about his name and lineage. In telling his own story, Jatayu thereby described the genesis of all beings and from which goddesses each type of life form was born. Jatayu offers to help Rama while he is in exile, suggesting that he could guard their home. He cautioned them that the forest was full of predators and demons and that he could take care of Sita if Rama and Lakshman had to go out. Rama agreed and they continued through the forest together.

On the day of Sita's abduction, Jatayu's location is unclear, although Rama and Lakshman are tricked into hunting a golden deer by Ravana. Ravana, a demon depicted as having many heads and arms, steals Sita away in his flying chariot, so the famous Ramayana goes. Jatayu is the first to hear her calls for help. Even though he knows he is not a physical match for Ravana and is unlikely to be able to rescue Sita, he sets off in pursuit because he is determined to be of service even if he cannot save her. After catching up to them, Jatayu and Ravana engage in a vicious battle with clashing talons, sharp beak, and weapons. Jatayu fought valiantly but Ravana clipped one of his wings with one of his swords, though some say it was with a diamond-tipped arrow. Terribly wounded and bleeding freely, Jatayu was desperate to help Sita for his beloved Rama, and bravely continued fighting, even if only to delay their escape.

When his second wing was torn by a mighty blow from Ravana, no longer able to fly, he plummeted to the ground and crashed onto the rocks. With his eyes looking skyward, watching the direction of Ravana's chariot, he repeated Rama's name to himself. As Jatayu lay dying, Rama and his brother Lakshman came across him in their search for Sita. Jatayu told them of the recent battle and that Ravana had headed south towards the kingdom of Lanka. He then died and Rama performed the funeral rites, giving him a full cremation so he could attain salvation. Rama is even reported to have said that the loss of loyal Jatayu caused him more pain than Sita's kidnap.

The place where Jatayu fell was named Jatayumangalam in his honour, now known as Chadayamangalam in Kerala, South India. It is the home of the world's largest bird sculpture, a 61 meter (200 ft) long statue of Jatayu lying stricken on the ground. Other places are also credited with being the spot where Jatayu fell, such as Lepakshi in Andhra Pradesh. The village of Lepaksi translates to 'get up, bird' in Telugu, the very words Rama is said to have uttered to Jatayu. Vijayaraghava Perumal temple in Tamil Nadu also claims a connection to Jatayu as the place where Rama performed the funeral rites, as does a temple in Tamil Nadu. In 2016, the Prime Minister of India, Narendra Modi, used Jayatu as an example of the first to fight terrorism in ancient times.

The information Jatayu gave Rama, that Ravana had taken Sita south to his kingdom of Lanka, enabled Rama to pursue and eventually rescue Sita, but it had cost Jatayu the ultimate sacrifice: laying down his life in defiance of tyranny and terror.

CHAPTER NINE

GARUDA

ORIGIN: INDIAN MYTHOLOGY

The mother of the birds, Vinata, anxiously watched her remaining egg. She had been waiting for hundreds of years for it to hatch and the time was drawing near. She would not let impatience get the better of her again. Even with the serpents ruling over her home; her marriage. She had broken her first egg early, eager for a son to support and protect her from her husband's other wife and her thousand serpent sons, while their husband was away meditating in the forest. But in breaking the egg, she inadvertently weakened her son, born not fully formed, and angry with her for her mistake. Oh, Aruna; she missed him every day even though she could see he pulled the chariot of the sun across the sky. Refocusing her gaze on the heat emanating in waves from her precious giant egg, the shell suddenly split open in a burst of fire. A glowing golden bird was rising from the egg, growing larger and larger in front of her eyes. Still larger and larger he grew, towering above her. He threw out his wings in a movement that shook the heavens. Even the gods took notice and begged for mercy from this huge fiery creature. He heeded them and shrunk himself down to a more amenable size. At last, Garuda was born.

~

This is the tale of Garuda's birth, and from this dramatic entrance, he has been involved in many exciting adventures since. In Hindu mythology, Garuda is described as a giant kite. He is depicted in early Indian temples, such as the Badami cave temples in India, as far back as the 6th century.

Garuda is perhaps most famous for being the mount of the Hindu supreme god Vishnu. There is a particular story about how this came about as a consequence of Garuda's other escapades. After Garuda was born, his mother was tricked into slavery by her husband's other wife, Karuda, also known as the mother of serpents. Karuda was known for her cunning and ambition; she wanted her one thousand serpent sons to have more power than any bird.

When Garuda's elder brother Aruna heard of their mother's predicament he charged Garuda with securing her release from Karuda's clutches. Garuda immediately grew to a size so immense that one flap of his wings could take him anywhere in the world. He negotiated with the hoard of serpent sons who said they would release his mother only in return for the elixir of immortality, the *amrita*, held safely in heaven where they could not go.

Garuda agreed. With another flap of his colossal wings, he flew up to heaven to ask the gods for the elixir that would secure his mother's freedom. But the gods did not believe him and thought he wanted the elixir to make himself immortal. In a rage, Garuda grew so large that one almighty flap of his wings scattered the gods across the skies, enabling him to snatch the elixir. On his way down from heaven, Garuda encountered Vishnu, who evidently did believe him. Vishnu requests that Garuda become his mount and in return, he will grant Garuda immortality.

When Garuda reaches the serpents' lair, he plays them at their own game. He presents them with the elixir but says they have to purify themselves before they can drink it in order to become immortal. While they hastily slither off to do so, Garuda frees his mother. When the serpents return, he feasts mercilessly on all of them. Garuda returns the elixir to heaven and enters into service as Vishnu's mount.

This story offers an explanation as to why many birds of prey eat snakes and why Garuda is often depicted as carrying a pot of amrita—as well as wings he sometimes has two or four arms. Another tale makes it clear that Garuda is immune to snake venom. This is why his image is so popular on charms and amulets to protect people from snakes and snakebites. In days of old, people left delectable offerings to both heaven and the underworld. Garuda represented heaven, while the many-headed snake, Kaliya, represented the underworld. Thinking his venom would be enough to protect him from Garuda's wrath, Kaliya insolently ate all of the offerings.

As Hinduism spread to Nepal and Southeast Asia, Garuda travelled with it. In Buddhism, Garuda represents wisdom and a whole race of birds rather than one individual. The Garudas are natural enemies of the serpents, with only the Buddha himself able to call for peace between them.

Though originally depicted in animal form, Garuda is often seen in anthropomorphized form with the body of a man but wings, beak or hooked nose, and sharp talons. Images of Garuda became more human-like as his stories spread throughout Southeast Asia, but then he is said to have the ability to shape-shift into a human at will, in addition to changing his size. Many statues of Garuda can be seen throughout many Southeast Asian countries. Representations of Garuda are included in royal and military insignias and he is a national emblem in Thailand and Indonesia. He even forms the Indian air force coat of arms, representing courage. On one hand, Garuda symbolizes deadly speed, violence and military prowess; while on the other, he is beloved for symbolizing virtue, protection and hope.

CHAPTER TEN

HUGIN & MUNIN

ORIGIN: NORSE MYTHOLOGY

Revna always came up here to think. To walk off her frustrations, to find answers. Sometimes just to get away from the day-to-day drudgery of the village. Today, the fells were blustery on the way up but strangely still by the time she got out onto the top. As if the wind had decided to go elsewhere as she passed through the trees. The heather was in bloom, tiny purple blossoms in an otherwise brown-green spiky tangle, growing in swathes between the rocks. Most of the villagers complained about the bleak mountainous scenery, but she felt like it ran through her veins.

She heard a raven, the distinctive throaty chatter so different from any other bird; it was as if they were talking. A second raven glided gracefully down to land next to its mate. They didn't usually approach this close; come to think of it, they looked slightly larger than the usual pair she saw up here. She admired their iridescent plumage, marveling at how black could look so many different colors. They seemed to be walking along with her, hopping from rock to rock and chattering as they went. "All right, all right, are you trying to tell me something?" she laughed at the birds. They paused with her for a moment and then started croaking on again. That was strange, she thought.. Then the birds suddenly fell silent, looked at each other, and took off into the sky, soaring away into the far distance. She had just seen Hugin and Munin.

~

The raven features widely in the mythology and folklore of the northern countries as a powerful magical symbol. They are intelligent birds and have a wide range of distinctive vocalizations, including deep sonorous croaks, making it sound as if they have something to say. This is no doubt why they feature so often in myths and legends from these mountainous areas. They are opportunistic carrion birds, which is why gathering ravens may indicate death. That is possibly why the sinister-sounding term for a flock is an unkindness of ravens or a conspiracy of ravens.

Arguably the most well-known ravens are Hugin and Munin (sometimes spelled Huginn and Muninn) from Norse mythology. In the Old Norse language, *hugr* means thought, but *munr* is harder to translate into a single English word. Munin is often called memory or mind as the word munr has connotations of thought with desire and emotion. Hugin and Munin are the Norse god Odin's two ravens. Odin, sometimes called the raven-god, is almost always depicted with two ravens. Examples of this can be seen on many ancient artifacts such as helmet plates, war banners, figurines—and even surviving tapestry fragments—from as far back as the 6th Century AD. Pairs of raven brooches were also the fashion once, worn one on each shoulder as a reference to Odin.

Although Hugin and Munin do not feature heavily in many written texts, they have been passed on in verbal storytelling and were mentioned in 13th Century Edda poetry. This poetry indicates that each day, Odin sent them out to fly across the world. They would be his eyes and ears and return to his shoulders, telling him the news of the world. Thus, Odin increased his wisdom. The Edda poetry indicates that Odin fears for their return. Scholars have debated the interpretation of this as it could reference Odin's shamanic abilities to send his thoughts and mind out around the world via Hugin and Munin as his spirit animals. The poetry also states that the ravens were very astute at returning with information about who had been killed, consistent with them being carrion birds. One example of Hugin and Munin returning with this sort of news is the story of how Odin gained the Mead of Inspiration (also called the mead of poetry). It goes something like this.

There was a divine being called Kvasir who embodied wisdom, combining an intelligent head and a peaceful heart. He wandered the earth answering the people's questions, and everyone benefited from his visits. Two dwarves, the brothers Fjalar and Galar (meaning Deceiver and Screamer), heard of wise Kvasir and asked him to come and visit them to answer their question. They callously murdered him and used his blood to make mead that would give inspiration in poetry and scholarship. They had a taste for murder and soon killed a giant named Gilling and his wife. With poetic finesse from the mead, they sang exquisite songs about their murder into the night. The giants' son Suttung heard the song and stole the mead, hiding it inside a mountain and placing his daughter on guard. The dwarves bemoaned their situation the next day on the way to market while ravens were listening. Hugin and Munin flew back to Odin and told him of the murdered giants and the Mead of Inspiration inside the mountain. Odin was keen to recover the mead. After his signature disguises and trickery, he seduces the giantess guard, promising to sing songs about her beauty that will be passed down through the ages. He takes the mead, narrowly escapes, and returns it to Asgard, where he provides inspiration to those he deems deserving.

As the Norse god of war and wisdom, it is particularly fitting that Odin is accompanied by the ravens Hugin and Munin, intelligent birds with connotations of life and death.

SECTION THREE
CRYPTIC CANINES

The gray wolf was once a common sight across many parts of Eurasia and North America, and dogs have been domesticated for hundreds of years. Because of this long-standing relationship, wolves and dogs are prominent in myth and legend.

Wolves are effective pack hunters, so historically have the reputation of being vicious predators. In ancient myths and legends, canines usually represent death and destruction.

The three-headed dog, Cerberus, is something many people are familiar with and inspired J. K. Rowling's character Fluffy, a terrifying three-headed guard dog. In Greek mythology, Cerberus is the guard dog of the underworld, but his two-headed brother and his guard duties are less familiar. J. K. Rowling's character Fenrir Greyback is also inspired by Norse mythology and werewolf legends.

In Norse mythology, the giant wolf Fenrir plays an important role at the end of the world, and it is wolves that will swallow the Sun and the Moon. While in Egyptian mythology, the wolf-headed god Anubis symbolizes death and judgment.

The werewolf has a well-established place in popular culture and is also portrayed as a lethal predator. But the mythological canine has another side, one we are more familiar with in the domestic dog. Canine mothers are often seen as nurturing and fiercely protective, such as the Roman legend of the wolf who nursed Romulus and Remus, the founders of Rome. The Norse god Odin also had two loyal wolf companions, fearless protectors, representing a side of canines more familiar to the modern world.

This section also includes lesser-known canines of myth and folklore, such as the elusive hunter Amarok from Inuit mythology and the strange and murderous Sigbin from the Philippines.

CHAPTER ELEVEN

AMAROK

ORIGIN: INUIT MYTHOLOGY

She sensed the hunter out on the ice before she saw him. She caught his smell, brought to her by the icy wind, and pricked up her grey ears. A hunter out alone in the long night?—they should know better. She easily lifted her hulking body up and slunk off, her large paws padding silently on top of the snow's crust. The howling arctic wind whipped any sound of her movement away. The hunter had his back to her, with no inkling of her approach, no warning of what was about to happen. Too easy, thought Amarok. With sharp fangs glistening, she pounced on him, pinning him to the ground in a single agile movement. Her fangs sliced through layers of animal hide clothing and into flesh with ease, and then she shook him like a rag doll, his lifeblood spilling away. As the hunter's spirit left his body, he looked down and realized the elders had been right: Don't go hunting on your own during the night—the Amarok will get you.

~

Wolves play a prominent role in Inuit mythology, and there are many tales of Amarok, the mother of wolves, from icy northern areas. Amarok is an Inuit word for wolf, but explorers from the 1800s observed that some communities used this word only to describe a fantastic beast, a giant solitary wolf with very sharp teeth and supernatural strength. It is said to hunt alone and will pick off any hunters who venture out on their own at night, bearing in mind that winter nights in the far North are very long. Just because you are not alone does not mean you are safe:

A man heard there was an amarok nearby and decided to go out looking for it. He was mourning the death of a relative, so he was not in his right mind and was looking for some excitement as a distraction from his grief. Another relative accompanied him, and they set off. They found the amarok's pups, and the mourner suddenly killed them all. Led by his frightened relative, they both ran to hide in a cave. The amarok returned with a caribou in her jaws but couldn't find her pups anywhere. From their hiding place, they saw the amarok run to the lake's edge and start to pull something with a human shape out of the water. Instantly, the mourner's body slumped to the ground, lifeless. His relative fled home, and the amarok let him go. He told everybody what he had seen, that the amarok had pulled the mourner's soul from his body. Nothing can be hidden from an amarok.

But Amarok is not only a cold-blooded killer and is shown in a different light in some myths:

Once, the sky god Kaila told the people to only hunt healthy, fully grown caribou so that they too would grow healthy and strong. But the caribou herds soon became full of old and weak animals, and there was not enough food to go around to maintain a healthy herd. The people did not want to disobey the sky god Kalia by eating sick or old animals and began to go hungry. Kaliya went to Amarok, the mother of all wolves, and said, "Amarok, you must tell your children, the wolves, to eat the weak, sick and old caribou so that the Sons of the Women can hunt and eat again." Amarok instructed her children to do this, and from that day forward, wolves preyed upon the slowest members of the herd. Soon the herd grew healthy and strong again, and the people, wolves, and caribou lived in perfect balance. This story was intended to symbolize the interconnectedness of people and animals and that they are all part of the same cycles of life and death.

Many Inuit myths and legends were recorded and translated by the explorer Hinrich Johannes Rink. The story of the orphan boy is told with many variations up and down the coastal areas:

There was once a poor orphan boy called Kagsagsuk. He was not well looked after by his family. They wouldn't let him into the main room of the house, and he slept in the corridor with the dogs. He was not fed well, so he was very small and weak. Everyone in the village mocked him. One day he prayed for the god of strength to help him, and suddenly Amarok appeared. Amarok knocked him down with her tail, and some small bones fell from his body. Amarok explained that these seal bones had been stopping his growth. She knocked him down again, and a few more pieces of bone came away. Upon Amarok's request, the boy returned every day to wrestle with her until he grew strong. Amarok told him to keep his new strength a secret until the time was right, and on the way home, even though the villagers mocked him, he ignored them. Then one day, three huge polar bears were seen heading toward the village. Kagsagsuk ran out and killed them with ease, leaving the whole village amazed. Now they all wanted him to come into their homes and eat with them. He did so, but those who had tormented him in the past came to a gruesome end as Kagsagsuk showed them no mercy.

It is thought that the origin of Amarok is quite likely the giant dire wolf, a species that went extinct at the end of the last ice age. It is possible that the stories of such a huge and fearsome creature have been passed down from generation to generation.

CHAPTER TWELVE

FENRIR

ORIGIN: NORSE MYTHOLOGY

Fenrir lies motionless as if his giant wolf body has been turned to stone and become part of the earth. The tight bindings around his legs and neck prevent him from moving, and the sword through his muzzle keeps him from making a sound. His piercing eyes are closed, but he senses the passing of night and day. He has lost track of how long he has been trapped like this, but his agony seems endless. His pointed ears hear everything while he bides his time, waiting for revenge. Fenrir festers, the feelings of betrayal as raw as if it all happened yesterday. He would wreak vengeance on those responsible for this. He will make them pay— he will kill the god Odin.

~

Fenrir is a giant wolf from Norse mythology. He is often portrayed as an enormous wolf with a shaggy black coat, rows of sharp fangs, and intense, fiery eyes. His incredible strength and vicious temperament are evident in many paintings of Fenrir. Several surviving carvings and runestones depict Fenrir in the United Kingdom and Sweden, highlighting Fenrir's importance in Norse mythology. He is also described in the *Poetic Eddas*, particularly in the tale of his binding. Though Fenrir is associated with much ferocious imagery, he was once just a pup.

Fenrir is the son of Loki, the trickster god, and Angrboda, the giantess (meaning "she who bodes anguish"). Loki has three children with Angrboda. Fenrir's siblings are Hel, the girl of life and death, and Jörmungandr, the giant serpent.

One night, the god Odin receives a prophecy foretelling that Loki's three monstrous children will cause a great deal of trouble and disaster. This destruction is inevitable because of the nature of their giant mother combined with the nature of their mischievous and untrustworthy father. Odin sees his own death in Fenrir's jaws—he decides to act to prevent this morbid prediction from coming to pass.

Odin calls for Loki's children to be brought from the land of the giants. He thinks of finding some occupation to keep them out of trouble while also keeping them far away from the gods. Odin sends the giant serpent into the sea and Hel into the underworld to rule over the dead who do not go to Valhalla. That leaves Fenrir, who has grown even on the journey to Asgard. Odin decides to keep Fenrir among them, thinking that it is too unsafe to send him away, even though he believes Fenrir will cause his death.

As Fenrir grows ever larger and more muscular, only the god Tyr is brave enough to approach him and feed him. Being one of the gods that collected him from the land of the giants when he was a pup, Tyr has no doubt grown fond of him, and Fenrir has not done anybody any harm— yet. Odin knows that even a docile young wolf may grow up to challenge and kill its own parents for dominance in the pack. And Fenrir is no ordinary wolf. The gods become increasingly afraid of Fenrir and know his strength now far surpasses their own.

Considering the ominous prophecy, the gods decide that Fenrir should be tied up to keep him from harming anybody. The first chain they make is not strong enough. They make a game of it with Fenrir, saying it is a chance to test his strength and become famous. Fenrir agrees to be chained up but breaks the chain with such ease that the gods are more afraid than before, though they cheer and clap, congratulating Fenrir on his strength. The gods make a second chain, mighty in size and twice as strong as the first. Fenrir again agrees to be chained up for a chance to prove his strength and gain recognition. After a struggle, Fenrir manages to break the second chain, proudly standing free. Again the gods deviously congratulate him on his strength, but they are now very worried.

Odin decides to commission a binding from the dwarves, known to be the most masterful craftsmen in all of the lands. The dwarves use some special materials to make the binding: the footsteps of a cat, the sinews of a bear, the beard of a woman, the roots of a mountain, the breath of a fish, and the spit of a bird. If any of these are now hard to find, perhaps the dwarves used them all up to make the third binding. When they were finished, the dwarves had produced a long smooth ribbon that was, despite its appearance, unbreakable.

When Odin took it to Fenrir to supposedly test his strength, Fenrir took one look at it and suspected treachery. What fame would he achieve from breaking a ribbon? The gods taunted him, saying that he was afraid of a ribbon. Fenrir said he would consent to be tied by this ribbon if someone put their hand in his mouth as a show of trust: he would let them go as soon as they untied him if he could not break free from the ribbon. The gods agreed to the oath. They looked at each other; no one was prepared to sacrifice their hand. Then Tyr stepped forward and laid his wrist across Fenrir's teeth, he knew binding Fenrir was going to cost him his hand, and it did.

For this reason, Tyr is known as the god of Law and Justice, and he made a sacrifice for the greater good of his people. However, at the time of Ragnarök, the end of the world, the ground will shake so violently that any bindings will be broken. Fenrir will be free again and seek his revenge.

CHAPTER THIRTEEN
ORTHRUS
ORIGIN: GREEK MYTHOLOGY

Orthrus stretched out in the meadow, his legs flicking in his slumber as he dreamed of chasing a hare. A faint sound in the grass caused Orthrus to snap awake; he sprung to his feet and was instantly alert. Orthrus was guarding the cows, as usual—it had been a quiet night so far. His two noses sniffed the wind. Something was coming. The cows, unaware, remained asleep, some lying down, some standing, spread out across the pasture. Orthrus turned his two heads in two different directions, listening. Several things were coming. He lowered his body to the ground, waiting. A pack of wolves was closing in on the herd of cattle. Orthrus crept through the grass, keeping his body low; the wolves hadn't seen him yet. He waited for them to come closer. Then Orthrus pounced on the nearest wolf and ripped it limb from limb with one bite from a set of his mighty jaws. That had drawn the wolves' attention; they began to close in on Orthrus, thinking that, as they greatly outnumbered him, they were safe. The snarling wolves came for Orthrus. At first one, then many at the same time. In a blur of fur and blood spatters, Orthrus tore into the wolves as they tried to attack him. When the gnashing of fangs and shredding of flesh was over, Orthrus alone stood upright, seemingly unhurt, silhouetted against the lightening sky. The bodies of the wolves were strewn about him on the ground, limp and lifeless, as the morning mists began to roll in. He was called the murderous hound for good reason.

~

In ancient Greek mythology, two particular beasts spawned many horrifying monsters, including Orthrus the two-headed dog. Orthrus was the firstborn of his parents Echidna and Typhon, each terrifying in their own right. Orthrus' mother, Echidna, was half-woman, half-serpent and his father was the multi-headed man-serpent, Typhon. Their other children included: two dragons; the Hydra, a multi-headed water snake; Chimera, a creature with a lion's head, a goat's body, and tail of a dragon; and Cerberus, the three-headed dog. Some sources include the Sphinx and Nemean Lion as Orthrus' siblings. However, other sources consider these creatures to be Orthrus' or Cerberus' children.

Orthrus, the two-headed dog, is not as well known as his three-headed brother Cerberus, though they are both described as having furious strength, which is not surprising considering their parentage. However, Orthrus does make some appearances in art. For example, a decorated red-figure cup from around 500 BC shows Orthrus with an arrow protruding from his chest and a serpentine tail. Orthrus is sometimes shown with a dog's tail and sometimes with the tail of a serpent. Usually, he is pierced with arrows in reference to the role he played in the story of Hercules' labors. Orthrus was part of the tenth impossible task Hercules undertook in penance for murders he committed when he had been caused to lose his mind.

On the island of Erytheia, at the edge of the world, the giant Geryon had a beautiful herd of crimson cattle. They shone like the sunset and were healthy and strong. Geryon himself was a huge, powerful man with three heads and three pairs of legs. To protect his prized herd, Geryon the giant employed a cattle herder and his dog. But this dog was no ordinary dog; it had two heads, the tail of a snake, and was unfathomably strong. The dog, Orthrus, kept guard day and night, never tiring, protecting the cattle with the herder, to whom he was very loyal. Geryon the giant admired the dog for his strength and multiple heads, something they both had in common.

One day, a stranger appeared on the horizon. It was Hercules, and he had come to steal the famous red cattle of Geryon the giant. Orthrus smelled the intruder as he approached the grazing lands and went to seek him out. When Orthrus discovered Hercules, he leaped to attack him, but Hercules beat Orthrus back with his club, badly wounding him. As soon as the cattle herder saw the incident, he charged over to help his dog, but Hercules killed him with his arrows. Hercules finished off the injured Orthrus with an arrow as well, leaving the meadow spattered with their blood. Geryon the giant joined the fray to try to stop Hercules from taking his precious cattle, but to no avail: he was also killed by Hercules' arrows. Hercules successfully stole the herd, but his labor was not over—his adventures continued as he struggled to get the crimson cattle of Erytheia home.

The inspiration for Orthrus could have come from the night sky. It is thought possible that the stellar constellations of Canis Major and Canis Minor may have been originally considered as a single canine with two heads, following the constellation of Orion, the hunter. Alternatively, Canis Major may have been considered a two-headed dog in early Greek mythology, which could be the origin of Orthrus' character. Clearly, the long-standing relationship between people and dogs has captured the imagination of humans since we looked up at the stars for stories to explain the world. And combining the dog with a penchant for super-strength and multiple heads creates a formidable adversary, unless, of course, you are Hercules.

CHAPTER FOURTEEN

SIGBIN

ORIGIN: FILIPINO MYTHOLOGY

It was a warm night marking the beginning of Holy Week. Mosquitoes
droned in the shadows where the light from the single oil lamp did not
entirely dispel the darkness. It was time. The old woman shuffled across
the dirt floor of her hut, her stooped posture showing her age. Her gnarled
hands reached up for one of the clay jars on the shelf, and she carefully
lifted it down. She untied the rope with arthritic fingers, removed the cloth,
and took out the stopper with slow, precise movements. She set it down
in the middle of the floor, muttering to herself. Out climbed the sigbin,
expanding to its full size as it escaped the pot. She was almost used to
its stench after all these years since she had caught it. Invisible to others
but not to her, the old woman appraised its bizarre shape, its dog-like
face, long ears, and oversized back legs. Its fiery eyes looked at her briefly
before it lumbered out of the hut, off into the darkness. She knew where
it would go, sniffing out the children. It needed to feed. Hopefully, it would
bring her something back, maybe a heart, and she would make an amulet.
She could do with some luck.

~

In central Philippines, on the islands in the Visayas region, is the story
of the sigbin. Holy Week is one of the most sacred times in the Eastern
Orthodox Christian calendar. But while devout believers prepare for their
Easter celebrations, something sinister stirs in the forest. Though it is
usually invisible to the human eye, the sigbin is said to resemble a dog,

goat, or kangaroo with hind legs that are longer than its front legs. It has red eyes and large, hairy ears that flap as it moves along. A sigbin's tail is long and flexible, which it can crack like a whip. Though people cannot often see the sigbin, they might well smell it as it reeks of rotting flesh.

When the sigbin is hungry, it will use its terrible magical powers to drink a person's blood through their shadow or resort to scavenging on the carcasses of deceased forest animals. If livestock has been killed, then a sigbin is often blamed. The sigbin is vampiric by nature, favoring a diet of human flesh, raw off the bone. It is said to prefer children, and even a bite to the ankle can prove fatal. Sigbin will also drink blood, and if it gets desperate, will resort to scavenging: these actions the antithesis of traditional Filipino culture, where food is clean and flavorsome, and behavior is modest. In this way, the sigbin represents the opposite of traditional Filipino values. During the holiest of weeks, you cannot trust shadows, sleep may be dangerous or even fatal, and community harmony is disrupted. The very idea of a sigbin is to upset the natural order of the rural villages and could be seen to represent the darker sides of life that we try to push aside.

The nocturnal sigbin is said to be kept as a pet or assistant by the Aswang, evil spirits in Filipino folklore, including ghosts, vampires, and shape-shifters, and are the cause of many misfortunes. The sigbin undoubtedly spreads fear among the population. The Aswang dwell in dark and dingy locales, such as forests and cemeteries, an ideal location for their sigbin to lurk. Funerals and wakes in the Philippines are typically brightly lit to ensure that the Aswang won't attend, with their gruesome companions in tow.

There may also be some humans who possess the power to command the sigbin, who keep them in clay jars for safety. Having a sigbin under your control is said to be a symbol of personal good fortune and is viewed as a wealthy person's behavior, but it comes at a cost to others. This characteristic also goes against traditional values, as people see it as selfish and not in keeping with the community spirit.

While the sigbin is a creature of folklore, there may be some scientific truth to the tall tales. In 2003, a potentially new species of fox was reported to have been spotted in nearby Borneo. It was a mammal, presumed carnivorous, with a reddish-brown furry coat, long tail, and cat-like facial features. Scientists set up a camera in the forest, and it captured a photograph of the animal. Could the sigbin possibly be real? Were the sightings based on truth rather than superstition? A long muscular tail is visible in the photo, with shining eyes partially obscured by the forest undergrowth. Its hind legs do appear to be longer than its front legs. Scientists debated the creature's existence, and in 2007, scientists decided that the animal was, in fact, a kind of large flying squirrel that is native to the area. The real sigbin could still originate from an as yet undiscovered species.

Whether the sigbin has its roots in fact or fiction, its ability to scare generation after generation makes it real enough to many who hear its legend. While people sleep with their children close by, their worst nightmare may well be crawling towards them.

CHAPTER FIFTEEN

CERBERUS

ORIGIN: GREEK MYTHOLOGY

'Thank the gods that worked', *thought Sybil of Cumae, an audible sigh escaping her lips. She took a breath for what felt like the first time in hours. She could barely bring herself to look at the sleeping monster, but neither could she tear her eyes away. Crumbs of honey cake littered the floor. She had doubted that the herbs would have been strong enough to sedate such a creature. But there the mighty hell-hound lay, all three heads seemingly peacefully asleep. She didn't dare move a muscle. Drool dribbled from his three jaws, seeming to sizzle slightly as it hit the rocks beneath.*

His muscular body was temporarily relaxed, vicious claws at ease and snake-head tail lying limply on the ground. She summoned the courage to take a step back as silently as possible. Just then, Cerberus began to stir.

~

Cerberus the three-headed dog guards the main gates of the underworld for the god Hades who rules there. Often called the Hound of Hades, Cerberus prevents anyone from leaving the underworld, the dead or the living. The living are allowed in, but if they attempt to leave, he will devour them as a tasty morsel. Cerberus was the second born of powerful part-serpent parents Echidna and Typhon. Cerberus' older brother is Orthrus, another murderous multi-headed dog, but with a less well-known occupation. They both have monstrous strength and are renowned for their encounters with Hercules.

Most conceptions of Cerberus describe him with three heads, but earlier writings have sometimes given him 50 or 100 heads as a way to assign him relentless strength. Trying to reconcile these accounts, some scholars say he has three canine heads, and the rest are those of snakes. It is quite common to see Cerberus' tail depicted as a biting snake, which is not implausible considering his parents. In ancient art, Cerberus is usually depicted with three heads or less, thought to be due to logistical reasons. Three heads regained popularity because it links with the idea of symbolizing the past, present, and future.

By all accounts, Cerberus performed his guard duties very well, patrolling the rivers marking the border of the underworld, and monitoring all those, dead or alive, entering its gates. However, there are at least three instances of people getting the better of Cerberus. In one instance, Cerberus is sedated by a drugged honey cake, allowing a living soul to sneak past. In another case, the famous musician Orpheus is trying to retrieve his beloved from the underworld—she was killed by a snake. In the first time he played or sang since his tragic loss, Orpheus plays his harp-like instrument. The music is so moving and beautiful that even the hell hound is charmed beyond recognition, becoming docile and cooperative, and allows him to pass. The story goes that Orpheus met his beloved in the underworld but could not bring her out, and would have to wait for death to be reunited with her.

The most famous example of Cerberus being overcome involves Hercules. Hercules defeated Cerberus' brother Orthrus during his tenth impossible task given by King Eurystheus. Later, as Hercules' twelfth labor, King Eurystheus commanded Hercules to bring him the Hound of Hades to look upon—and to bring him alive. King Eurystheus asked this not because he wanted to see the beast but because he thought it completely unachievable. He was certain that Hercules would fail. Hercules visited a priest to get some advice about the underworld and its inhabitants. Using this advice, he persuaded Charon, the ferryman, to take him across the river Styx. He then entered the land of the dead. After a difficult journey through the underworld, Hercules asked Hades for his permission to take Cerberus from his guard post. Surprisingly Hades agreed but with conditions. Firstly, Hercules must overcome Cerberus without using any weapons, and secondly, he must promise to bring him back to resume his guard of the underworld. Some accounts say that Hades insisted that Hercules could use no iron weapons, and that is why some paintings show Hercules with a wooden club or rock and holding his lion skin as a shield.

Hercules fought Cerberus, and with his mighty strength, managed to grasp his three heads in a choke-hold. Cerberus' snake tail struck him, but he was protected from its venom by the lion hide he wore, acting as a shield. With Cerberus subdued and out of breath, Hercules put him on a chain and led him out of the underworld. Cerberus was so dazzled by the daylight he spewed forth bile which caused plants there to be poisonous. This is why the entrance to the underworld is said to be marked by a profusion of poisonous aconite.

Hercules took Cerberus back to King Eurystheus as requested; everyone they passed on the way was terrified by the three-headed hell hound. King Eurystheus was no exception; he promptly hid in a vat as soon as he saw Cerberus and begged Hercules to take him away. King Eurystheus promised to release Hercules from his labors if he took Cerberus back to where he came from at once. So he did, and Cerberus became one of the very few monstrous creatures to meet Hercules and survive.

SECTION FOUR

THE ETERNAL
HISS

The fastest-acting snake venom can kill you in less than half an hour, so no wonder some of the most terrifying monsters from myth and folklore are serpents.

Serpents feature in myth and folklore from almost every culture. For a creature that has been around since the dinosaurs, there is a very diverse range of snakes, represented by their symbolism. Some serpents are considered wise and knowledgeable, whereas others represent death and destruction. They can also symbolize healing, transformation, and rebirth due to their ability to shed their skin. Snakes that live in the ground are seen as a link between the world of the living and the underworld, like the Nidhöggr in Norse mythology.

In mythology from coastal communities, sea serpents are often featured, like Bakunawa in the Philippines and Jörmungandr from Norse mythology, both inhabiting the depths of the sea. A common theme across mythologies is a storm god battling a sea serpent, symbolizing the struggle against chaos. You will find examples of this popular theme from Norse, Greek, and Japanese mythology in this section.

Greek mythology has given us some of the most famous serpents. The Hydra, a multi-headed regenerating serpent; and in this part of the book, you will meet her mother, Echidna. Many have heard of Medusa from Greek mythology, but she also had two immortal sisters who are less renowned. In this section, lesser-known serpents and serpent-hybrids are discussed.

Mythological serpents are often portrayed as multi-headed, multi-tailed, or of gargantuan size to make them a truly formidable adversary. The famous Basilisk, the serpent king from European legend, could also turn people to stone, like Medusa, yet another reminder that serpents can bring a swift end to mortal life.

CHAPTER SIXTEEN
TYPHON
ORIGIN: GREEK MYTHOLOGY

Hera was furious. As the goddess of marriage and childbirth, how had her husband, Zeus, dared to have a child without her? On his own! The indignity. And he thinks himself fit to rule the gods. What an insult. Hera swore she would get revenge. Seething, she set out to bring a child into the world that would be able to challenge Zeus. Insurmountable strength would be required, and she knew just who to ask. She appealed to Gaia and Tartarus, to produce a child: a monster god. Hera waited, thinking how sweet it would be to see Zeus brought down from the throne. When the time was right, she watched the cave entrance, ready to meet her creation. A single serpent began to emerge from the cave. Hera felt a twinge of disappointment: granted, it was a giant snake, but not enough to kill a god. Interrupting her thought, another serpent came through the cave entrance, followed by a man's torso joined to the serpent coils at powerful thighs. The son of Gaia had one hundred heads emanating from his shoulders, and his eyes burned like fire. He unfolded his mighty black wings as he came out into the light, every inch of him looking venomous. 'Perfect,' *whispered Hera, feeling as proud as if he were her own son.* 'He is Typhon.' *said Tartarus of the abyss.* 'May he kill all the gods in Olympus.'

~

One of the most deadly creatures in Greek mythology, Typhon is a monster but also a god. He is the youngest son of Gaia, the Earth, and Tartarus, the primordial God of the deep underbelly beneath the foundations of Earth. Typhon may have originally started out as a wind god, summoning typhoons, although this was a separate god in very early Greek mythology. The serpentine Typhon is described as being as tall as the stars, with viper tails in the place of legs. He has one hundred snake-like heads that emit sounds of many different animals, such as bulls, lions, boars, wolves, and bears, surrounding him in a cacophony of horrible noise. His red eyes are fiery and unnerving in themselves. He has vast dragon-like wings and spits plumes of fire. Poison exudes from every hair on his body, as well as his viper fangs. He is so strong that even the gods of Olympus feared him, which is precisely what the goddess Hera had intended when orchestrating his creation. Typhon's mother Gaia had an earlier brood of children, the Giants, who were destroyed by Zeus. Gaia nursed a grudge against the gods of Olympus and raised her son Typhon accordingly; cruel, uncontrollable, and one who believed the throne was rightfully his and the rule of the Titans needed to continue.

Typhon is most known for this association with Echidna, who was half serpent, like himself. They birthed some of Greek mythology's most dangerous monsters including Orthrus and Cerberus, the multi-headed d ogs with serpent tails, the Hydra, a multi-headed serpent that grew two heads if one was cut off, the Chimera, a creature that had the heads of a lion, a goat and snake; and even the Sphinx, the famous beast that would kill all those that could not answer her riddles. The list of their offspring continues with Ladon, the serpent like dragon that protects the golden apples in the Garden of Hesperides, the Nemean lion of the infamous Hercules' twelve labours, and the Gorgon Sisters, of whom Medusa was the most well known.

In the stories, a time came for Typhon to challenge Zeus and attempt to take over his rule. Typhon launched an attack on Mount Olympus in the middle of the night, throwing blazing rocks through the darkness, assailing the home of the gods. Most of the gods knew they were no match for Typhon and transformed themselves into animals so they could run away and hide. Even Hercules turned into a fawn and fled with the others to Egypt. Only Zeus and his daughter Athena (the same daughter he had birthed without his wife Hera) remained. Zeus had already beaten Gaia's other children, the Giants, and with encouragement, or some say goading, from Athena, he remained to answer Typhon's challenge.

Seeking revenge and power, Typhon threw more fiery rocks at Zeus, and as fire spurted from his mouth, lighting up the sky, he lay waste the land thereabouts. Zeus fought back with his famous thunderbolts. When Zeus caught up with him, he struck Typhon with an adamantine sickle and injured him. Although Typhon was wounded, he managed to wind his snake coils around Zeus and get the sickle from him. With the sickle, Typhon cut out the sinews from Zeus' hands and feet and took him prisoner. He kept Zeus in a cave, with his sinews hidden in a bearskin, both guarded by a serpent. Seeing what had happened, Athena sought out Zeus' son Hermes, who also fled to Egypt with the rest of the gods. It was Hermes who returned and rescued Zeus to reunite him with his sinews.

In some stories, Typhon then spent years torturing Zeus. It was Hermes' bravery which helped free Zeus from the clutches of Typhon, whose only purpose was to end the reign of the Olympians. A battle continued for ten thousand years with the uniting of all the Gods to end Typhon's tyranny. In the midst, hundreds of cities were burnt to the ground.

Zeus eventually defeats Typhon and manages to hurl him into the abyss, and the earth shudders in response. Finally, Zeus puts a mountain on top of the abyss to prevent Typhon from escaping. The mountain under which Typhon is trapped is known as Mount Etna, and any earthquake or volcanic activity today is attributed to Typhon trying to break free from his eternal prison.

The father of monsters is crucial to Greek myth, not only because he was feared by all the Gods, but also because his death marked the end of the battle between the Titans and the Olympians. Typhon was an example of a monster in the truest sense. A monster with one purpose - to end the reign of the Olympians. The destruction that came with that sole aim was of no consequence to him. With no redeeming quality, Typhon is often considered the epitome of pure evil.

CHAPTER SEVENTEEN

FAFNIR

ORIGIN: NORSE MYTHOLOGY

Hidden in the Scandinavian wilderness, the ill-tempered dragon was brooding in his lair with only one thing on his mind—guarding his gold. Clambering over his haul, checking each item, he remembers the heavy price he paid to seize it. He will do anything to keep it. Anything. He is isolated from his family and has abandoned his friends, but what are they when compared to his treasures? Fafnir strikes fear into the hearts of the nearby villagers and poisons the land with his toxic breath to scare anyone away that might come too close to his lair. Little does Fafnir know, his gold carries a curse, and the family that he betrayed to get it may well be plotting against him to get it back. Warriors may attempt to steal the gold, but while the curse remains, Fafnir's treasure will continue to bring misery to those who try to acquire it.

~

As far back as the Pagan times of Europe, the legend of Fafnir was told across the frigid northern seas from Iceland to Norway to Sweden. The warnings of this Germanic legend were sung on the wind, telling a tale of greed, murder, betrayal, and a deadly curse.

Originally, Fafnir was one of the three royal dwarf brothers, along with Otr and Regin, all sons of Hreidmar, the Dwarf King. Reign was a skilled craftsman and Otr a hunter, with the likeness of an otter during the day.

Otr would catch salmon in the rivers for his family to eat. One day, the god Loki saw the otter and, not realizing his true identity, killed Otr. Loki and Odin took the otter skin to the Dwarf King's home to celebrate their catch. King Hreidmar recognized his deceased son and demanded payment for their mistake; they must stuff the otter's skin with gold. Loki dashed away, stuffing the otter skin with gold stolen from another dwarf, Andvari. Andvari the dwarf cursed his gold with a magic ring as Loki stole it: anyone who tried to possess the gold would be destroyed.

Upon receiving this doomed payment from Loki, King Hreidmar was soon murdered by Fafnir, his own son, who was so overcome with greed the moment he saw the gold. Fafnir took the golden treasure and fled through the forests to the mountains, where he hid, growing more greedy and suspicious every day. He turned himself into a dragon in order to better protect his treasure from outsiders. Fafnir exhaled his poisonous breath to keep any would-be thieves away, and for a while, it was successful.

But the lure of the treasure was too strong for some to resist. Fafnir's younger brother Regin had not forgotten the golden loot and was plotting to steal it for himself. Regin persuaded his foster-son Sigurd to murder Fafnir by stabbing him through the heart. Regin suggested that they could steal the dragon's treasure and share it between themselves.

Together, Regin and Sigurd forged a new sword, specially for their mission. The blade was named Gram and could slice through Regin's shield adorned with Fafnir's image. The two men were ready to fight their enemy.

As Regin retreated, Sigurd lay in a ditch waiting for Fafnir. Sigurd thrust his sword into Fafnir's chest, giving him a mortal wound. As Fafnir lay dying, he warned Sigurd of the curse and foretold that Regin would try to murder him too. Sigurd cut out Fafnir's heart, roasted it over a fire, and ate it. Upon tasting Fafnir's blood, Sigurd could suddenly understand the chattering birds nearby, and Fafnir's warning had proven true. Regin had been corrupted by the cursed gold and was planning to murder Sigurd. But, Sigurd killed Regin first and took Fafnir's treasure for himself.

The curse of the treasure indeed continued, as Sigurd himself also met a murderous end after yet more betrayals from family and first loves. Depending on the legend, the ending may differ. Some say that Andvari was eventually reunited with his gold after it was left in a cave to break the curse. Others say that it was sunk to the bottom of the river Rhine, where it remains for no one to possess, ensuring the curse cannot be passed onto anyone else.

Fafnir's story is also featured on an elaborate carving in the historic Hylestad Stave Church in Norway, which now resides in the Museum of Cultural History in Oslo. The wooden carvings date back to the late 12th Century and show in great detail how Fafnir was killed, and the curse continued. Fafnir appears in the 11th Century runic rock carving in Sweden, known as the Ramsund Carving or the Sigurd Carving. This large carving illustrates Fafnir's execution at the sword of Sigurd. The carving still stands to this day.

By this point, these stories must sound all too familiar. Well the legend of Fafnir is such an affecting story that it has inspired recent tales in modern culture. Fafnir is said to be the inspiration behind J. R. R. Tolkien's character of Smaug, as well as appearing in the Richard Wagner opera Der Ring des Nibelungen, and the novel Day Watch by Sergei Lukyanenko.

However the legend inspires us, the story of Fafnir serves as a cautionary tale about the perils of hoarding wealth and how obsession and greed can bring catastrophe to families and relationships.

CHAPTER EIGHTEEN

THE GORGONS

ORIGIN: GREEK MYTHOLOGY

Stheno sat with her back against the rocky wall outside the cave, her golden wings folded behind her. She was incensed, as usual, but had grown tired of pacing up and down. Now her rage simply simmered; a constant companion. She leaned her head back against the rocky wall and closed her eyes. She thought of her little sister, remembering how she used to be, with long golden hair, an innocent smile, and bright inquiring eyes. As a young child, Medusa had skipped everywhere. But as she came of age, her beauty had been her downfall. Desired by men; coveted by gods—Medusa had been cursed, and it was entirely their fault. The gods were no better than mortal men; she could happily kill them all. And now that Medusa could kill with one look, both her sisters Stheno and Euryale grew envious of her.

~

Greek mythology tells of three frightful sisters that are so horrifying in appearance that to look at any of them will turn you to stone. They are called the Gorgons, meaning grim and dreadful. The eldest is Stheno, the forceful and mighty. She is known to be ferocious and independent. Euryale of the wide sea, the far-roaming. She is known for her bellowing cries that can turn stone to sand. These two eldest sisters are immortal; whereas, Medusa, the guardian, is the youngest, and she is mortal. All three are powerful and vicious, born of the sea gods Phorcys and Ceto, though some claim they are the daughters of Typhon and Echidna.

In ancient Greek art, the Gorgons are often depicted as having broad, round faces, wings, and faces framed by snakes. They are shown with bulging staring eyes, and their wide mouths have teeth like the tusks of wild boar. They are described as being hideously ugly. These images were often used as symbols of protection, like gargoyles, on buildings. In Greek mythology, this is how the Gorgons first appeared, as protectors of oracles as far back as 6000 BC. Their appearance and purpose changed over the years and it was in Homer's *Iliad* and *The Odyssey*, where the Gorgons began to get written into literature. Even then Homer mentions the idea of a single Gorgon and not three sisters. It wasn't until the 7th century BC, where Hesiod first mentions the existence of three Gorgons, sisters and daughters to Phorcys and Ceto. Hesiod is the first to mention the three sisters by name. It was the Greek poets that came after Hesiod that began to mention the Gorgon sisters as both beautiful and terrifying, and who gave Medusa the power to turn all men into stone with one glance.

It is important to note that one of Medusa's most popular stories involving Poseidon and Athena, was actually penned by Ovid, in his popular literary work *Metamorphoses*. This most popular tale of Medusa as a victim of the Gods was also a means for the Roman Ovid to express his disdain for the Greek Gods in a fashion dramatized far beyond any of his Greek counterparts. In Ovid's tale of Medusa, before she became a monster, she was a beautiful woman and a priestess in the temple of Athena and had therefore taken a vow of celibacy. Medusa's long golden hair shone in the sun, and many who saw her desired her. Her looks caught the attention of Poseidon, god of the sea. Poseidon violated Medusa in Athena's shrine. Following this event, the goddess Athena punished Medusa, finding no fault with Poseidon. Athena cursed Medusa as a punishment for defiling her shrine. She rid Medusa of her beauty, enraged that she had broken her vow of celibacy, whether it was with or without consent.

Medusa fled to her immortal sisters Stheno and Euryale, where they lived in a cave near the sea. Cast about the surroundings were remains of both man and beast that had been turned to stone. As time passed, Medusa seethed and festered until her appearance became more and more monstrous.

Meanwhile, on the island of Seriphos, another man in a position of power was planning to obtain a woman he desired. King Polydectes wanted to get young Perseus off the island and out of the way because he was trying to pursue his mother. The King asked Perseus to bring him the head of the mortal Gorgon, Medusa, as a gift. The gods knew that King Polydectes' actions were not honorable, and for this reason, they helped Perseus, giving him magical objects to help him in his quest. The gods gave Perseus a blade, a sack, and a helmet. Hermes, the god of travel, gave his famous winged shoes, and Athena herself gave Perseus a mirrored shield.

Now well equipped, Perseus crept up to the cave in the dead of night. He looked around, using only the reflections in his shiny shield to guide him. All of the sisters were asleep. Medusa was sleeping so deeply that even the snakes emanating from her scalp were motionless. Perseus killed her as she slept, hacking her head off with a forceful blow from his sword. Medusa was pregnant to Poseidon, and as the blood gushed forth from her severed neck, so with it came two children. They were Pegasus, the winged horse, and Chrysaor, the giant.

Upon hearing the commotion, Medusa's sisters awoke. Euryale, in particular, let out an anguished cry, so horrible it began to crumble the stones about them. Both sisters were determined to kill Perseus and chased him as best they could. They lost track of him because the gods had given him the helmet of Hades to wear, which causes immense darkness, rendering him invisible. As well as this, he was wearing Hermes' winged shoes, giving him the ability to fly to escape their clutches.

When Perseus returned to the island of Seriphos with the head of Medusa in a bag, he discovered that his mother had been forced to marry King Polydectes against her will while he was away. Perseus went before the King, who asked if he had brought the Gorgon's head. With his face turned away, Perseus lifted Medusa's severed head from the sack and held it aloft. The whole court was turned to stone, and his mother thus freed from her forced marriage by her death. Following this, Perseus returned the borrowed objects to the gods and gave Medusa's head to the goddess Athena. Athena duly mounted it onto her breastplate to petrify her enemies. Turned from beautiful to deadly, this is how Medusa and her Gorgon sisters have come to symbolize protection from dangerous threats.

CHAPTER NINETEEN
LAMIA

ORIGIN: GREEK MYTHOLOGY

Glancing anxiously around the courtyard, the mother called out: 'Get in this house right now, or she will come and she will get you!' Her voice came out angrier than she felt, the tension in her chest belaying her concern. Nearby, a large serpent humanoid laughed to herself as she heard the mother's chide. In response to the mother's call, the creature listened to a rush of small footsteps running under the stone arch across the street. 'Yes, I will get you', she thought to herself with self-satisfaction. It was so long ago when Lamia had children of her own. Now, she only remembered that they were the cause of her devastating pain. No woman should have children—she would rid mothers of their burden. The evening was turning into night, and the colors of the day gradually faded to gray. Lamia emerged from behind the stone wall and licked her lips. She relished what was coming: it was her time to hunt.

~

Even in modern-day Greece, Lamia is a familiar character. She is referred to like a bogey monster to frighten children into doing as they are told. There is even a saying to describe the sudden death of a young child, which translates to 'strangled by Lamia.' In earlier times, parents feared Lamia so much that they gave their children amulets to wear to protect them from her. But before Lamia started devouring children in the night, there is a tale of beauty, jealousy, suffering, and madness.

The King of Libya had a mortal child named Lamia, although some sources say that Lamia was the daughter of Poseidon the sea god. Lamia grew into a beautiful young woman, enchanting to behold, and a queen of Libya. Zeus, from his home on Mount Olympus, saw her enthralling beauty and was captivated by desire. Lamia became one of his many affairs, much to his wife Hera's displeasure. When she found out about yet another infidelity, Hera was overcome by jealous rage and sought vengeance.

By then, Zeus and Lamia had several children together; Hera was filled with resentment and punished Lamia severely. Hera endeavored to make all of Zeus' mistresses suffer, but Lamia received the worst treatment. She tricked Lamia into murdering her own children, in some Greek tales they even mention the idea that Lamia was cheated into eating her own offspring, which is where the idea of her being a child-eating monster stems from. Hera then cursed Lamia with insomnia so she would not even be able to see the children she had adored in her dreams. Lamia was plagued by visions of what had happened yet could find no respite in sleep. Driven mad by what Hera had put her through, she gouged out her own eyes. In some accounts, it was Zeus who took pity on Lamia and gave her the ability to remove her eyes at will so that she could find some relief from her unbearable torment.

In one account, a child of Zeus and Lamia is described, Herophile, who somehow survived this violent past well into adulthood and became a famous oracle. It is thought that Hera took her away from Lamia and that she was raised elsewhere, though she was presumed dead by her mother. Another child surviving in this way was Acheilus, a handsome yet conceited mortal boy. He challenged the goddess of love and beauty, Aphrodite, to a contest because he was sure he was more beautiful than her. Aphrodite was outraged by his arrogance, and instead of taking part in the contest, she turned him into a shark-like sea monster.

Lamia could find no escape from her grief, and her insanity worsened. She began to steal and consume other people's children so others would know her heartache. Lamia could not bear to see other mothers happily surrounded by their children—something she had been so cruelly deprived of. The more children she murdered, the more grotesque Lamia's appearance became. She began to transform into a serpentine monster as a combination of the result of her horrific actions and Hera's curse. Due to her monstrous nature, Lamia is often portrayed with the lower body of a snake. Famous painters of Lamia hint at this, such as Herbert James Draper, who depicts Lamia admiring a snake on her forearm while she is wearing a shed snakeskin draped around her human hips.

As time went on, Lamia's story morphed to include a race of nocturnal demons called Lamiae. They were partly serpent, each with the torso and head of a beautiful woman and the lower body and tail of a snake. Instead of preying on children, they seduced young men for their blood; thus, they are considered an ancient version of vampires. Although the story is different, it represents the same themes of desire and subsequent devastation. It is this idea of a serpentine seductress that John Keats used in his famous poem about Lamia, where he developed the concept of dangerous beauty and gratuitous hedonism.

In addition to Zeus' lust and Hera's jealousy, the story of Lamia represents the fear people have for their children's safety and that something so irreplaceably precious can be taken away. It also serves as a cautionary tale for parents to keep a watchful eye on their children. Not only did Lamia provide a way of explaining sudden infant death, but she also personifies an anxiety no doubt as old as parenthood itself.

As Hera's curse was an eternal one, Lamia may still roam the lands at night, hunting for children.

CHAPTER TWENTY

YAMATA NO OROCHI

ORIGIN: JAPANESE MYTHOLOGY

Ashinazuchi sat on the grassy banks of the river. His reflection rippled on the surface of the water; he was an old man now. What am I going to do? *he thought. He looked over to his wife and daughters, huddled together by the house, and a soft sob escaped him. He felt helpless against the impending slaughter, just as he had been last year. Soon the earth would rumble, the birds would quiet, and the sun would be blotted out by an enormous serpent-like form. He knew the creature would appear over the horizon to consume another sacrifice, and that sacrifice would be one of his daughters.*

Sure enough, the earth shook, and an eerie silence fell; he watched in horror as an eight-headed serpent appeared in the distance. It soared over the mountains heading slowly but surely for the village. Numb with fear and sickened with dread, Ashinazuchi heard his neighbors shouting in alarm as panic gripped the village. Ashinazuchi sat motionless as he saw the many heads sniffing the air in different directions, hunting for his next victim. The beast was enormous and looming ever larger as it approached, already casting a shadow over the whole valley and blocking out the sun.

He heard the fear and despair in the cries of his family, and he felt ashamed anew of his powerlessness. He prayed for a miracle, some divine intervention, to save his daughter before it was too late. He knew there was nothing else he could do against the Yamata no Orochi.

The Yamata no Orochi is a giant legendary serpent, described in ancient Japanese texts known as the Kojiki dating back to 680 AD. It was said to have eight heads and eight tails and to have been so large that its body spanned eight hills and eight valleys. It had red eyes and a belly that was smeared with the blood of others. On its back grew forests of firs, winter cherry, club moss, Japanese cypress, and Japanese cedars.

In the famous story, Ashinazuchi and his wife Tenazuchi had seven daughters. Yamata no Orochi came every year demanding a sacrifice and devoured one of their beloved daughters until only the youngest, Kushinadahime, was left. Ashinazuchi had no hope of defeating such a beast by himself and, so far, his prayers had been unanswered.

On the day Yamata no Orochi came for Ashinazuchi's last remaining daughter, the storm god Susanoo had been expelled from the heavens for tricking his sister Amaterasu, who was the goddess of the sun. Walking by the river, Susanoo spotted some chopsticks floating in the water and realized that people must live further upstream. So he followed the river and found Ashinazuchi, with his wife and daughter, crying. Susanoo was moved by their plight and was determined to help the grief-stricken family.

Susanoo transformed Kushinadahime into a comb and put her in his hair to keep her safe from Yamata no Orochi. He then instructed Ashinazuchi and Tenazuchi to build a fence around their homestead with eight gates. At each gate, they placed a large vat of strong home-brewed sake. Then, they waited.

Just as Ashinazuchi had said, Yamata no Orochi was soon seen making its way to take Kushinadahime. Everyone hid out of sight and waited to see how the plan would unfold. As Susanoo had predicted, the monster could not resist the sake. It stuck one of its heads into each of the eight vats and drank greedily. The deadly serpent had not realized how strong the sake was; soon, he was drunkenly asleep on the ground.

Susanoo crept out from his hiding place with his sword drawn. He brought down his blade and killed the beast, chopping it into small pieces until the Hikawa River ran red with the serpent's blood. After mincing the dragon down to its fourth tail, Susanoo's sword broke as it bore down on something solid that glinted in the sun. It was the legendary sword Kusanagi no Tsurugi which represents valor and virtue. Susanoo later presented the sword to his sister to make amends for their argument, and after their reconciliation, he was permitted to enter back into the heavens.

With Yamata no Orochi destroyed and his familial rift repaired, Susanoo transformed Kushinadahime back into her human form, and they were married. Then, Susanoo traveled around the Izumo region of Japan to find the perfect place to build his palace. When he found the ideal place in Suga, Susanoo was so moved that he recited a poem on the spot and began building his palace. When Susanoo and Kushinadahime's home was complete, they appointed Ashinazuchi as caretaker so the family could remain together free from the threat of Yamata no Orochi.

In present-day Japan, at the Suga Shrine, Susanoo's first poem has been carved onto a rock for all to read, immortalizing the hero who killed Yamata no Orochi. According to legend, Susanoo's poem is the origin of Japanese haiku poetry.

The blade found inside Yamata no Orochi's body, Kusanagi no Tsurugi, is one of the three Imperial Regalia of Japan. The sword was passed down from Amaterasu, the sun goddess, through the royal lineage and is rumored to remain at the Atsuta Shrine in Nagoya.

Susanoo's victory over Yamata no Orochi emphasizes the importance of bravery, virtue, and helping those in need. The valiant hero also shows us the necessity of building bridges after arguments, taking care of our family, and succeeding together. One final lesson from the legend of Susanoo and Yamata no Orochi is that art can spring from adversity, bringing beauty for centuries to follow.

CHAPTER TWENTY-ONE

BAKUNAWA

ORIGIN: FILIPINO MYTHOLOGY

'Quick, it's starting Amado,' *called Datu to his grandson.* 'See how a bit of the moon is already missing?' *Amado looked up to the shining orb that was full a moment ago; sure enough, it did look as though a bite had been taken out of it.* 'Some of it has already been eaten!' *Amado shouted aghast. Amado's grandmother bustled over with the pots and pans,* 'Here, make as much noise as you can to scare the creature away,' *she told Amado, handing him a pan and a wooden spoon. He and his grandfather stomped around the garden, banging their pans and shouting,* 'Return our moon!' *Amado's grandmother smiled as she watched them fondly. The commotion brought Amado's mother to the door, silhouetted by the light behind her.* 'What a noise. Are you filling his head with stories again, Dad?' *Amado's mother asked, her tone of voice making it clear to her parents that she didn't quite approve.* 'Not stories, Mama, look! It worked!' *replied Amado, delighted,* 'Bakunawa didn't eat the moon—we made her spit it back out!'

~

Well-known throughout the Philippines is Bakunawa, the moon-eating dragon whose stories have been passed down through the generations by a rich oral tradition. The name is a compound word from 'curved' and 'snake.' Large reptiles are not uncommon in the

Philippines, including monitor lizards and giant crocodiles, so it is a fitting mythological creature for this part of the world.

The story of Bakunawa is thought to have been influenced by tales of the Hindu god Rahu who turned into a demon. Rahu is often depicted as half-serpent and is said to cause eclipses by eating the sun or moon. In ancient times, Hindu mythology spread throughout South East Asia as people migrated along trade routes. Over time, these stories have been incorporated into Filipino mythology, enriching the character of Bakunawa.

Bakunawa is described as being a vast winged sea-serpent who can fly as well as swim. Her other physical features include a long serpent-like body, enormous jaws as wide as a lake, a red tongue, gills, and whiskers. There are many different variations of the myth depending on which part of the archipelago the story is from. However, an essential common thread is the existence of seven moons. These are often attributed to the days of the week, but this is likely a convenient simplification. In an ancient calendar from the area, seven lunar months correspond to agricultural work in the fields, with a different task being completed starting at each new moon. The seven moons of these seven lunar months have different names and represent various deities. Apart from the preceding moon marking the start of the seven significant moons, the other moons of the year are unnamed because they hold no agricultural significance. This makes it much more plausible that a different moon has its turn to shine each month. That is until Bakunawa succumbed to her weaknesses.

Once, the supreme god Bathala created seven moons; they were magnificent, and the people loved them and the light they gave. The beauty and light of the moons was Bathala's gift to the people. One of the moon deities was called Bulan. He was handsome, with luminous skin, gleaming dark hair, and deep brown eyes. One night he came down from the sky to swim in the sea. He was so striking that even the usually vicious mermaids were enamored and swam playfully with him.
But someone else had been admiring the moons, especially the handsome deity Bulan. Bakunawa, the sea goddess, was trying to catch Bulan's eye. Bulan didn't notice her, but Bakunawa was convinced that he had been unmoved by her beauty and ignored her. She thought he was only

interested in the mermaids; Bakuanwa felt slighted. Her desire turned to envy and greed: if she couldn't have this moon, no one could. She turned herself into a monster to bite him right out of the sky. Sure enough, when Bulan returned to the sky, Bakunawa left the sea and flew upwards, a towering, threatening figure. She ate the moon whole, but she was not satisfied for long. In the coming months, she rose into the sky and consumed the moons one by one until six of the seven moons had been devoured.

The people were growing increasingly desperate and did not want to lose the beauty and light of the last moon in existence. They appealed to the god Bathala, who planted bamboo on the moon so Bakunawa would not be able to swallow it in one go. The craters one can see on the surface of the moon today, are said to be the result of the bamboo Bathala planted. Bathala told the people what to do the next time the moon was under threat.

When the people saw the last moon starting to be eaten, they ran outside and made as much noise as possible to scare Bakunawa away. Some villages used loud drumming, some banged pots and pans, and others made beautiful soothing music to distract Bakunawa and send her to sleep.

Thus, Bakunawa was deterred from eating the last moon; she returned to the depths of the sea, where she guards the rift in the seafloor that is the opening to the underworld.

The story of Bakunawa is an example of mythology being used to explain natural phenomena, such as lunar eclipses. Her story reminds us that unchecked desires can turn ugly and that we should protect things that are important to us. Images of Bakunawa are used to symbolize determination, strength of will, and resilience, as whatever it takes, every so often, Bakunawa will try again to consume the last moon.

CHAPTER TWENTY-TWO

ECHIDNA

ORIGIN: GREEK MYTHOLOGY

The traveler followed the hoof prints of his missing horses. The morning was too cold for such a miserable task. His horses wouldn't have wandered off in the night—they must have been stolen. It was hard to track them over the rocky terrain, but every so often, he found a recent hoof mark on the frosty ground. Why hadn't he heard anything in the night? Something didn't add up. After following the tracks for a time, he came across a large cluster of boulders; he noticed an opening in the ground between them. The trail of hoof prints disappeared, and he looked around, perplexed. Suddenly, a movement caught his eye: from out of the hole began to emerge a beautiful woman. Her glossy hair cascaded over her shoulders, her skin was smooth and fair, and her eyes were dark and enticing. He lost track of what he was doing there for a moment—he shook himself out of it—'Have you seen any horses?' *he asked. He was waiting for the rest of this lovely creature to emerge from the boulders; he didn't wholly disapprove of the way she was looking at him. It made him forget to question what she was doing out here in the middle of nowhere. As she emerged, however, instead of legs, she had the body of a snake. An echidna! he thought, shocked but equally mesmerized.* 'Horses? Yes, I've seen them. Come inside, and I'll tell you about them,' *she replied in a voice that could not be disobeyed.*

~

The earliest descriptions of Echidna tell of the torso and head of a beautiful young nymph who never grows old, with the lower body of a colossal viper. She had black eyes set in a fair face and long flowing hair. Venomous and fierce, Echidna had a voracious thirst for blood and, as a flesh-eating monster, could destroy mortals with ease. Echidna lived beneath the earth in a cave and preyed upon unsuspecting passersby, carrying them off and devouring them.

In the natural world, echidnas are named after Echidna in Greek mythology because they both have mammalian and reptilian features.

Echidna is said to symbolize the negative watery aspects of the Earth, like stagnant pools, decay, and disease. This aqueous element fits with her being a descendent of the primordial sea gods Ceto and Phorcys, as they symbolized the dangers of the deep, although some sources cite alternative parents.

As a powerful yet beautiful monster, she also represents the perceived threat of strong, attractive women in the patriarchal society of ancient Greece. Echidna was described as unmanageable, indicating a strong, independent character. Because she bore many children, she most noticeably represents creation and potentiality, and in a broader sense, the cause of disorder in nature.

Echidna found a suitable companion to match her power in Typhon, the many-headed dragon, son of Gaia and Tartarus. Echidna and Typhon lived together in their subterranean home and had a growing family. The partnership of Echidna and Typhon mirrors that of Zeus and his wife Hera, and the feud between them had repercussions for generations.

It is her offspring that Echidna is most well known for, and the reason she is called the mother of monsters. Echidna and Typhon's first two children were the multi-headed dogs with serpent tails, Orthrus and Cerberus. Following these two brutal brothers were the Hydra, a regenerating multi-headed serpent; the Chimera, a lion-goat-snake hybrid; and the Sphinx, part woman, part winged lion. As time went on, multiple writers associated more creatures to the mother of monsters.

On the surface, Echidna may merely appear to be a convenient character to attribute monstrous offspring to because she does not have a prominent role in famous myths. However, most of these myths do involve her children or grandchildren. While Echidna herself avoided being the main opponent to any heroes, there is one story where 'an echidna' matches her description very closely.

On the way home from his tenth labor, Hercules was lured by a cave-dwelling echidna while looking for his missing horses that she had stolen and hidden. The echidna was half beautiful maiden and half snake and told Hercules that he could have his horses back if he stayed with her for a while. Thus, she bore three sons, Agathyrsus, Gelonus, and Scythes, who she brought up in the cave after she eventually allowed Hercules to leave with his horses. All three sons went on to be the fathers of mortal tribes, and the youngest son, Scythes, became the king of Scythia.

It is likely that this story was intended to warn against beautiful and intelligent women, like Echidna herself, and that these characteristics were somehow undesirable or unnatural. This is emphasized by the stark contrast between the womanly torso and snake body.

Perhaps Echidna was smart enough to avoid the limelight but was nonetheless a powerful driving force behind her children and her husband Typhon in his tirade against the Olympian gods. As history has been known to forget the influence of great women, maybe mythology has forgotten the influence of a great female monster. While details of Echidna are limited, her effects are felt throughout many of the most famous Greek myths.

CHAPTER TWENTY-THREE
JÖRMUNGANDR
ORIGIN: NORSE MYTHOLOGY

The spring had not come, nor the summer; only winter following winter. There was thick sea ice where there had never been before. Icy winds blasted the world of men, and the ground suddenly rumbled. Underneath the ice, in the bowels of the cold ocean, writhed the large Midgard serpent, and he had grown restless waiting. The never-ending winter indicated one thing to the monster: now was the time. He launched himself upwards with explosive strength, blasting straight through the thick ice, sending gigantic chunks sailing through the air. He flung his humongous body onto the land in one colossal leap, causing an earthquake strong enough to break all chains, releasing all who had been bound. Those who saw him were terrified; they knew Ragnarök had come at last and tried to run. With his mouth gaping wide, the awoken serpent spat forth a spray of black venom that none who crossed his path had escaped from; their half-formed screams dying in their throats. Now Jörmungandr would join his kin and bring the end to the time of the gods.

~

Jörmungandr is the son of the trickster god Loki and the giantess Angrboda (meaning 'she who bodes anguish'). Thus, Jörmungandr's siblings are Fenrir, the giant wolf, and Hel, the girl of life and death. All three are foretold to have an important role to play during the apocalyptic battle of Ragnarök.

When the god Odin found out about these secret monstrous offspring, he had them brought to Asgard. Odin had received a prophecy that his death would come at Fenrir's jaws. But while Odin was trying to change his fate, his actions only sealed it.

Jörmungandr was flung into the sea by Odin, and with nothing to limit his growth, grew so large that he could completely encircle Midgard, the land of men. In contrast to his siblings, Jörmungandr is much more animalistic and always made his violent tendencies known by spitting venom at the gods, notably Thor. The gods doubted that they could tame Jörmungandr's brother Fenrir so they bound him with a cord from which he could not escape. Their sister Hel was sent to rule over the underworld, where she maintained diplomatic relations with both the dead and the living—until one day, she too would choose sides.

Belief in a giant sea serpent is a common feature of ancient coastal communities, and Norse mythology is no exception. The tale of Jörmungandr likely started out as a legend to explain violent seas, tidal waves, or earthquakes. Norse people lived by the sea, gathered food from it, and are famous for traveling across it, so this accounts for Jörmungandr's popularity in ancient times.

There are several surviving carved picture stones featuring Jörmungandr in Sweden, Denmark, and Northern England from around the 8th to 10th Centuries. There is some consensus that these stones portray Thor and Jörmungandr on a particularly memorable fishing trip. If the interpretation of the stones is correct, this means that the same legend had been told for hundreds of years before it was ever written down in the Prose Edda, showing just how well-loved it was.

Thor had gone fishing with the giant Hymir. Considering Thor had brought the head of Hymir's most prized ox to use as bait, the trip had not gotten off to a great start. However, they continued, and Hymir proudly caught two enormous whales for dinner before Thor had even cast off. Thor rowed them out to deeper water while Hymir argued that they should return home with their catch. As Thor undoubtedly intended, his choice of bait proved to be perfect for hooking Jörmungandr the Midgard serpent. The mighty Thor hauled Jörmungandr towards them while the serpent writhed and resisted, causing horrendous waves. As

Jörmungandr's head breached the sea's surface, it spat poison at Thor but narrowly missed. Thor pulled Jörmungandr closer and reached for his hammer to finish him off. Hymir, terrified that Thor was about to start Ragnarök, cut the line, and Jörmungandr disappeared back under the waves. Hymir begged that they go back to shore. Thor and Jörmungandr would meet again, and they had both sworn to kill each other.

During Ragnarök, Jörmungandr and Thor will come face to face for the final time. There is no escaping this fate. Thor will kill Jörmungandr with his hammer, but before he can take ten steps away, on the ninth step, he will fall, Jörmungandr's poison having beaten him at last.

During the time of the Vikings, Jörmungandr's extraordinary length was emphasized by saying he could reach around the whole of Midgard and grasp its own tail in its mouth. Accordingly, there has been much commentary on Jörmungandr being an example of an ouroboros, a circular serpent symbol prevalent in much of the ancient world, most famously Egypt. It represents the circle of life, death, and rebirth. As Jörmungandr represents the beginning of the end, after which the world will be repopulated, this does seem to be an appropriate parallel.

In recent times, inspiration has been drawn from Jörmungandr in Marvel's *Thor* series, games such as *God of War*, and fantasy writers like Neil Gaiman.

But for now, Jörmungandr will remain under the sea until he arises to signal the beginning of the end and trigger Ragnarök. Because the gods are unable to prevent Ragnarök, despite their attempts, Jörmungandr symbolizes predetermination and destiny, in addition to the violent dangers of the deep.

SECTION FIVE

UNUSUAL UNGULATES

Ungulates are any animal with hooves, such as horses, cows, and boars. Ungulates certainly enabled human civilization to spread around the globe, so it is no wonder they are prominent in myth and folklore.

The most commonly featured ungulate by far is the horse. Domesticated around 6000-5500 BC, horses from myth and folklore are rich in symbolism and meaning. Striking in appearance, horses almost universally symbolize power and freedom because they gave advantage in battle and allowed freedom of movement.

While other ungulates are also domesticated, horses are often seen to serve humans more by choice due to their intelligence and the free spirit they retain. Thus, they lend us their speed, strength, and courage with cooperation and companionship. However, sometimes this speed leads to danger, like the Cheval Mallet from French folklore.

White horses are prevalent in mythology worldwide, often symbolizing purity and heroism worthy of the gods; for example, the Norse god Odin rode an eight-legged white horse, Sleipnir. In direct contrast, human-horse hybrid creatures often represent the wild and lustful side of human nature.

Some of the most well-known mythological creatures of all are equine-inspired, namely Pegasus, the winged stallion, and centaurs, the half horse-half human warriors. Both of these are from Greek mythology, and in this section you will find out about the creatures that preceded centaurs, ipotanes, and a horse no doubt inspired by Pegasus in Islamic tradition, Haizum.

Unicorns, in particular, seem to hold a timeless fascination. You will find several horned mythological creatures in this section, such as the Philippine Anggitay and the Slavic Indrik. Equine-inspired creatures remain ubiquitous in modern culture—such is their ability to capture the imagination.

CHAPTER TWENTY-FOUR
ANGGITAY

ORIGIN: FILIPINO MYTHOLOGY

As soon as the rain stopped, the rainbow the creature had been waiting for appeared. It formed a multi-colored bridge for her to trot across, provided for her by the rainbow god, Barangaw. Well, at least someone appreciates my beauty, she thought. With the breeze lifting her mane, the creature traveled to Earth, rainbow colors shimmering beneath her golden hooves. She could avoid the Golden Goddess if she went now, while the grass was wet and water was still dripping from the trees.

She stepped off the rainbow and onto the wet forest floor; getting her hooves muddy was worth it if she could find what she was looking for. In a puddle, she saw her reflection. If only she could get her body back, she knew she would be more beautiful than the Golden Goddess again. She was convinced that the Golden Goddess was jealous of her; that was why she was turned into a monster. Then she saw it, the familiar flash of gold through the trees. Anggitay needed that treasure to pay the Golden Goddess to transform her back to her old self. And off she galloped, skidding through the forest with a glint in her eye.

~

There are limited records of Anggitay, and at first, accounts appear to be contradictory. This is not uncommon in Filipino mythology as different islands had different beliefs, mythologies, and languages. One report from the Batanga region described a creature that was half beautiful young woman and half bedraggled mare. The beast, thought to be Anggitay, sat up in the boughs of a tree watching passersby.

Other accounts describe a race of beings, anggitays, which could hide up in trees, taking this idea from the Batanga sighting. Anggitays worked together to ambush travelers and steal their jewelry or gold. This does not seem to be grounded in tradition but appears to be a more modern development. However, the link to obtaining gold and jewelry, even by theft, matches a myth from the Visayan region, which appears in personal records from oral tradition. The Visayan myth is about the origin of Anggitay, and the fact that it involves some well-known Visayan deities adds to its credibility.

Originally the daughter of a datu, a regional monarch, Anggitay had the head and upper body of a woman and the legs and body of a horse, like a female centaur. She had an ivory horn in the middle of her forehead, not unlike a unicorn, and golden hooves.

Two Visayan deities were involved in the creation of Anggitay. One was the Golden Goddess, Burigadang Pada Sinaklang Bulawan, the goddess of gold and greed. She punishes people who are greedy for riches, especially if they are thieves. The Golden Goddess is stunningly beautiful and attended to by adoring dwarves. To illustrate her style of justice, she was once tricked into losing a beauty contest to a fairy whom she promptly stamped on and turned into an insect.

Barangaw is the Visayan god of the rainbow. He symbolizes luck, victory in battle, and hope in the face of adversity. He causes rainbows to appear, which enable travel between the heavens and Earth, an idea common in various mythologies. Bangaraw and the Golden Goddess were opposing forces in the story of Anggitay.

A royal datu had a beautiful daughter named Angga, meaning 'love' in Visayan. Though she was fair and attractive to look upon, she loved to adorn herself with precious jewelry, whether it was hers or not. The god of the rainbow, Barangaw, spent much of his time watching and admiring her.

Princess Angga was walking one day when she saw dwarves carrying bags of gold and jewelry through the Golden Goddess' sacred grove. 'Who does this belong to?' she asked covetously. The dwarves replied that it belonged to the 'fairest of the Earth's children.' As she was vain and conceited, Princess Angga thought that this must surely be her. She went back to the village and instructed everyone to make her a bejeweled golden throne and carry her back to the grove on it.

In a flash of golden light, the Golden Goddess appeared before Princess Angga, enraged at her vanity and arrogance. The villagers turned to flee from the furious goddess, but she transformed them into yellow field mice. The Golden Goddess cursed Angga for thinking herself more beautiful than the gods: stamping on her toes with her golden slippers turned Angga's feet into golden hooves. Then, she took off one golden slipper and hit Angga on the forehead with it; an ivory horn promptly grew there. The curse spread and began to turn all of Angga into an ugly old mare. Barangaw took pity on Angga and tried to reverse the Golden Goddess' curse, but he only managed to restore Angga's face and upper body. The rest of Angga would remain as a horse until she could find seven sacks of gold to give the Golden Goddess in return for her previous form. However, the Golden Goddess ensured this would never happen: she threw gold dust into Angga's eyes, finishing off her transformation into Anggitay. The gold dust in her eyes made Anggitay see the glint of gold wherever she looked, even though there was none.

Barangaw gave Anggitay the ability to travel across the rainbow and find refuge there. He continues to send Anggitay rainbows after the rain so she can come back and seek her gold. However, she is destined to remain Anggitay forever, tricked into seeing gold that is not there as a punishment for her vanity and greed.

CHAPTER TWENTY-FIVE

ARION

ORIGIN: GREEK MYTHOLOGY

Polynices should have been pleased that his father-in-law had lent him his horse for the chariot race. To have the fastest ever horse pulling his chariot should have brought him confidence, but instead, he felt anxious. Yes, the black-maned horse was the swiftest horse anyone had ever seen, but he had an unruly temperament. His father-in-law had given him so much advice about handling the horse that it now rattled around his mind, detached from meaning. He tried to remember: calm him, don't shout at him, and don't let him run off the reins, but don't pull hard on them either, never urge him to go faster... *That had not helped: now he felt nauseous. The horse stamped his hooves and tossed his head nervously, unsettling the other horses in line. Polynices got a distinct impression the horse knew he was not his master and was unimpressed.*

The mappa cloth fell, and the race began. Polynices claimed the lead with ease, the chariot thundering over the ground faster than he thought possible. Then suddenly, the horse skidded to a halt and reared high, striking out with his front legs, his black mane whipping the air. Before Polynices could understand what had happened, he was flung backward from the chariot. He hit the ground heavily and rolled several times, fearing he was about to get trampled to death by his competitors. Luckily, they had gained such a lead that he was spared from a grizzly end. While he tried to stagger to his feet, he saw the snake apparition that had caused the commotion, and beyond that, already crossing the finish line with an empty chariot: the fastest ever horse, Arion.

Black-maned Arion is a horse of exceptional speed, sure to win any chariot race because of his divine origins. In the *Iliad*, Homer famously said that no one could catch up, level with, or overtake you if Arion was pulling your chariot. His name comes from the word for 'braver,' and he is likely considered immortal because he was born of gods.

The majority of sources name Poseidon, the sea god, and Demeter, the goddess of agriculture, as Arion's parents. Alternatives are Gaia, the Earth, or Zephyros, god of the west wind, and a Harpy, although Demeter is said to have spent some time in the guise of a Harpy as well. There is also one story that Poseidon created Arion in a contest with Athena to make something useful for mortals. However, the most commonly accepted account is that Poseidon lusted after Demeter, who turned herself into a mare to disguise herself from him and avoid his pursuit. She hid among a herd of horses owned by Oncius, the god Apollo's son who bred horses. However, Poseidon recognized her even as a mare and turned himself into a stallion and mated with her without her consent.

Occasionally, Arion is shown with wings in modern depictions, but this could be due to the influence of Pegasus being his half-brother. One later Roman poet, Propertius, said Arion could speak, but it seems to be a creative embellishment that is not consistent with earlier accounts.

Arion had three main masters, Oncius, then Hercules, and finally Adrastus; the latter was made the most famous owner by the detailed accounts of Arion by the poet Statius. Statius gave the most insight into Arion's character and said that his passion to be moving could not be satisfied and that he was as 'changeful as a winter sea.'

In the lands belonging to Oncius, who had many horses, the colt Arion was born to the goddess Demeter. Arion had one sister, Despoina, a fertility goddess. Legend has it that the hero Hercules asked Oncius to give him his fastest horse, Arion, to help him during battle; Oncius agreed. But even for Hercules, Arion was feisty and hard to handle.

After the battle, Hercules gave Arion to Adrastus, the King of Argos. He became Arion's most notable owner and managed to tame Arion to some degree. Adrastus' daughter was married to Polynices, a prince in exile from the kingdom of Thebes, where his brother had taken the throne from him. Adrastus promised to help his son-in-law reclaim the throne. Accompanied by Arion, Adrastus took a large army led by seven champions to claim the kingdom of Thebes for Polynices. This assault became known as the Seven against Thebes.

On the way to Thebes, the inaugural Nemean Games was held as a memorial event for a child, and it included a chariot race. Arion competed in the race, and although he crossed the finish line first, he had thrown Polynices from the chariot and was disqualified. The god Apollo had interfered by spooking Arion with a snake apparition, causing Polynices to fall; thus, Apollo's favored competitor won without outpacing Arion.

When King Adrastus and his seven champions reached the kingdom of Thebes, there was a bloodbath. The seven champions all perished in the battle that ensued. Polynices and his brother fought each other for the throne, and both died at each other's hands. Adrastus would have surely died too if it was not for his faithful horse Arion who carried him away, easily faster than anyone could pursue them.

Arion lived on and had at least one son, a warhorse who belonged to the warrior Sthenelous who fought in the battle of Troy. Arion represents the archetypal horse, symbolizing victory in competition, bravery in battle, speed to escape your enemies, and a free, unbroken spirit.

CHAPTER TWENTY-SIX

BURAQ

ORIGIN: ISLAMIC MYTHOLOGY

The prophet sat with their eyes closed as their mind wandered. They saw a place of peace and purity and sensed unseen beings. A slight sound, like the rustle of a bird's wing, caught the prophet's attention. Ordinarily, nothing would disturb the prophet's thoughts, so they were surprised by the sensation of coming back to their body and opening their eyes. The afternoon light silhouetted a figure who had not been there before. 'I am Gabriel,' said the figure's voice, only, it was inside the prophet's mind. 'Do not be afraid. You have a journey to undertake, and I have brought you the means by which you will travel.' The prophet was too awed to speak.

Gabriel lifted an outstretched hand: in his palm, there was a miniature carving of a horse. Still unable to speak, the prophet searched Gabriel's face for an explanation, but it was so dazzling no answers could be seen there. Looking back to the horse figurine, it was now larger than it had been before. It was white with multi-colored wings, and as it continued to grow, the prophet saw it had a charming human face. Still growing, with a swish of its peacock-feathered tail, it stepped down from Gabriel's hand. By the time it touched the ground, it was life-sized, with a decorated crown on its head. 'Get on,' said Gabriel's voice kindly. The prophet knew this was going to be an epic journey—on the back of the glorious Buraq.

~

From the Arabic word 'to flash' and the middle Persian word for 'a mount,' Buraq was a flying steed that enabled prophets to complete impossible journeys. Rather than a definite myth that became more obscure with time, Buraq is the opposite, crystallizing over the centuries. At first merely alluded to, Buraq has gradually taken shape, and gender, over time.

Across the Islamic world, in parts of Africa and Persia especially, Buraq was a popular subject in folk art. Originally, Persian descriptions of Buraq did not express whether Buraq was male or female due to the gender-neutral language. Subsequently, carvings and figurines of Buraq compensated for this, depicting Buraq's human face with exquisite femininity. The first indication of Buraq's human face was a reference to a 'smooth cheek,' and it took off from there.

In the 16th Century, Buraq was referred to as a mixed hybrid creature with a human face, wings, and features from camel, donkey, elephant, and ox. Some accounts give Buraq a peacock-feathered tail, fine jewelry, or leopard spots, making a definitive description of what Buraq would have initially looked like less distinct. Crucially, some of these descriptions caught on more than others, and it was a human face, a white horse's body, and multi-colored wings that really captivated people.

Buraq was first mentioned by writers retelling the Prophet Muhammad's miraculous journey in a single night, called the Night Journey story, or *Isra'*. To make it possible to visit many sacred sites in one night, the angel Gabriel gave Buraq to Muhammad to enable travel at lightning speed.

The Quran alludes to the Night Journey story, with most scholars interpreting it as a journey to Jerusalem, but some as a journey to heaven. This has led to the Night Journey story (*Isra'*) and the story of Muhammad's ascent to heaven (*Mi'raj*) often being merged together in accounts of Muhammad's life and sayings. As one of the most popular stories in Islam, it has captured the heart and imagination of many poets and writers and led to traditional elaborations of the Night Journey story. It is these stories that first breathed life into Buraq and resulted in many beautiful paintings of Muhammad ascending to heaven on the magnificent Buraq. Incidentally, the journey itself, and therefore Buraq, are sometimes considered a dream or vision rather than a physical journey, but nonetheless of great spiritual significance.

Gabriel appeared to Muhammad, waking him from sleep, and brought him Buraq; a white beast, saddled and bridled. Its size was between that of a donkey and a mule, and with each step, it could reach as far as the eye could see.

At first, Buraq shied from Muhammad, but Gabriel explained that this was a rider most honorable to God and Buraq broke out in a sweat in response. Muhammad rode Buraq from Mecca to Jerusalem, stopping at many sacred sites on the way—an impossible feat achieved only with Buraq's lightning speed.

When they arrived at the Al-Aqsa Mosque in Jerusalem, Gabriel pointed to a spot on the Western Wall, and a crack appeared in the rock. To this day, this part of the wall is called the Buraq Wall because it is where Muhammad dismounted and tied Buraq. Muhammad then continued his journey by ascending a shimmering ladder to heaven, guided by Gabriel. After returning to Earth, Buraq took Muhammad safely back to Mecca— before the same night was over.

As it is popular to combine the two stories, Buraq is commonly included in the ascent to heaven instead of the ladder. Because Muhammad had been through a difficult time in his life when he met Buraq, she can represent a silver lining to our hardships and makes the impossible possible.

In the modern world, Buraq has lent her name—and connotations of piety and speed—to airlines, bus companies, unmanned drones, and high-speed rail services.

Buraq has become considered female over time, but she differs from many other mythological woman-animal hybrids because she is not sexualized in any way. Rather than a virginal purity, Buraq, with her gleaming white body to transport the worthy, was meant to represent purity in its broadest sense.

CHAPTER TWENTY-SEVEN
CHEVAL MALLET

ORIGIN: FRENCH FOLKLORE

It had grown late; the weary traveler trudged along the dirt track. The grey evening had turned into a dark, cloudy night, and already the mist was rolling in. It was becoming hard to see even his hand in front of his face, and every so often, he would end up in the hedge at the side of the road. But he had been delayed, and there was no alternative but to walk. A fine drizzle started to fall, making him feel instantly chilled in the frigid night air. He longed for even the tiniest bit of moonlight to see by, but there was none. He suddenly splashed into a puddle, cursing his luck; now, his feet were wet, making him feel all the more miserable.

As he shook the water from his shoes, he heard a gentle snicker. He nearly jumped out of his skin, but he came across a horse, almost walking into it, and immediately felt reassured. The horse was lying down, as if waiting, by the side of the road. It had a saddle and bride on and was looking towards him as if it recognized him. He called out, 'Hello?' unsure where the owner could possibly be at this time of night. Maybe he could borrow the horse and bring it back in the morning, after dry socks and a warm bed. The traveler reasoned that the horse would be able to see better than he could in this darkness, and at least it would save him from falling into any more puddles. He stroked the horse's warm neck; it seemed perfectly friendly, and he climbed into the saddle.

When the locals found the traveler in the morning, there was nothing but a trampled body in the ditch and some oddly shaped hoof marks nearby. They knew the Cheval Mallet had been again and claimed the poor man's soul.

~

In the area around Lac de Grand-Lieu, in the west of France, there are stories of an evil horse that appears to weary travelers on moonless nights. The horse is usually said to be as white as the mists, but occasionally it is a black horse that appears. This has led some to attribute magical powers to the Cheval Mallet, saying that this mysterious horse can change its color at will, perhaps even to avoid being identified.

The Cheval Mallet looks beautiful and serene, fully equipped with a bridle and a comfortable-looking saddle. It may even have offered extra assistance to mount by kneeling down to coax the tired traveler onto its back. However, appearances can be deceiving: the helpful, attractive exterior disguised malicious intent.

If a traveler accepted a ride from the Cheval Mallet and climbed into the saddle, the horse would immediately take off at a terrifying speed. Smoke would curl from its nostrils, and its previously docile eyes would gleam like fire. It would continue to gallop all night, tearing through the countryside, wild with fury. As morning approached, the Cheval Mallet, now looking nothing like the serene beast the traveler had initially laid eyes on, would throw the exhausted rider and trample them to death. A favorite of the Cheval Mallet was to unseat the rider and toss them down a ravine or into the lake. The battered victim had no chance of survival and always gave in to death.

The origin of the Cheval Mallet was likely to explain mysterious deaths of lone travelers or as an answer for finding a body in strange circumstances. It is not inconceivable that people believed they saw a strange horse in the mist on a dark night as their eyes perhaps played tricks on them, perpetuating the story.

Inspired by the story of the Cheval Mallet was a military feast and carnival held in the 17th Century involving actors, with at least one being dressed as the dreaded horse. But the event was banned by the ecclesiastical authorities and subsequently forgotten. More recently, the story has inspired a game, and a folk song called *La Ballade du Cheval Mallet* by Tri Yann.

The only way that you could protect yourself from the Cheval Mallet was to carry an appropriate talisman. If you had six coins marked with a cross, you could throw them in front of the Cheval Mallet as soon as you saw it, and it would be forced to stop; if you were lucky, you would have time for a hasty escape. Crossing yourself was considered a helpful addition, but the best form of protection was a medal or cross of Saint Benedict, the patron saint of Europe, which would protect you from evil, including rendering you safe from the Cheval Mallet. There is even a story that with courage and the protection of Saint Benedict, someone was once able to subdue the Cheval Mallet and command it to take them on a trip to Paris.

The Cheval Mallet is thought to symbolize a murderous psychopomp, a manifestation not only guiding the soul from this world into the next but taking the life in the first place. In traditional French folklore, the moral of the story is to never get on a strange horse and always be prepared with something useful in your pocket. If you do accept a ride from an unknown horse on a moonlit night, you may never return.

CHAPTER TWENTY-EIGHT

HAIZUM

ORIGIN: ISLAMIC MYTHOLOGY

*The soldier knew their army was outnumbered, but facing him was a single opponent launching a fierce attack with his sword. The soldier only just managed to block the strike. He shifted his feet, ready to counterstrike, but when he thrust his sword, it met air. To his surprise, his opponent, so determined to kill him a moment ago, had suddenly turned to flee. The soldier roared and raced after him with his sword aloft. Fleetingly, the soldier thought he heard the pounding hooves, but the air trembled instead of the ground. A stranger's voice called out, '*Forward, Haizum!*' from somewhere above his right shoulder, but no one was there. He couldn't help thinking, my name isn't Haizum. He refocused on his quarry; he had nearly caught him.*

*As the soldier ran, an errant gust of wind blasted him with dust. He heard the crack of a whip, and wiping sand from his face, saw his quarry crumple to the ground. When he reached him, he saw his face was sliced open, from one temple, across his nose, to the opposite cheek. The wound was red raw at the edges but sickeningly discolored where the flesh gaped, as if it was already infected with some strange poison. Again, he looked around, but there was no one to be seen, only the enemy retreating behind a rolling cloud of dust: he couldn't believe his eyes. '*Forward Haizum…' *he whispered to himself, and with a flash of realization, '…* Haizum is the horse of an angel!'

~

According to Islamic traditional writings, elaborations based on the Quran, Haizum is the horse of the archangel Gabriel, a gift from God for being a faithful servant. Haizum is of pure white skin to the point that he appears luminous to those lucky enough to see him.

Haizum is a fitting mount for an angel because he can travel between cosmic planes instantaneously with his large, white, feathered wings. This enables Gabriel to pass on divine messages to prophets, including the Prophet Muhammad. Apparently, Haizum was chosen for Gabriel because he was the most intelligent animal in the universe. This highlights the cultural significance of horses and how intelligent they were considered to be, offering valuable assistance to humans and angels alike.

In the Battle of Badr, Muslim troops numbering just over three hundred faced one thousand Quraysh, a mercantile Arab tribe and staunch opponents of Muhammad and his religious message. Moreover, the Muslim army only had two horses, and the enemy had many. Muhammad, who was leading the Muslim troops, was distressed that they were so severely outnumbered and prayed fervently to God that they would not all be slaughtered and Islam wiped out before it had truly begun. His prayers were answered as one thousand angels were sent to secure their victory.

Muhammad saw a great sandstorm roll through the valley during the battle, though there was no wind and the ground was soaked from heavy rain the previous night. He saw Gabriel, the angel of revelation, mounted on his white horse Haizum leading half of the angels into battle. The angel Michael, the field commander of the angels, led the other half. Gabriel's battle cry could be heard, 'Forward Haizum!' as they rode the waves of dust, and no hooves touched the ground. The Quraysh turned their backs and began to flee; those who were not quick enough were trampled. Now Muhammad knew he would be victorious and his followers would survive. Due to the aid of the mounted angels, they lived to show mercy to their prisoners.

Another traditional story is that of the Golden Calf, which is mentioned in the Quran. While Moses was away fasting and praying, some of his followers grew restless awaiting his return and were filled with doubt.

One of his followers, named Samiri, persuaded the other Israelites that Moses had deserted them and was not coming back. Samiri convinced everyone to give him their gold coins and jewelry, which he then melted down to make a golden calf. He had some dust from under the hooves of Haizum, and he threw it into the calf's mouth, making it seem as if it was partly alive. Such was the power of the dust. The Israelites were amazed and worshiped the golden calf when Samiri claimed that this was their guiding god.

Moses returned and asked Samiri why he had done this. He replied that he was responding to the inclination of his soul when he threw Haizum's dust. After some discussion, and other mishaps, everyone prayed for forgiveness for worshipping a false idol.

By the time Islam was created, the time of Greek mythology had passed, the gods forgotten, and only Greek philosophical and scientific texts were translated in the Islamic world. However, a white, winged horse had been immortalized in the stars. The constellation of Pegasus was familiar in the early Islamic world and had the name of Faras al-Azam, meaning 'great horse.' Astronomy and astrology were culturally valued, so the white, winged horse was incorporated into Islamic tradition. There is a stunning Iranian luster bowl from the late 12th Century showing a winged horse, the very likeness of Haizum, considered to be derived from Pegasus.

Haizum has the crucial task of transporting the angel Gabriel with his divine messages. He also represents an explanation for sandstorms, which look like they have been whipped up by angels or stampeding horses. Though known by different names, the white, winged horse remains one of the most recognizable mythological creatures in the world.

CHAPTER TWENTY-NINE
IPOTANE

ORIGIN: GREEK MYTHOLOGY

Silenus stood away from the stage, leaning on a donkey for support, listening to the audience roar with laughter at some crude innuendo in the play. The townspeople were gathered for the Dionysian festival; they flocked to enjoy the comedies and tragedies, where music played and wine flowed. Silenus went to take another swig of wine from his jug and laughed at the hint of his own reflection. He was older now: he saw a stubby nose, full lips, and balding head with long pointed ears. He knew if he looked down, he would see his once muscular physique softened and spread like bread dough. How times had changed since his youthful days in the forest; he barely recognized the face rippling back at him.
The god Dionysus swaggered over, marveling at the festivities being held in his name. 'Silenus, my tutor and companion, answer me this,' *he boomed, proffering his jug of wine.* 'Are you well enough inebriated to share your arcane knowledge of the future with me?'
'Well, Dionysus, my dear student,' *Silenus began.* 'I have imbibed liberally, so listen and listen well…' *He took a steadying breath and flicked his tail, ready to begin: he had so much secret wisdom he would only tell a little; he was an ipotane after all.*

~

Ipotanes were male human-horse hybrids with a human body, horse's ears and tail, and sometimes a single pair of horse's legs. In ancient Greece, ipotanes were portrayed unclothed and were considered nature spirits. While some early versions of ipotanes walked upright on two horse legs, other depictions had human legs. Ipotanes sometimes have the equine facial features of a flattened nose and mane-like hair. They are considered the origin of several human-animal hybrids: satyrs, men with some horse features; centaurs, a human torso on a four-legged horse body; and fauns, a man with the two legs of a goat. Some ipotanes are depicted as muscular with a head of luscious curly hair, while others are older and balding. Linguistically, ipotane suggests translations from the Greek words for 'knights' and 'horse-people.' As knights often rode horses, this could be one explanation of how these mythical creatures came into existence.

The most well-documented incarnation of ipotanes is the satyr, associated with Dionysus, the god of wine and theatre. Dionysus represents good times and celebration, and the satyr-type ipotanes are shown as being older, balding, often drunk on wine, and staggering on their human legs. Pottery dating back to the 6th Century BC shows satyrs playing musical instruments and drinking wine from large skins. The satyrs of Dionysus are always shown anatomically exaggerated and sexually aroused. They were renowned for their satyr plays in which they acted as the comic relief, known for their rude wordplay, innuendo, and lewd jokes.

The satyrs that accompanied the god Dionysus were called the Sileni in ancient Greece. Over the course of history, the plural was dropped, and instead, one single satyr was characterized: Silenus. A host of satyrs continued to accompany Silenus and Dionysus, playing musical instruments, drinking, and generally being raucous and raunchy. While celebrating, they could whip themselves into a destructive frenzy, leading to trampled crops and food looted from villages.

Satyrs also had unrestrained animalistic desire when it came to women, both nymph and human. Although satyrs loved women, their wild and rambunctious behavior meant that women did not always love them back. A rejected satyr did not always take 'no' for an answer, so they also represented uncontrolled lust and the subjugation of women.

Silenus was considered the father of the satyrs and a friend, companion, and tutor to the god Dionysus. When Silenus had drunk enough wine to be inebriated, it is said that he would share knowledge of the arcane and tell prophecies of the future. This characteristic stemmed from the conviction that ipotanes possessed great wisdom, if only they could be persuaded to share it.

Possessing hidden knowledge is a concept that has been passed on from ipotanes to centaurs. Though ipotanes are considered the origin of centaurs, their personalities are very different from satyrs. While centaurs are seen as noble warriors of the forest, satyrs are rambunctious and slovenly. On the one hand, they could be the life of the party, but on the other, they were vulgar and crude, unlike centaurs.

Over time, some of the animalistic qualities of satyrs stopped being taken so literally, and they were instead depicted as human men with their beastly demeanor, after having too much to drink, being more metaphorical. Describing a satyr as a man with animalistic behavior allows someone something of an excuse for someone who may have disgraced themselves the night before. They were merely a beastly satyr, attending Dionysus, their god of merriment and revelry, and things got a little out of control.

The next incarnation of the ipotane was in Roman times when, by then, the satyr had evolved into the faun, with two goat legs and a human torso. Fauns still had a liking for music but a much calmer demeanor than satyrs and a love of the forest like centaurs, which is assumed to be more in keeping with the original ipotanes.

Though it is hard to pinpoint an original version of the ipotane, certain characteristics can be traced back through accounts of centaurs, fauns, and satyrs. Unfortunately, not all stories could be written down, and not everything recorded could survive for thousands of years. For this reason, the evolution of these legendary creatures highlights how myths and legends were passed down through many generations by verbal storytelling, a tradition that would keep versions of the ipotane alive, fluidly diverging and converging like a braided river.

SECTION SIX
AQUATIC BEASTS

It is easy to picture ancient people looking out to sea and wondering what lurks in the unknown depths. Many sea monsters were imagined to explain the dangers of the deep, the sinking of boats, lost sailors, and certain natural phenomena such as tidal waves and tsunamis.

Unpredictable and deadly like the sea, two of the most well-known sea monsters are the Kraken, a giant many-tentacled creature from Scandinavian folklore, and the more whale-like Leviathan from the Hebrew Bible. It was so renowned that the word leviathan was incorporated into the English language as a noun meaning something very large or powerful.

This section includes creatures that live in bodies of water. Some are amphibious, like the Māori Ponaturi, while others shapeshift to come onto land. The myriad water-dwelling creatures almost universally represent the risk of death by drowning and the idea that there could be something hidden just under the surface. This concept is also said to symbolize the unconscious mind, always present but usually hidden; a monk lusting after the Slavic Rusalka is an excellent example of this.

A body of water does not need to be vast to be dangerous; lakes and rivers can easily lead to drowning, as shown with the Scottish Kelpie. Crocodiles also represent a hidden threat in the water in certain countries and have inspired creatures like Makara in Hindu mythology.

As well as deadly, the sea can be giving and beautiful, like the seal-like selkie folk of Scotland, a heart-breaking exception to the theme of physical peril and destruction posed by other water dwellers.

CHAPTER THIRTY
BAKE-KUJIRA

ORIGIN: JAPANESE MYTHOLOGY

Hamma sat on her rocky coastal perch and gazed down at the shallow water of the cove. She looked out to sea and envisioned her father going whaling, dressed in his loincloth and headband. As far as Hamma was concerned, he was fearless and the best swimmer in the village, but that didn't stop her from worrying about him. Returning her gaze to the cove, Hamma saw the splashes of a shoal coming in. Great! *she thought, jumping up, preparing to tell her father—they could have fish for dinner! But before she turned away, she saw a large shape under the water; perhaps a whale was following the fish. She ran down the rocky path to the edge of the peninsula to get a closer look.*

Sure enough, just below the water's surface was a huge white whale swimming towards the cove. Not only were there fish in front of it but also birds above it, tagging along for a feast. Her stomach rumbled just thinking about it. She would tell her father there was a whale too—everyone could eat well! Just then, the whale came up to breathe, and she squinted to check what she saw: the whale was all bones, with only seawater in between them. Yōkai! *Maybe the shoal of fish would be strange like the birds and no good to eat, like the whale, her hopes of a good meal disintegrated. She raced to tell her father. He would know if they should go to the shrine to pray because she had seen Bake-kujira.*

～

The skeletal form of Bake-kujira has no flesh or structure other than white bones, although the creature is animated and moves around like it is alive, even coming up to the surface as if to breathe. Its skull hosts empty eye sockets and, as it is a baleen whale, no teeth. It is said to be accompanied by peculiar fish and birds, no doubt because whales and birds can be witnessed following large shoals of fish for a feeding frenzy in shallow water. While whale carcasses are known to float for a time, they sink as decay sets in, rotting to bones on the seafloor—this implies that other forces are at work in the case of Bake-kujira. Translated from Japanese, Bake-kujira means 'ghost whale,' although it is sometimes called 'bone whale.'

The popularity of Bake-kujira can be credited to the manga artist Mizuki Shigeru. He was considered a master in the genre of yōkai stories and was best known for the manga series *GeGeGe no Kitarō*, which featured Bake-kujira. He was also an expert historian and was inspired by Bake-kujira folklore from his home region.

One rainy evening, an enormous whale was seen from the shore. The men took their fishing boat out to investigate, but the closer they got, the more unusual the situation became. Even though it was difficult to see in the rain and encroaching darkness, the whale was clearly humongous and white. Surrounding the whale were thousands of fish, but even the most experienced fishermen could not recognize them. There were also birds accompanying the whale that no one had ever seen before. It was as if they had sailed into an unknown world.

One man threw a harpoon at the whale, but it went straight through. The whale had no flesh; it was only bones but was swimming nonetheless. The men were unanimously terrified and called off the hunt. The whale turned and swam back out to the deep ocean, the strange birds and fish going with it. The whalers returned to shore, safe but shaken, convinced they must have seen a strange god or the ghost of a whale they had once killed. And though they looked, they never saw it again.

Historically, whale sightings and beached whales were considered an auspicious blessing as they could mean the difference between starvation and prosperity. This led to the traditional saying, 'One whale benefits seven villages.' In ancient Japan, whales were respected and eventually considered the embodiment of Ebisu, the god of abundance, so the limited remains of carcasses were buried in whale mounds and often turned into shrines.

During the Great Tenpo Famine, in 1837, a large whale beached itself next to the whale shrine in the town of Akehama; it saved the whole area from starvation. This was seen as a noble sacrifice, so the whale was given a posthumous Buddhist name as a mark of veneration, a practice usually reserved only for great lords. The name given roughly translates to 'The Great Health-Bringing Whale Scholar of the Universe.'

Modern commentators tend to present the symbolism of Bake-kujira as the antithesis of traditional whaling, so instead of representing food, stability, and prosperity, Bake-kujira is a bad omen for famine, fires, or plagues. Historically, rumors like this were perpetuated by people opposed to whaling, such as Buddhists, to dissuade people from killing these majestic mammals. However, Mizuki Shigeru, perhaps the most direct link to the legend, portrays Bake-kujira differently. In *GeGeGe no Kitarō*, Bake-kujira is depicted as a sea guardian, massive and powerful but kind-natured.

Some sources mention the 'Curse of Bake-kujira,' but this seems to be a term coined by Mizuki Shigeru himself in the 1950s. While working on manga, he said he ate a lot of whale meat and became inexplicably ill; he called it the 'Curse of Bake-kujira.' Thus, the term seems to have been transposed to a time when fishermen were almost certainly worried that the souls of slaughtered whales would become vengeful and return to bring destruction. Ultimately, this is why Bake-kujira has been interpreted as both a scourge-bringer and a protector of the oceans.

CHAPTER THIRTY-ONE

KELPIE

ORIGIN: SCOTTISH FOLKLORE

One evening, a man walking home saw that the river he needed to cross was flooded and too fast-moving for him to do so safely. As he was about to turn around, he saw a gray pony grazing on the river bank. The man approached it; it made no objections to his presence and allowed him to jump up onto its back. He was a confident rider and had quickly decided that this was the perfect way to cross the river and return to his family as planned. However, as soon as he was seated, the horse charged off into the deepest and most turbulent part of the river. By the time the man realized, it was too late: this was no horse; it was a kelpie taking him to his death.

~

The most common water spirit in Scottish folklore is the kelpie, a type of water horse. It is a shapeshifting aquatic creature that can take the form of a horse or human on land. Kelpies usually show themselves as handsome grey or black horses and possess exceptional strength and stamina. They lurk around bodies of water, usually rivers, that have deep pools for them to inhabit. Their coats are enchanted, so if you touch them, you cannot break free. The most likely candidate for the word origin of kelpie is the Gaelic word cailpeach, meaning 'colt,' a young male horse.

Almost every significant body of water in Scotland has an associated kelpie story, and the common theme is that if you get onto their back, you are doomed to drown. The variety of local stories imply a host of different kelpies with a wide range of personalities and characteristics. Some regional variations include a kelpie with serpents in its mane, some with hooves pointing the wrong way, and one that sings to entice you onto its back. It is said you should look out for a dripping wet mane or water weeds in the hair of a kelpie disguised as a person. Kelpies are almost always considered malevolent and said to prey on humans, leaving only entrails thrown out onto the riverbank

Across Scotland, a tale is told of ten children who unknowingly met a kelpie as they played near a river. Nine of the children climbed onto its back, but the tenth child, a boy, was reluctant. The kelpie wanted all ten children and followed the boy. The young boy, thinking the horse was being friendly, stretched out his arm to gingerly stroke the horse's nose. Immediately his finger became stuck and, as the horse turned, dragging him towards the river with the other children still on its back, he knew it was a kelpie. Shouting to the other children, he quickly took his pocket knife and cut off his own finger to free himself. The other nine children were stuck on the kelpie's back and couldn't get off; they were carried away and drowned, their innards later found on the riverbank.
In contrast to this malicious intent, kelpies are also seen as seeking human companionship, but in most cases, it is probably a pretense to lure people onto their backs to drown them. However, one story shows at least some kelpies are capable of human-like feelings.

There was once a lonely kelpie who had seen a girl he longed to marry. He turned himself into a handsome young man to woo her. The girl, however, recognized him for a kelpie and took his silver necklace while he was sleeping; it was his bridle and the source of his power. Without it, he was forced into his horse shape and put to work on the family farm for a year. Questioning her actions, the young woman took the kelpie to see a wise man. He said she should return the kelpie's silver necklace, which she did, allowing him to resume his human form once more. He professed that he still wanted to marry her, and this time she agreed. The wise man granted the kelpie a mortal life, and they were married.

Gaining control over a kelpie and putting their strength to work does not always have a happy outcome. For example, the Laird of Morphie forced a kelpie to build his home by making it wear a halter with a cross on it. When the Laird's home was finished, he set the kelpie free, but it cursed him, and the Morphie family line died out.

Also related to tack, an ancestor of the MacGreggor clan managed to take a kelpie's bridle. Powerless and destined to die within a day without its bridle, the kelpie tried to reclaim it but was outsmarted by MacGregor. Subsequently, the bridle was said to give healing properties to water and was passed down as a family heirloom.

While kelpies in human form are almost always male, in one story, a kelpie appeared as a disgruntled old woman and drowned two people in a river. Despite this, most paintings of kelpies show them as nude waterside maidens, clearly a sizable step away from the catalog of traditional folklore.

The kelpie stories warn people of the danger of flooded rivers, deep pools, and hidden currents. These all present a genuine risk of drowning, and the stories may have originated as an attempt to rationalize both children and adults lost to such tragic accidents. Evolving into cautionary tales, they may have helped keep children away from dangerous waters, as well as young women away from handsome strangers.

CHAPTER THIRTY-TWO

SELKIE

ORIGIN: CELTIC, SCOTTISH AND NORSE FOLKLORE

She had looked inside every cupboard, under the beds, in the roof space, any crevices she could think of; it was nowhere to be found. But it must be somewhere! It was too precious to have been thrown away. And it couldn't have been destroyed; she was still here, wasn't she? She sat down dejected. Life was alright here; her husband was a kind man, and she had come to love him, but…

'What were you looking for, Ma'am?' *asked her youngest as she sidled up next to her lap.*
'I used to have a coat that was, you know… warm for winter,' *said the mother sadly, stroking her daughter's hair,* 'but I can't find it anywhere.' *The child thought for a moment,* 'Is it shiny and beautiful?' *she asked. Her mother nodded.*
'Don't cry, I know where it is!' *and the child dashed off into the next room.* 'Is it this one, Ma'am?' *she asked, returning a few minutes later with a silky smooth, grey sealskin coat. Her mother gasped,* 'Yes, where did you find it after all this time?'

'I saw Dad putting it under the floorboards one night,' *said the child, proffering it to her mother. She took it like it was a treasure and held it to her chest. Putting a gentle hand on her daughter's shoulder, she said,* 'I have to go away, tell your Dad and brothers, I love you all, but I have to go.' *She got up, clasping her sealskin coat, and headed for the door.*

'When are you coming back?' *asked the child, misunderstanding.* 'Come and visit me at the beach sometimes,' *the selkie said over her shoulder,* 'I will sing for you.' *And with tears rolling down her cheeks, she turned and left.*

~

Tales of the selkie folk, or seal people, stretch from Ireland to Iceland and are concentrated around the Northern Isles of Scotland, Orkney and Shetland. Selkies are miraculous seals, male and female, that can shed their sealskin to take human form on land. They are beautiful, loving creatures with little to no inclination to cause harm. Selkie is the Orcadian word for gray seal, a common sight in the area, basking on rocks, or popping their heads out of the water, with big dark eyes.

In folklore, selkies cannot shed their skin any time they please, only according to certain time constraints, such as once a month, once a year, or every seven years. They must don their sealskin to return to the sea; otherwise, they are forced to stay on land. Regardless of how long they stay ashore, selkies have a deep attachment to the sea. Selkie folklore revolves around a human taking a selkie lover, but it inevitably results in heartbreak as the selkie can't escape their urge to return to the water.

If a lonely human woman seeks the company of a selkie man, she must shed seven tears into the sea at high tide to call a selkie to her. Stories of taking a male selkie lover may have been used to explain pregnancies while protecting the true father's identity, relevant in the small island communities where everyone knows everyone else. For female selkies, the stories may have originated to explain a missing wife and comfort any children left behind.

In Orkney, there was once a handsome young man who was yet to marry, even though the local girls had tried to woo him. One evening he was walking by the beach when he saw several selkies in human form frolicking in the shallows and dancing naked on the shore. He crept closer; he had heard of selkies but never seen them on land before. When they saw him, they snatched up their sealskins and fled to the water. But the last selkie woman was too slow; the young man had snatched up her skin before her. She begged for him to return it, but he could not bear the thought of her disappearing into the sea; such was her loveliness. He folded up the sealskin and took it—and its owner—home.

They made a happy life together and had several children, but he often saw his selkie wife gazing out to sea with a wistful look in her eye. He could not bear the thought of parting with her and made sure the sealskin was well hidden. However, their children found it one day, and not knowing what it was, gave it to their mother. Once the selkie had the skin in her possession, she returned to the sea, leaving her children and human husband behind, never to be seen again, although the children often saw a seal pop their head up and watch them intently every once in a while.

An interesting candidate for the origin of selkie folklore is Sami kayakers, indigenous people from Scandinavia, or even Inuit who rowed down to Scotland when the ice sheets made the distances more traversable. Their garments and kayaks were covered in sealskin, but as they became waterlogged, they had to be removed and dried out to regain buoyancy. This could have easily given the impression of removing a sealskin to reveal human legs and also given rise to the idea that some selkies were already married.

For these isolated coastal communities, the sea both gives and takes away. To reflect this, selkies symbolize a generous bounty and the heartache of loss. In contrast to other sea-dwelling mythical creatures, selkies are affectionate and gentle, just like the companionable sight of gray seals. So, the next smooth dark head that bobs up out of northern waters may be a missing selkie wife and mother, checking on her family.

CHAPTER THIRTY-THREE

CETUS

ORIGIN: GREEK MYTHOLOGY

*A tidal wave had just swept over the land, flattening almost everything in
its wake, ripping up trees with ease, and tumbling buildings. From a high
vantage point, Makda could see the sea still churning; what looked like a
second wave rising up, ready to roll ashore. There was something out there,
writing in the sea, and every so often, a large black tail would flick up and
crash down, violently disturbing the water. The wave started to rush in
towards where the beach used to be. Makda could only look on in horror;
there were already so many bodies floating in the water, cows, people.
There was definitely a twisting black shape behind the wave, closer now,
urging it on. A long black head rose out of the water to oversee the
destruction; it was as if it used its massive body to drive the tidal wave
ashore. Big bulging eyes and rows of razor-sharp teeth were visible—
it seemed to be cackling at the havoc it heralded. From its vastness,
viciousness, and unusual spines down its back, it could only be Cetus.*

~

In Greek mythology, the name Cetus can be given to any large sea
monster, and collectively they were called Cetea. Cetus was also the
Greek word for any large sea animal, including whales and sharks. A
classification of whales, cetaceans, is named after Cetea, and they are also
large, fully aquatic, streamlined, and carnivorous.

Of exceptional strength and size, Cetea are said to have had an insatiable appetite, attributed to their vastness, and to be quick to rage. Cetea were loyal to the sea god Poseidon and frolicked around his chariot when he passed by. They were also the mounts and companions of the beautiful sea nymphs, Nereids, but savage Cetea attacks are the most renowned. The most well-known Cetea were the Ethiopian Cetus, slain by Perseus, and the Trojan Cetus, slain by Hercules. In each case, the Cetus in question was sent by Poseidon to consume a human sacrifice.

Written accounts featuring Cetea focus on the courageous actions of the heroes rather than describing the sea monsters in detail; however, ancient art can provide insight here. Depictions in 4th – 6th Century BC vase paintings show Cetea with long jaws full of sharp teeth, a long body with fins, and a row of spikes down the back of their neck or whole body. The surviving vase painting of the Ethiopian Cetus appears more serpent-like, whereas the example of the Trojan Cetus is reminiscent of an elongated killer whale.

The myth featuring the Ethiopian Cetus is the most well known because it tells how the hero Perseus met his wife, Andromeda:

In ancient Ethiopia, King Cepheus and Queen Cassiopeia had a beautiful daughter, Princess Andromeda. They were very proud of her, but the queen, in particular, liked to boast about how stunning the princess was. One day Queen Cassiopeia was crowing about how her daughter was even more beautiful than the Nereids when the sea nymphs overheard her. Enraged and offended, the sea nymphs rushed to Poseidon to complain and demand that Queen Cassiopeia be punished for her pride and arrogance. Poseidon agreed that something must be done—he was married to a Nereid after all—and he sent a mighty tidal wave to Ethiopia. The wave alone caused much destruction, but into the floods it had created, Poseidon sent Cetus to devastate the kingdom further. Many lives were lost, and homes and farmland were obliterated.
King Cepheus consulted with an oracle for advice on how to stop this onslaught. The oracle advised him to sacrifice Princess Andromeda to the sea monster to appease Poseidon. The King felt he had little choice and ordered for his daughter to be tied to a rock in the sea; then, they waited for Cetus.

Luckily, at that time, the hero Perseus was on his way home from killing the Gorgon Medusa. As he flew over the sea with his winged sandals and reached the coast of Ethiopia, he saw the beautiful Andromeda chained to a rock. He spoke with her and was moved by her plight, so he quickly sought agreement from her parents that he could marry her if he saved her from Cetus. They hastily agreed, even though she had been betrothed to the King's brother. At that moment, Cetus came, thrashing wildly through the water, snapping his sharp fangs, ready to devour his sacrifice. In some accounts, Perseus slew the monstrous Cetus with his sword, and in others, he used Medusa's head to turn Cetus to stone. Either way, he destroyed a monster and gained a bride, and Perseus and Andromeda went on to have one of the most trouble-free marriages in Greek mythology.

Thus, Cetus is established as a tool used by the tempestuous sea god Poseidon to dish out his destructive punishments. In the story of the Trojan Cetus, Hercules rescues Hesione, another princess and would-be human sacrifice. Both Greek myths involving Cetus have the classic damsel in distress, with Cetus as the threat to life to be overcome by a daring (male) hero, which reflects the patriarchal society of the era. Collectively, Cetea represent the dangers of creatures such as whales and sharks while symbolizing the then unknown depths and destructive powers of the ocean.

CHAPTER THIRTY-FOUR
MAKARA

ORIGIN: HINDU MYTHOLOGY

Under the timid surface of the river, the creature lurked. It was patient, calculating, and hungry. Its long jaws itched to sink their sharp teeth into flesh. Completely submerged, no one would know it was there until it was too late. It took a slow step forward along the riverbed, each clawed foot sinking into soft mud. There were splashes as legs got into the river, some stood still, some were cavorting around, and distorted playful shouts travelled through ripples. A line of soapy suds floated overhead from clothes being washed. Any moment, some unsuspecting innocent would step closer, and Makara would gorge on fresh meat.

~

Makara is the Sanskrit word for 'sea creature' and the origin of the English word 'mugger,' which is also Hindi for crocodile, reflecting how crocodiles hunt. The gharial, one of the types of crocodiles found in the river Ganges, is the likely source of inspiration for Makara because it has an unusually shaped snout, having a lumpy protrusion at the end of its nose.

Makara is a hybrid creature composed of animals representing air, fire, water, and earth to embody creativity. It is most often depicted with a fish or dolphin-like body, the front paws of a lion, and long crocodile jaws ending in a short elephant's trunk, curled upwards. The tail is either fish or peacock-like. Religious sculptors add that Makara should have the ears of a pig and eyes like a monkey.

In architecture and temple iconography, Makara is shown in its traditional hybrid glory, but in some folklore art, Makara is displayed simply as a crocodile, as hybrid creatures fell out of favor. Many artistic depictions show that Makara acts as a water vehicle for the gods. The river goddess Ganga, the deity of the Ganges, and Varuna, god of the sea, are usually mounted on Makara. Several gods, including Shiva and Vishnu, can be seen wearing Makara-shaped earrings. In heraldry, Makara is the insignia for the god of love, Kamadeva. The Karava people of Sri Lanka, a remnant from an ancient caste system, also have a ceremonial Makara flag.

Though not a prominent character in literature, Makara is the most widespread creature depicted in Hindu and Buddhist temples throughout India, Sri Lanka, Indonesia, Cambodia, Nepal, and Tibet. It is a common feature in decorative arches that surround deity sculptures, gateways, and entryways into sacred rooms. Makara can often be found at the foot of an archway, with their head pointed upward; the arch pillar comes out of Makara's mouth on one side, rises over the archway, and descends into the mouth of the second Makara on the other side of the arch. In this respect, Makara is seen as a protective guardian, but their fierce nature that makes them effective in this role is often overlooked.

Just like crocodiles appearing suddenly to snatch a life away, Makara represents chaos. In Hinduism, chaos is considered necessary; creation and order arise from disorder and eventually return to it, just like the decorative arch coming from one Makara and ending at another. Such Makara arches (Makara-torana) are ubiquitous in Sri Lanka in both temples and ancient royal architecture. The Sri Lankan Karava people, mentioned above, have a traditional story that shows the nature of Makara:

At the behest of his wife, King Aditi was absolving himself in the holy waters of the river Ganges, praying to the god Shiva for a child. Shiva's wife, Umayal, was so moved by King Aditi's prayers that she pleaded with Shiva to fulfill them. Shiva transformed his wife into a baby and sent her floating down the Ganges in a small boat. To prevent the boat from floating past the King, Shiva instructed Makara, who could not refuse, to guide it.

With the help of Makara, the boat reached King Aditi, and when he heard the baby's cries, he knew their prayers had been answered. He took the child home in his arms and, overjoyed, he and his wife, Queen Arunavally, named her Somadanti, of the great waves.

As Makara had finished his obligation, he began to cause chaos. Worsening over the years, he stirred up the deep waters and caused waves that shattered boats to smithereens. The subjects of the kingdom, in increasing distress, laid their problems before King Aditi. When his daughter Somadanti was grown, he proclaimed that, in the name of Shiva, the hero who ensnared Makara would have his daughter's hand in marriage.

Disguised as a sage, Shiva went down to the kingdom. He transformed sacred texts into a net and brought down the crescent moon to make a golden vessel. Deities came from the heavens to sing, and flowers fell from the sky. Makara beheld the glorious event and contemplated release from his cursed behavior. Joyfully, Makara drew water into his massive jaws and spat out a fountain so high it bathed the heavens.

When Shiva cast the net, Makara felt its sacredness on his body and tamely submitted with no resistance, allowing himself to be caught. Makara blissfully floated to shore and was released from his cursed behavior, which conferred prosperity and plenty upon the kingdom. And Shiva, having successfully ensnared Makara, gained the hand of Somadanti, who was his wife Umayal, in marriage.

This story of Makara's ensnarement highlights how religious teachings were revered as something that could free people from their destructive impulses. It emphasized the power of the gods that such a creature would happily succumb to their wishes: the gods must indeed rule over everything if they can so easily tame Makara, the crocodile of chaos.

CHAPTER THIRTY-FIVE
PONATURI

ORIGIN: MĀORI FOLKLORE

Kaia was looking forward to getting home to cook the mushrooms she had found, but she was growing concerned that it was getting dark so early. It didn't help that it was so overcast and misty. A flicker of movement between the rocks caught her eye, and she looked towards the beach. Just a shadow, she told herself and increased her pace. Between another pair of boulders, she saw it again before it darted away, a pale figure, the size of a child, with shaggy blond hair. Oh god, they are out early tonight, *she thought. Maybe they would leave her alone. But another face, with bright blue eyes, leered at her around the next rock, and she broke into a run. She had heard what happened if you got abducted, and she urged her legs to go faster.*

There was no one to call out to for help, so she saved her breath and ran, not stopping to look back, sure that more than one would be following her. Breathing hard, she reached her home and barged into the kitchen. Please be an ember, please be an ember, *she prayed as she charged to the hearth. She pushed the half-burned firewood further into the gray-white ash and blew with her remaining breath. A fiery spark burst forth and rekindled the cooking fire, and Kaia, relieved beyond measure, quickly added more sticks. She couldn't yet bring herself to look out of the window in case pale faces were looking back. She knew she was safe from them now, but it had been a close call with the Ponaturi.*

~

In New Zealand, there are unfriendly and secretive Patupaiarehe fairies that live in the forests, mountains, and oceans. The amphibious type is called Ponaturi; they live primarily in an underwater realm but also come onto the land to look for raw food. They loathe both fire and sunlight, which are anathemas to them; they are also revolted by the smell of cooked food. For these reasons, they are nocturnal, though they may also be active when it is very misty. They may sleep underwater or on land as long as their home is kept sufficiently dark.

They live in social groups in the same way that people do, but they are hostile to trespassers. They are known to beat, mistreat, or even kill intruders, and red-headed or albino Māori were said to be the children of women who had been abducted by Patupaiarehe.

Ponaturi, like all Patupaiarehe, have pale human-like features, are often described as small in stature, have red or fair hair, and long claws. Alternatively, some Māori stories portray them as being much taller than people. Unlike the Māori, Patupaiarehe are never tattooed, and due to their appearance and disposition, they can be thought of as goblins. In Māori tribal culture, the expert storyteller memorizes oral literature as genealogies, poetry, and narrative prose to be passed from generation to generation. Pre-European Māori had not developed a writing system, so they used these methods to keep their mythology alive. Incidentally, Europeans with pale skin and fair hair were thought to resemble the Patupaiarehe.

Māori is an excellent example of fluid storytelling, with different variations between tribes, storytellers, and retellings by the same storyteller. No interpretation is more correct than another, and a personalized experience for the listeners was created.

There was once a tribal chief called Rua-pupuke who lived by the sea. His young son had recently drowned, and grief-stricken, he was determined to retrieve his son's body. One night, he swam down, down, down under the waves. While swimming, he saw an underwater building and went to investigate. When he reached it, he saw that it was a house covered in intricate carvings and above the door was a carving with the likeness of his son.

The house was empty except for a woman who worked as the doorkeeper. She explained to Rua-pupuke that it was the home of the Ponaturi, and they had turned his son into a carving when he accidentally trespassed on their territory. She had a fondness for children and so informed Rua-pupuke that the Ponaturi would return before sunrise to sleep because they couldn't survive in the sunlight.

The next day, Rua-pupuke returned to the Ponaturi house in the underwater realm. The doorkeeper nodded; the Ponaturi were all asleep inside. She stepped aside, and Rua-pupuke threw open all of the doors and windows. The Ponaturi all perished, except two who escaped and fled. Rua-pupuke took the carving of his son and some other carved pieces of wood back to the surface, and they were used as patterns, thus introducing wood carving to his tribe.

Patupaiarehe provide a cause for red-headed and albino Māori children, and Ponaturi, as with other mythical water creatures, offer an explanation for drowning. Patupaiarehe stories were also used as a warning for children to prevent them from straying far from the safety of the village or into deep water. When new skills were acquired, like wood carving and weaving fishing nets, the source of this otherworldly knowledge was often attributed to the secretive and mysterious Ponaturi.

CONCLUSION

In every culture throughout history, myths, folktales, and legends populated with fantastical creatures were told to educate and entertain. These stories helped people attribute meaning and order to an otherwise chaotic and often dangerous, pre-science world. The role of myth, folklore, and legend was to explain the unknown, provide cautionary tales that warned against dangers, promote moral virtues, and offer spiritual messages to give a sense of hope and purpose.

As suggested in the introduction to this book, creatures may represent the actual animal they resemble, a force or element of nature, or things about ourselves as humans. For example, Arion, from Greek mythology, was the archetypal horse, fast and brave. The sea monster Cetus, from Greek mythology, represented the potential violence of the ocean. Ipotanes, specifically the Satyrs, represented hedonism, overindulgence, and a lack of moral virtue.

We have seen that creatures and gods represent the duality of human nature and that even the gods, who represent the virtues of humans, have bestial qualities. We have met many beasts, hybrids, and shapeshifters from cultures around the world, and some striking similarities are now apparent. Some stories from different parts of the world are very similar such as the cautionary tale not to ride an unknown horse. In both the Scottish Kelpie and the French Cheval Mallet folktales, the horse bolts, and the rider dies, commonly by drowning.

Thus, the categories of creatures often have common themes across cultures:

Arthropods have a wide range of representations depending on the perceived characteristics of the creature; they can be seen as a source of mischief and malice or creativity and knowledge. Ants, for example, are considered hardworking and industrious, like the Myrmidons of Greek mythology. Spiders are prevalent in myth, folktale, and legend and are often portrayed as dangerous due to potentially venomous spider bites. For example, Tsuchigumo and Jorogumo are both deadly spiders from Japanese folklore. However, Arachne is associated with weaving in Greek mythology, and Anansi, from African mythology, is an intelligent trickster.

Birds, especially birds of prey, are shown as majestic protectors, a prevalent theme in Hindu mythology, exemplified by Garuda, Gandaberunda, and Jatayu. Birds are often used to highlight human values; for example, the Norse ravens Hugin and Munin represent knowledge, the kite Jatayu represents bravery and self-sacrifice, and the Japanese hybrid Itsumade calls for respect for the suffering and death of others.

Wolves and dogs are almost always associated with power and death because of their ferocious predatory nature. For example, the multi-headed dogs Orthrus and Cerberus from Greek mythology are the particularly aggressive opponents of heroes. The giant and vicious wolves Fenrir and Amarok from Norse and Inuit mythology are also violent killers. However, the she-wolf Amarok does have a much more complex character with a nurturing side visible in some stories.

Snakes, like wolves, represent power and death due to the threat they pose to human life, especially significant in ancient times when people lived closer to animals. Some of the most fearsome monsters were serpents or part-serpent. For example, we have seen the multi-headed Yamata no Orochi from Japanese mythology who claims human sacrifices. There is also the mighty Typhon with serpent coils for legs from Greek mythology, whose sole aim was to overthrow the gods of Olympus. Similarly, the humongous serpent Jörmungandr from Norse mythology surrounded the whole of Midgard and would play a part in the downfall of the gods.

Ungulates, particularly horses, represent speed, freedom, and bravery because they allowed travel and gave an advantage in battle. Important mounts for heroes, prophets, and angels were Arion, Buraq, and Haizum, exemplifying loyal service and often purity. In other horses, their speed made them deadly, as seen with the lethal water Kelpie and Cheval Mallet.

Aquatic creatures are most often used to represent the natural forces of the sea and other bodies of water. They may offer explanations for natural phenomena, like the Greek Cetus and Norse Jörmungandr do for tidal waves and tsunamis. Aquatic creatures are also commonly used to explain drowning, as in the Slavic Rusalka, Scottish Kelpie and Selkie, and the Māori Ponaturi, all of whom can drag you underwater. The Selki-folk are capable of drowning people as revenge, but most Selkie stories are

more comforting, a way to explain drowning by saying the lost person
has turned into a seal and returned to their natural home.

Some stories tell us about the nature of animals themselves, such
as Makara from Hindu mythology, a hybrid inspired by the gharial,
exemplifies the nature of crocodiles, lurking under the surface, ready to
strike. Other stories tell us about natural phenomena. In ancient Greece,
volcanic activity was attributed to Typhon's entrapment under Mount
Etna, causing eruptions when he tried to escape. In the Philippines,
there are two particularly exquisite examples in the stories of Bakunawa,
attempting to eat the last moon causing lunar eclipses, and in the story of
Anggitay, we are told why rainbows appear after the rain.

The majority of the stories that have been recorded have something to
say about human behavior, highlighting what is virtuous and what is a
vice or folly. For example, gold is typically linked to greed. The metal-
eating bird Alicanto from Chilean legend, Fafnir the gold hoarding
dragon, and Anggitay the gold-seeking horse-woman hybrid warn of
greed and the perils of a self-serving attitude. They all illustrate how
greed brings suffering and will lead you astray. Alicanto may lead you off
a cliff to your death, Fafnir is consumed by misery and isolated from his
family, and Anggitay spends her days chasing gold that is only an illusion.

Many stories provide cautionary tales, and some are directed particularly
at children or their parents, reminding them to keep a watchful eye on
their surroundings. Lamia, from Greek mythology, preys on children,
devouring them, though in later poetry it is men; Sigbin's favorite
delicacy is the heart of a child in Filipino folklore. Water Kelpies, from
Scottish folklore, particularly like to take children on their backs to their
underwater abodes, and in Māori culture, children were told not to stray
far or the Ponaturi would get them.

There are many other creatures left to explore and other countries and
cultures that have not been covered in this book. Hopefully, you will be
inspired to find out more about some of these cultures or creatures, or
uncover some new ones. I really hope people will continue to record,
translate, and share their traditional stories for everyone to enjoy
and benefit from. It is the retelling that keeps the stories— and their
creatures—alive in our imaginations so they will not be forgotten.

REFERENCES

Note from the Author:

None of this work would have been possible without the wealth of knowledge that already exists out there. I, Zayden Stone, hope to be able to add to the wealth of references for all future folklorists. To write this book, I have spent hours carefully going through different sources. And with that I'd like to remind the reader, that a non-fiction book is always a result of best efforts. Mythologies and folktales present an interesting opportunity where the stories have multiple renditions based on the author. So I hope the reader absorbs this book in the same vein - a perspective and not an absolute truth.

Adarna

Rodriguez, E. (n.d.). *The Adarna bird : a Filipino tale of Pre-Spanish origin incorporated in the development of Philippine literature, the rapid growth of vernacular belles-lettres from its earliest inception to the present day.* Retrieved June 5, 2021, from https://quod.lib.umich.edu/p/philamer/AJV4301.0001.001?rgn=main;view=fulltext

Linos, M. (2020, May 7). *This Colorful Bird is the Real-Life Ibong Adarna from Philippine Myth.* Esquire. https://www.esquiremag.ph/long-reads/features/real-ibong-adarna-photos-a00293-20200507-lfrm

Owlcation. (2018, February 22). *Ibong Adarna: Summary English and Tagalog Versions.* https://owlcation.com/humanities/Ibong-Adarna-Summary-English-and-Tagalog-Versions

Alicanto

Aguirre, S. M. (2003). *Mitos de Chile. Random House,* Editorial Sudamericana Chilena.

Cifuentes, J. V. (1947). *Mitos y supersticiones (3rd Ed.).* Editorial Nascimento, Santiago, Chile.

Richard P. Reading; Brian Miller. (2000). *Andean Condor Endangered Animals: A Reference Guide to Conflicting Issues.* Greenwood Publishing Group.

Ororke, G. (2020, December 17). *Bedtime Stories - The Alicanto Bird.* Retrieved June 1, 2021, from https://awasi.com/blog/bedtime-stories-the-alicanto-bird/

Inglés, Reading (n.d.). *The Alicanto.* Retrieved June 1, 2021 from http://www.icarito.cl/2009/12/myths-and-legends-of-the-north.shtml/

Illes, J. (2009). *Encyclopedia of Spirits: The Ultimate Guide to the Magic of Saints, An-gels, Fairies, Demons, and Ghosts (Witchcraft & Spells)*. HarperOne. https://occult-world.com/alicanto/

Warrior of Myth Wiki. (n.d.). *Alicanto.* Fandom. https://warriorsofmyth.fan-dom.com/wiki/Alicanto

'Alicanto' (2020) Wikipedia. Available at: https://en.wikipedia.org/wiki/Alican-to (Accessed: 1 June 2021).

Jatayu
'Jatayu' (2020) Wikipedia. Available at: https://en.wikipedia.org/wiki/Alicanto (Accessed: 26 May 2021).

JatLand. (n.d.). *Jatayu.* https://www.jatland.com/home/Jatayu

India Today. *Jatayu was the first to fight terrorism: 7 things to know about him.* Retrieved 26 May 2021 from www.indiatoday.in/amp/india/story/jatayu-ramayana-naren-da-modi-terrorism-raavan-sita-dussehra-346034-2016-10-11

British Library. (n.d.). *Princess Sita's Kidnap.* www.bl.uk/learning/cult/inside/ra-mayanastories/sitaskidnap/sitaskidnap.html

National Museum. (n.d.).*The Battle Between The Demon King Ravana and Jatayu The King of Eagles.* Google Arts and Culture. https://artsandculture.google.com/story/the-battle-between-the-demon-king-ravana-and-jatayu-the-king-of-eagles-national-museum-delhi/bwUx82tgFGEecQ?hl=en

Ramayana story: Jatayu sacrifice in fight with Ravana! from www.bhagavatam-katha.com/ramayana-story-jatayu-sacrifice-in-fight-with-ravana/

Jatayu fights Ravana from www.kidsgen.com/fables_and_fairytales/Indian_my-thology_stories/jatay_fights_ravana.html

Gandaberunda
Sharma, R. (2018, December 1). *Gandabherunda: The incredible history of the two-headed bird on Deepika Padukone's wedding saree.* Newslaundry. https://www.newslaundry.com/2018/12/01/gandabherunda-deepika-padukone-wedding-sa-ree

Sastri, S. (n.d). *Evolution of the Gandabherunda*. Official Website of Dr. S. Sri-kanta Sastri.. https://www.srikanta-sastri.org/evolution-of-the-gandabherun-da/4576393366

'Gandaberuda' (2021) Wikipedia. Available at: https://en.wikipedia.org/wiki/ Gandaberunda (Accessed: 31 May 2021).

Yogapedia. (n.d.). *Gandabherunda*. https://www.yogapedia.com/defini-tion/8707/gandabherunda

Karnataka History. (n.d.). *Gandabherunda, the Royal Bird of Karnataka*. https:// karnatakahistory.blogspot.com/2017/09/gandabherunda-royal-bird-of-karna-taka.html

Hindu Mythology - Wisdom of Hinduism. (n.d.). *Story of Sharaba, Ganda Berundam, Pratyangira*. http://hindumythologybynarin.blogspot.com/2012/11/ sharabha-gandaberunda-pratyangira.html

Garuda
Britannica. (n.d.). Garuda Hindu Mythology. https://www.britannica.com/ topic/Garuda

'Garuda' (2021) Wikipedia. Available at: https://en.wikipedia.org/wiki/Garuda (Accessed: 29 May 2021).

World History Encyclopedia. (n.d.). *Garuda*. https://www.worldhistory.org/ Garuda/

Geller. (2018, March 26). *Garuda*. Retrieved from https://mythology.net/hin-du/hindu-creatures/garuda/

Hugin & Munin
'Hugin and Munin' (2021) Wikipedia. Available at: https://en.wikipedia.org/ wiki/Huginn_and_Muninn (Accessed: 2 June 2021).

Norse Mythology for Smart People. (n.d.). *Hugin and Munin*. https://norse-my-thology.org/gods-and-creatures/others/hugin-and-munin/

Norse Mythology for Smart People. (n.d.). *The Mead of Poetry*. https:// norse-mythology.org/tales/the-mead-of-poetry/

Nordic Culture. (n.d.). *Huginn and Muninn.* In Gods and Creatures by Skjalden. https://skjalden.com/huginn-and-muninn/

Gaimann, N. (2017). *Norse Mythology.* W.W. Norton and Company.

Amarok
Marley, B. (2021, March 17). *The Amarok Wolf - Inuit Mythology.* https://mythologyplanet.com/the-amarok-wolf-inuit-mythology/

Brickthology. (n.d.). *Amarok.* https://brickthology.com/2014/08/08/amarok/

Hausslet, R. (n.d.). *Wolf Deities in Japan.* Retrieved from https://ralphhaussler.weebly.com/wolf-mythologie-japan.html

Coffee and Creatures (2019, March 26). *Is Amarok Really Such a Bad Wolf.* https://coffeeandcreatures.co.uk/2019/03/26/is-amarok-really-such-a-big-bad-wolf/

Rink, H. (1875) *Tales and Traditions of the Eskimo.* W. Blackwood and Sons

Fenrir
'Fenrir' (2021) Wikipedia. Available at: https://en.wikipedia.org/wiki/Fenrir (Accessed: 7 June 2021).

Norse Mythology for Smart People. (n.d.). *Fenrir.* https://norse-mythology.org/gods-and-creatures/giants/fenrir/

Norse Mythology for Smart People. (n.d.). *The Binding of Fenrir.* https://norse-mythology.org/tales/the-binding-of-fenrir/

Winters, R. (2019, March 17). *Fenrir: The Monstrous Wolf of Norse Legend.* Ancient Origins. https://www.ancient-origins.net/myths-legends-europe/legend-fenrir-wolf-bite-002498

Orthrus
Hesiod, *Theogony,* in The Homeric Hymns and Homerica with an English Translation by Hugh G. Evelyn-White, Cambridge, Massachusetts., Harvard University Press; London, William Heinemann Ltd. 1914. Online version at the Perseus Digital Library

Astma, A. (n.d.). *Orthros*. Retrieved from https://www.theoi.com/Ther/KuonOrthros.html

Perseus Project. (n.d.). *The Cattle of Geryon*. http://www.perseus.tufts.edu/Herakles/cattle.html

Theoi Project (n.d.). *Ekhidna*. https://www.theoi.com/Ther/DrakainaEkhidna1.html

Sigbin

Ramos, Maximo D. (1971). *Creatures of Philippine Lower Mythology*. Philippines: University of the Philippines Press.

Tan, Y. (2017, July 18). *The Bloodthirsty Aswangs of Philippine Mythology*. CNN Philippines. https://cnnphilippines.com/life/culture/2017/07/13/aswangs-in-pinoy-myths.html

Valdeavilla, R. (2018, October 30). *Aswang: The Terrifying Vampire Ghouls of the Philippines*. CultureTrip.https://theculturetrip.com/asia/philippines/articles/aswang-the-terrifying-vampire-ghouls-of-the-philippines/

Mangkukulam. (n.d.). *Sigbin*. https://www.mangkukulam.com/folklore/361/Sigbin

Cryptid Wiki. (n.d.). *Cat-Fox*. Fandom. https://cryptidz.fandom.com/wiki/Cat-Fox

Mythical Creatures Guide. (n.d.). *Sigbin*. https://www.mythicalcreaturesguide.com/sigbin/

Cerberus

GreekMythology.com, The Editors of Website. (2018, June 5) *Cerberus*. GreekMythology.com Website. Accessed 10 June 2021. https://www.greekmythology.com/Myths/Creatures/Cerberus/cerberus.html.

Greek Legends and Myths. (n.d.). *Cerberus in Greek Mythology*. Accessed 10 June 2021. https://www.greeklegendsandmyths.com/cerberus.html

Hill, B. (2019, June 11). *Cerberus: Legendary Hell Hound of the Underworld*. Ancient Origins. https://www.ancient-origins.net/myths-legends-europe/cerberus-legendary-hell-hound-underworld-003142

The Beasts and Creatures of Greek Mythology. (n.d.). *Cerberus Page One*. http://mythmaniacs.com/cerberus.htm

Perseus Project. (n.d.). *Cerberus*. http://www.perseus.tufts.edu/Herakles/cerberus.html

Typhon
'Typhon' (2021) Wikipedia. Available at: https://en.wikipedia.org/wiki/Typhon (Accessed: 11 June 2021).
Sir James George Frazer, Ed. (n.d.). *Apollodorus*. https://www.perseus.tufts.edu/hopper/text

Theoi Project (n.d.). *Typhoeus*. https://www.theoi.com/Gigante/Typhoeus.html

Greek Gods and Goddesses. (n.d.). *Typhon - The Father of all Monsters*. https://greekgodsandgoddesses.net/gods/typhon/

The Leery. (n.d.). *Zeus Battling Typhon* (1795) by William Blake. https://theleery.com/zeus-battling-typhon-1795-by-william-blake/

Fafnir
Excerpts from the Poetic Edda (Translated by William Morris and Eirikr Magnusson. (n.d.). *The Story of the Volsungs (Volsunga Saga)*. https://www.marxists.org/archive/morris/works/1870/volsungs/chapters/chapter14.html

'Fafnir' (2021) Wikipedia. Available at: https://en.wikipedia.org/wiki/Fafnir (Accessed: 5 June 2021).

Krasskova, G., Plaza, F. (n.d.). *Who is Andvari*. http://www.northernpaganism.org/shrines/andvari/who-is-andvari.html

Viking Archaeology. (n.d.). *Hylestad Stave Church*. http://viking.archeurope.info/index.php?page=hylestad-stave-church

Ashliman, D.L. (n.d.). *The Saga of the Vilsungs*. https://www.pitt.edu/~dash/volsungsaga.html

Real Scandinavia. (2019, April 4). *The Ramsund Carving: A Legendary Tale Inscribed in Stone*. http://realscandinavia.com/the-ramsund-carving-a-legendary-tale-inscribed-in-stone/

The Gorgons

Theoi Project (n.d.). Gorgones and Medousa. https://www.theoi.com/Pontios/Gorgones.html

Madeleine (2019, September 13). The Myth of Perseus and Medusa Explained. https://www.theoi.com/articles/the-myth-of-perseus-and-medusa-explained/

Hesiod. *The Homeric Hymns and Homerica* with an English Translation by Hugh G. Evelyn-White. Theogony. Cambridge, MA.,Harvard University Press; London, William Heinemann Ltd.1914. http://www.perseus.tufts.edu/hopper/text?doc=Perseus:text:1999.01.0130:card=270&highlight=medusa

Strabo. ed. H. L. Jones, *The Geography of Strabo.* Cambridge, Mass.: Harvard University Press; London: William Heinemann, Ltd. 1924. http://www.perseus.tufts.edu/hopper/text?doc=Perseus:text:1999.01.0198:book=10:chapter=5&highlight=polydectes%2Cperseus

Greek Mythology (2014, October 3). *Gorgon: Stheno, Euryale, and Medusa.* Retrieved June 13, 2021, from http://01greekmythology.blogspot.com/2014/10/gorgon-stheno-euryale-and-medusa.html

Stewart, Michael. People, Places & Things: Perseus (1), *Greek Mythology: From the Iliad to the Fall of the Last Tyrant.* http://messagenetcommresearch.com/myths/ppt/Perseus_1.html

Lamia

Symbolsage. (n.d.). *Lamia - the Night- Haunting Demon.* https://symbolsage.com/lamia-greek-mythology-monster/

Crossref-it. (n.d.). *Lamia: Imagery, symbolism and themes.* https://crossref-it.info/textguide/john-keats-selected-poems/40/2965

Theoi Project (n.d.). *Lamia.* https://www.theoi.com/Ther/Lamia.html

Myths and Folklore Wiki. (n.d.) *Lamia.* https://mythus.fandom.com/wiki/Lamia

Greenberg, M. (2020 June 20). *Lamia: The Child-Eating Monster of Greek Legend.* Mythology Source. https://mythologysource.com/lamia-greek-monster/

Greek Legends and Myths (n.d.). *Queen Lamia in Greek Mythology.* https://www.greeklegendsandmyths.com/lamia.html

Greek Mythology. (n..d.) *Lamia.* https://www.greekmythology.com/Myths/Monsters/Lamia/lamia.html

Yamata no Orochi
Japanese Wiki Corpus. (n.d.). *Yamata no Orochi.* https://www.japanese-wiki-corpus.org/literature/Yamata.html

Yokai.com (n.d.). *Yamata no Orochi.* http://yokai.com/yamatanoorochi/

'Yamata no Orochi' (2021) Wikipedia. Available at: https://en.wikipedia.org/wiki/Yamata_no_Orochi (Accessed: 14 June 2021).

Hall, B. (translation-1919). *The Kojiki, Records of Ancient Matters.* Tuttle reprint. 1981 [1919]

Naomichi, M (2005, May 13) *Yamata no Orochi. Encyclopedia of Shinto.* http://eos.kokugakuin.ac.jp/modules/xwords/entry.php?entryID=176

Home of Japanese Mythology. (n.d.). *The Legend of Yamata no Orochi.* https://www.kankou-shimane.com/en/japanesemythology/yamata-no-orochi/

Bakunawa
Clark, J. (2016, May 27). *Bakunawa: The Moon Eating Dragon of Phlippine Mythology.* The Aswang Project. https://www.aswangproject.com/bakunawa/

Clark, J. (2019, July 10). *Bakunawa and the Seven Moons: The Original Bisaya Story.* The Aswang Project. https://www.aswangproject.com/bakunawa-and-the-seven-moons-the-original-story-with-translation-and-annotations/

David, D. (2016, November 27). *Bakunawa.* Bicolano Myths. http://bicolanomythsofgodsandmonsters.blogspot.com/2016/11/bakunawa.html

Monster Wiki. (n.d.). *Bakunawa.* Fandom. https://monster.fandom.com/wiki/Bakunawa

Paciente, D. (2021, June 8). *Bakunawa: Tale of a Dragon and the Seven Moons. Owlcation.* https://owlcation.com/humanities/bakunawa-and-the-seven-moons

Echidna

Perseus Project. (n.d.). *Herodotus, The Histories.* http://www.perseus. tufts.edu/hopper/text?doc=Perseus%3Atext%3A1999.01.0126%3A-book%3D4%3Achapter%3D9

Perseus Project. (n.d.). *Echidna.* http://www.perseus.tufts.edu/hopper/text?doc=Perseus:text:1999.04.0104:entry=echidna-bio-1

Theoi Project (n.d.). *Ekhidna.* https://www.theoi.com/Ther/DrakainaEkhidna1.html

Greenberg, M. (2021, February 22). *Echidna: Greek Mythology's Mother of Monsters.* Mythology Source.https://mythologysource.com/echidna-greek-mother-of-monsters/

Symbolsage. (n.d.). *Echidna- Mother of Monsters.* https://symbolsage.com/echidna-greek-mythology/

Greek Legends and Myths. (n.d.). *Monstrous Echidna in Greek Mythology.* https://www.greeklegendsandmyths.com/echidna.html

Jormungandr

McCoy, D. (n.d.). *Thor Fishing for Jormungand.* Norse Mythology for Smart People. https://norse-mythology.org/tales/thor-fishing-for-jormungand/

Geller (2018, June 18). *Jormungand.* Mythology.net. https://mythology.net/norse/norse-creatures/jormungand/

Greenberg, M. (2021, February 16). *Jormungand: The Norse World Serpent.* Mythology Source.https://mythologysource.com/jormungand-norse-serpent/
Symbolsage. (n.d.). Jormungandr-The Great World Serpent. https://symbolsage.com/jormungandr-norse-serpent/

Norse Mythology. (2019, June 24). *Jormungandr.* VKNG Jewelry. https://blog.vkngjewelry.com/en/jormungandr/

'Jormungandr' (2021) Wikipedia. Available at: https://en.wikipedia.org/wiki/J%C3%B6rmungandr (Accessed: 19 June 2021)

Anggitay

Clark, J. (2016, February 22). *A Compendium Of Creatures & Mythical Beings From Philippine Folklore & Mythology*

Ramos, M. (1990, January 10) *Philippine Demonological Legends and their Cultural Bearings.* Phoenix Publishing

Scott, W. (1994). *Barangay: Sixteenth Century Philippine Culture and Society.* Quezon City: Ateneo de Manila University Press.

Abrera, M. (n.d.) *Seclusion and Veiling of Women.* http://journals.upd.edu.ph/index.php/pssr/article/viewFile/1274/1630

Clark, J. (2016, February 22). *Rainbows In Philippine Mythology & Folklore.* The Aswang Project.https://www.aswangproject.com/rainbows-in-philippine-mythology-folklore/

PHSpirits (n.d.). *Anggitay.* http://phspirits.com/anggitay/

Arion

Theoi Project (n.d.). *Areion.* https://www.theoi.com/Ther/HipposAreion.html

Perseus Project. (n.d.). *Arion.* http://www.perseus.tufts.edu/hopper/searchresults?q=Arion

'Seven Against Thebes' (2021) Wikipedia. Available at: https://en.wikipedia.org/wiki/Seven_against_Thebes#Seven_Against_Thebes (Accessed: 22 June 2021)

Greenberg, M. (2020, May 23). *Pegasus: The Winged horse of Greek Mythology.* Mythology Source. https://mythologysource.com/pegasus-greek-mythology/

Greek Mythology Wiki. (n.d.). *Aerion.* Discover the Myths. https://greekmythology.wikia.org/wiki/Areion

Garth (2021, May 12). *Horse Symbolism & Meaning (+Totem, Spirit & Omens).* World Birds. https://www.worldbirds.org/horse-symbolism/

Harris, H.(1972). *Sport in Greece and Rome.* Ithaca, NY: Cornell University Press.

Buraq

Britannica..com, The Editors of Website. (n.d.). *Buraq*. Britannica Website. Accessed 25 June 2021. https://www.britannica.com/topic/Buraq

Annenberg Learner. (n.d.). *Art: The Night Journey of Muhammad on His Steed, Buraq from the Bustan of Sacdi*. https://www.learner.org/series/art-through-time-a-global-view/dreams-and-visions/the-night-journey-of-muhammad-on-his-steed-buraq-from-the-bustan-of-sacdi/

Ignatova, P. (2020, September 1). *The Little Flash of Lightning*. Buraq in Islamic Art. https://www.epoch-magazine.com/ignatovaflashoflightning

Faruqui, S. (n.d.). *Al-Isra' wal-Mi'raj: The Story of the Miraculous Night Journey*. https://muslimhands.org.uk/latest/2019/04/al-isra-wal-mi-raj-the-story-of-the-miraculous-night-journey

Shah, Y.(n.d.). *Al-Isra' wal-Mi'raj: The Story of the Ascension to the Skies*. https://muslimhands.org.uk/latest/2021/03/al-isra-wal-miraj-the-story-of-the-ascension-to-the-skies

Cheval Mallet

'The Cheval Mallet' (2021) Wikipedia. Available at: https://en.wikipedia.org/wiki/The Cheval_Mallet (Accessed: 25 June 2021)

Haizum

Ekhtiar, M., Canby, S., Haidar, N., and Soucek, P., ed. Masterpieces from the Department of Islamic Art in The Metropolitan Museum of Art. 1st ed. New York: The Metropolitan Museum of Art, 2011. no. 74, pp. 116–17, ill. p. 116 (color).

Syam, S. (2020, April 30). *Haizum Nama Kuda Perang Milik Malaikat Jibril, Hadiah dari Allah SWT*. Sindo News.com Website. https://makassar.sindonews.com/read/12073/716/haizum-nama-kuda-perang-milik-malaikat-jibril-hadiah-dari-allah-swt-1588176277

Ghayb.com (n.d.). *From Our Wilayah*. https://ghayb.com/from-our-wilayah-3518-23/

Walbridge, J. (n.d.). *Explaining Away the Greek Gods in Islam*. https://muse.jhu.edu/article/14998.

Khan, A. (2010, January 17). *The Battle of Badr.* https://muslimyouthmusings. com/the-battle-of-badr/

Sunnah.com (n.d.). *The Book of Jihad and Expeditions.* https://sunnah.com/muslim:1763

Ipotane
Academic Kids. (n.d.). *Ipotane.* http://academickids.com/encyclopedia/index. php/Ipotane

'Ipotane' (2021) Wikipedia. Available at: https://en.wikipedia.org/wiki/Satyr. (Accessed: 26 June 2021)

Geller (2018, March 26). *Satyr.* Mythology.net Website. https://mythology.net/ greek/greek-creatures/satyr/

March, J., *Cassell's Dictionary Of Classical Mythology*, London, 1999

Bake-kujira
Davisson, Z. (2013 May 10). B*akekujira and Japan's Whale Cults.* https://hyaku-monogatari.com/2013/05/10/bakekujira-and-japans-whale-cults/
Wakayama Prefecture Tourism Promotion Division. (n.d.). *Japan Heritage Story.* https://kumanonada-nihonisan.jp/en/story/

Fandom. (n.d.) *Bake-kujira.* https://gegegenokitaro.fandom.com/wiki/Bake-Kujira

Japan Visitor. (n.d.). *Taiji Guide.* https://www.japanvisitor.com/japan-city-guides/taiji

'Shigeru Mizuki' (2021) Wikipedia. Available at: https://en.wikipedia.org/wiki/ Shigeru_Mizuki. (Accessed: 28 June 2021)

Yokai.com (n.d.). *Bakekujira.* http://yokai.com/bakekujira/

'Whaling in Japan' (2021) Wikipedia. Available at: https://en.wikipedia.org/ wiki/Whaling_in_Japan#cite_note-BungoStrait-35. (Accessed: 28 June 2021)

Kelpie

Johnson, B. (n.d.). *The Kelpie.* Historic-UK.com Website. https://www.historic-uk.com/CultureUK/The-Kelpie/

Sedgwick, I. (2021, March 6). *Why are Kelpies so Feared in Scottish Folklore.* https://www.icysedgwick.com/kelpies-folklore/

Gregor, W. (1883). *Kelpie Stories from the North of Scotland: The Folk-Lore Journal,* 1:9, pp. 292-294.

'Kelpie' (2021) Wikipedia. Available at: https://en.wikipedia.org/wiki/Kelpie. (Accessed: 29 June 2021)

Westwood, J., Kingshill, S. (2012), *The Lore of Scotland: A Guide to Scottish Legends.* Random House.

Stock, E. (1883). *The Folk-Lore Journal.* Retrieved from: https://archive.org/stream/folklorejournal01folkuoft#page/293/mode/1up

Anonymous (1887), *Tales of the Water-Kelpie,* Celtic Magazine, Mackenzie, XII

McNeil, H. (2001), *The Celtic Breeze: Stories of the Otherworld from Scotland, Ireland, and Wales.* Libraries Unlimited, pp.68-72

Chambers, R. (1870), *Popular Rhymes of Scotland.* Chambers pp. 334–335
Bown, N. (2001), *Fairies in Nineteenth-Century Art and Literature.* Cambridge University Press. p.218

Selkie

Garry, J.; El-Shamy, H. *Animal brides and grooms. Archetypes and Motifs in Folklore and Literature.* p. 97.

Orkneyjar. (n.d.). *The Origin of the Selkie-folk.* http://www.orkneyjar.com/folklore/selkiefolk/origins/origin4.htm

Winters, R. (2016, August 8). *Legends of the Selkies, Hidden Gems of Sea Mythology.* Ancient Origins. https://www.ancient-origins.net/myths-legends/legends-selkies-hidden-germs-sea-mythology-006409

Mermaids of Earth (2017, March 23). *The Legend and Mystery of Selkies.* https://mermaidsofearth.com/the-legend-and-mystery-of-selkies/

Orkneyjar. (n.d.). *The Selkie-folk.* http://www.orkneyjar.com/folklore/selkiefolk/

Orkneyjar. (n.d.). *The Goodman o' Wastness.* http://www.orkneyjar.com/folklore/selkiefolk/wastness.htm

Cetus
Boardman, J. (2015). *The Greeks in Asia.* Thames and Hudson.

Theoi Project (n.d.). *Ketos Aithiopios.* https://www.theoi.com/Ther/KetosAithiopios.html

Theoi Project (n.d.). *Ketos Troias .* https://www.theoi.com/Ther/KetosTroias.html

Theoi Project (n.d.). *Ketea.* http://www.theoi.com/Ther/Ketea.html

Greenberg, M. (2021, March 15). *Legendary Water Creatures of Greek Mythology.* https://mythologysource.com/water-creatures-in-greek-myth/

Greenberg, M. (2021, March 15). *Who Did Perseus Marry?* https://mythologysource.com/who-did-perseus-marry/

Makara
'Makara' (2021) Wikipedia. Available at: https://en.wikipedia.org/wiki/Makara. (Accessed: 2 July 2021)

Darian, S. (1976). *The Other Face of the Makara.* Artibus Asiae. 38 (1): 29–36. doi:10.2307/3250095. ISSN 0004-3648. JSTOR 3250095.

Janaki, L. (2011-01-14), *My Husband and Other Animals - The beast within File:Makara Halebidu.jpg,* The Hindu, ARTS » HISTORY & CULTURE, Kasturi & Sons Ltd, retrieved 2011-01-14

Athale, U. (2019, September 28). *Crocodiles in Hindu Mythology.* Jeevoka Website. https://jeevoka.com/crocodiles-in-hindu-mythology/s

Amazing Lanka. (n.d.). *Makara Torana – The Dragons Arch.* https://amazinglanka.com/wp/makara-torana/

Wisdom Library. (n.d.). *Makaratorana, Makaratorama, Makara-torana: 2 definitions.* https://www.wisdomlib.org/definition/makaratorana

Khandro.net (n.d.). *Makara.* Khandro Website. http://www.khandro.net/mysterious_makaras1.htm

Raghavan. M.D. (1961) *The Karava of Ceylon, society and culture.* K. V. G. De Silva & Sons, Colombo. Pages 1645 - 17.

Ponaturi
Ihakara Porutu (1966). *Creating a Written Language.* In McLintock, A. H. (ed.). Maori Language. Wellington: Government Printer. p. 448.

Biggs, B. (1966). *Literary Forms.* In McLintock, A. H. (ed.). Maori Myths and Traditions. Wellington: Government Printer. p. 447.

Wikaira, M. P*atupaiarehe - Patupaiarehe and ponaturi.* Te Ara - the Encyclopedia of New Zealand, http://www.TeAra.govt.nz/en/patupaiarehe/page-1

Wikaira, M. *Patupaiarehe - Encounters with patupaiarehe.* Te Ara - the Encyclopedia of New Zealand, http://www.TeAra.govt.nz/en/patupaiarehe/page-2 Encyclopedia Mythica. (n.d.). Ponaturi. https://pantheon.org/articles/p/ponaturi.html

Grey, Sir George. (1855). *Polynesian Mythology.* Auckland: Brett, pp. 37.

White, J. (1887). *Ancient History of the Maori. 6 vols.* Wellington: G. Didsbury, Government Printer, p. 2:162.

SPECIAL BONUS

*Want this Book for **FREE**?*

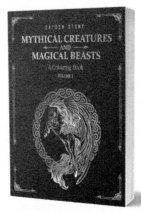

*Get **FREE** unlimited access to this colouring book and all of my new books by joining the* **Lore Lovers Fan Base***!*

SCAN WITH YOUR CAMERA TO JOIN

GET THE FREE COLOURING BOOK BY SIGNING UP TODAY!

STAY TUNED

Zayden Stone's second volume of the *Mythical Creatures and Magical Beasts* **book and the next in the** *Legendary Lores* **series comes out in December 2021!**

About the Author

Zayden Stone is a self proclaimed folklorist. As a child, while he watched his cousins and friends play with action figurines, he was swallowed up by the world of mythology. He let the stories of ancient cultures transport him to an imaginary world where magical beasts roamed the planet freely. He would often re-imagine these stories told from the perspective of these mythical creatures and would wonder what they would have had to say.

It has been a life long dream of Zayden's to combine all the creatures that he has grown up reading about, into a comprehensive illustrated guide for others to read. This book is an ode to his own childhood and fascination for ancient tales. Make sure to follow him on Instagram *@legendarylores* to stay updated on his latest work, and make sure to join the Facebook page, *Mythology and Folklore from Around the World - Legendary Lores*, to connect with fellow lore lovers.

About the Artist

Herdhian is a freelance Graphic Designer and Illustrator based in Indonesia. He has always loved to draw, whether by hand or digitally. He has a special interest in illustrating dark art character because he feels that he can pour his emotions into it. When not drawing, he is busy being the IT Support at a school. You can check out his art work on his instagram profile
@herdhiannn

Printed in Great Britain
by Amazon

37443390R00106